市场营销沙盘模拟教程

蒋定福 ◎ 主　编
肖　勇 ◎ 副主编

SHICHANG
YINGXIAO
SHAPAN MONI
JIAOCHENG

首都经济贸易大学出版社
Capital University of Economics and Business Press
·北京·

图书在版编目(CIP)数据

市场营销沙盘模拟教程/蒋定福主编.—北京:首都经济贸易大学出版社,2013.9

ISBN 978 – 7 – 5638 – 1632 – 3

Ⅰ.①市… Ⅱ.①蒋… Ⅲ.①企业管理—市场营销—计算机管理系统 Ⅳ.①F274 – 39

中国版本图书馆 CIP 数据核字(2013)第 207579 号

市场营销沙盘模拟教程

蒋定福 主编　　肖 勇 副主编

出版发行	首都经济贸易大学出版社
地　　址	北京市朝阳区红庙(邮编 100026)
电　　话	(010)65976483　65065761　65071505(传真)
网　　址	http://www.sjmcb.com
E – mail	publish@ cueb. edu. cn
经　　销	全国新华书店
照　　排	北京砚祥志远激光照排技术有限公司
印　　刷	人民日报印刷厂
开　　本	710 毫米×1000 毫米　1/16
字　　数	312 千字
印　　张	17.75
版　　次	2013 年 9 月第 1 版　2018 年 1 月第 1 版第 2 次印刷
书　　号	ISBN 978 – 7 – 5638 – 1632 – 3/F·941
定　　价	35.00 元

图书印装若有质量问题,本社负责调换

版权所有　侵权必究

总 序

改革开放以来,高等教育得到了快速发展,高校实践育人工作得到进一步重视,实践育人的内容不断丰富、形式不断拓展,取得了较大成绩,积累了宝贵经验。但是,实践育人特别是实践教学依然是高校人才培养中的薄弱环节,与应用创新型人才培养目标的要求还有差距。《国家中长期教育改革与发展规划纲要(2010—2020年)》《教育部等部门关于进一步加强高校实践育人工作的若干意见》强调,要创新人才培养模式,强化实践教学环节,深化实践教学方法改革,力求实践教学工作取得新突破。为此,各高校积极探索实践教学的方式、方法,其中,沙盘模拟是近年来经管类实践教学非常流行的方式之一。本系列丛书编写组成员长期工作在高校实践教学的第一线,他们对实践教学特别是经管类的实践教学进行了大量的探索及创新。

沙盘模拟实训作为一种教学方法,在教师指导下,由学生模拟扮演企业的某一岗位角色,结合岗位对员工的技能要求进行有针对性的训练。这种教学方法在很大程度上弥补了客观条件的不足,为学生提供了逼真的训练环境,有助于学生有效地进行技能训练并充分调动学生学习的积极性,使学生主动地参与教学过程,加强师生之间、学生之间的相互合作与交流。

沙盘模拟实训的意义在于创建一种和谐的、身临其境的教学环境,拓宽教学渠道,增强教学的互动性,构筑起理论与实际相结合的桥梁。一般院校由于设备、场地和资金等条件的限制,学生很少能到实际工作岗位上实习,从而削弱了学生实际技能训练这一重要的教学环节。沙盘模拟实训改变了各专业实训方式,也更符合高校各专业实训教学的实际。本系列丛书包括《ERP沙盘模拟实训教程》《市场营销沙盘模拟实训教程》《人力资源管理沙盘模拟实训教程》《国际经济与贸易沙盘模拟实训教程》《客户关系管理沙盘模拟实训教程》《企业管理决策沙盘模拟实训教程》《物流管理沙盘模拟实训教程》及《跨专业综合实训教程》等。

本系列丛书具有以下特点。

1. 知识性

本系列丛书是仿真模拟各学科的专业知识,如 ERP 沙盘模拟实训教程,涉及整体战略、产品研发、设备投资改造、生产能力规划与排程、物料需求计划、资金需求规划、市场与销售、财务经济指标分析和团队沟通与建设等多个方面;同时,该教程还将角色扮演、案例分析和专家诊断融于一体,让学生在分析市场、制定战略、组织生产、销售产品和财务结算等一系列活动中体会企业经营运作的全过程,认识到企业资源的有限性,从而深刻理解 ERP 的管理思想及专业知识,领悟科学的管理规律,提升管理能力。

2. 直观性

本系列丛书是基于仿真模拟的理念,大部分具有相关的实物教具,通过实物教具剥开经营理念的复杂外表,直探经营本质。如 ERP 沙盘模拟将企业结构和管理的操作全部展示在模拟沙盘上,将复杂、抽象的 ERP 管理理论以最直观的方式让学生体验、学习,完整生动的视觉感受将有效地激发学生的学习兴趣,增强学生的学习动力。

3. 趣味性

沙盘模拟是通过各组相互竞争的设计理念,让参与者在各个环节都努力获得较好的竞争优势并最终获得成功,这种设计理念极大地增强了学习的趣味性。而且,沙盘模拟课程采用各种仿真教具,让参与者游戏般地体验专业课程的学习,在学习过程中激发参与者的竞争热情,增加参与者的娱乐体验,使枯燥无味的课程变得生动有趣。

4. 仿真性

本系列丛书均采取分组进行模拟对抗,即把参加学习的学生分成若干组,每组 5~8 人,代表不同的虚拟企业,形成若干个相互竞争的模拟企业。在学习过程中,每个公司的成员分别扮演企业中重要职位的管理者,如 CEO(执行总裁)、CFO(首席财务官)、市场总监、生产总监和运营总监等,每组在统一的市场模拟环境中经营一家企业,连续从事 6~8 个会计年度的经营活动。在激烈的竞争环境中,他们将选择不同的产品策略、市场策略和价格策略等一系列策略,以保持企业不断发展并经营成功。

总之,本系列丛书是对高等院校实验教学,特别是经管类实验实训教学的一种探索,同时也是对高等院校经管类实践教学的一种创新;本系列丛书凝聚了众多长期在经管类实验教学一线工作的教师的经验和智慧。感谢嘉兴学院国家级经管实验示范中心、嘉兴精创教育科技有限公司、用友新道科技有限公司等为此系列丛书的出版所作出的努力和贡献。

编写组

2013 年 6 月

前言

随着我国市场经济的快速发展和社会的不断进步,企业的竞争其实就是市场的竞争,市场营销发挥着越来越重要的作用。然而,在过去几年的市场营销实践教学中,我们深深感到,单纯的市场营销理论知识的讲解,学生难以理解;传统的市场营销案例教学并不能提高学生的兴趣。在"渠道为王"的时代,如何让学生真正体会到市场营销的真谛,如何让他们亲自运营一个企业的市场营销部门成为当前高校市场营销实践教学的难题。

市场营销沙盘模拟是将市场营销的专业知识与沙盘模拟形式有机结合起来,通过模拟企业市场营销运营的全过程,让学生在分析企业外部市场和竞争环境、内部营销运营优势与劣势的基础上,确定公司战略、目标市场和产品定位,开展市场调研与预测,科学统筹营销运营等各个方面的内容,促使学生在学习课程的过程中就如何寻求适合公司业务发展的市场,如何使生产能力和市场需求相匹配,如何有计划、有效地执行市场开发规划,如何以渠道为中心,对相应市场推广产品等问题进行探讨,从而探索公司的市场营销运营本质。学生完成沙盘模拟课程后将获得学习点评,体会从实践中积累经验的过程,强化实际数据分析能力的训练,深化对局部管理与整体效益的关系、市场营销理论与实践关系的综合理解,领会经营成功与经营失利公司的关键差异所在。市场营销沙盘集情景模拟、案例分析、角色扮演和专家诊断为一体,通过新颖的参与式教学、真实的竞争场景设计,最大限度地激发学生学习的热情及兴趣。

本教程分为8章。第1章主要对市场营销的核心内容进行概述;第2章是对市场营销沙盘的简介;第3章及第4章对市场营销模拟公司、模拟运营规则及评价指标进行阐述;第5章对市场营销沙盘模拟系统进行介绍;第6章具体阐述市场营销沙盘模拟运营流程;第 7 章结合具体的模拟案例进行阐述;第 8 章详细阐述市场营销沙盘模拟的操作技巧。本教程由蒋定福担任主编,肖勇(工程师,常年在一线工作。现在鄂尔多斯电业局伊金霍洛供电分局从事营销管理等工作)担任副主编,全书由包毓敏、钱大可、岳焱、周佳缘、金斌、沈洋共同撰写。本教程的编写选用了嘉兴学院国家经济管理实验示范中心及嘉兴精创教育科技有限公司的很多内部资料,在此表示感谢;卢锦绣、叶立华等同志为本书的编写提供了无私的帮助和支持,在此表示诚挚的谢意。

市场营销沙盘模拟是一种创新性实训教学,实践中怎样仿真模拟,仿真达到什么程度以及要获得什么效果都是需要不断探索的问题,加之编者水平有限,书中不足之处在所难免,敬请各位专家、读者批评指正。

编　者

2013 年 6 月

目 录

1 市场营销概述 …………………………………………………… 1
   1.1 营销理论的演进过程 ………………………………………… 2
   1.2 营销策略理论 ………………………………………………… 4
   1.3 竞争理论 ……………………………………………………… 7
   1.4 市场营销核心理论——目标市场 …………………………… 9
   1.5 市场营销核心理论——营销组合 …………………………… 24
   1.6 企业营销危机的形成机理与类型 …………………………… 35

2 市场营销沙盘简介 ……………………………………………… 43
   2.1 经管类专业实践教学的困惑与不足 ………………………… 44
   2.2 构建沙盘教学体系的目标与措施 …………………………… 45
   2.3 沙盘发展的沿革 ……………………………………………… 49
   2.4 市场营销沙盘模拟课程设计 ………………………………… 50
   2.5 市场营销沙盘模拟课程的主要环节 ………………………… 52
   2.6 市场营销沙盘盘面 …………………………………………… 53
   2.7 模拟角色与人员分工 ………………………………………… 57

3 模拟公司概况 …………………………………………………… 61
   3.1 企业营销思想 ………………………………………………… 62
   3.2 市场营销环境 ………………………………………………… 62
   3.3 运营状况统计 ………………………………………………… 66

4 模拟运营规则及评价指标 …… 69
- 4.1 公司初始状态 …… 70
- 4.2 市场营销经费 …… 72
- 4.3 市场准入机制及市场调研 …… 73
- 4.4 营销团队管理 …… 74
- 4.5 直销部管理 …… 78
- 4.6 分销商管理 …… 81
- 4.7 订货及产品生产 …… 85
- 4.8 产品运输与仓储 …… 86
- 4.9 产品售后服务 …… 86
- 4.10 公司品牌价值评定 …… 87
- 4.11 其他规则 …… 87
- 4.12 市场营销能力评价指标 …… 89

5 市场营销沙盘模拟系统 …… 97
- 5.1 系统概述 …… 98
- 5.2 管理员操作指南 …… 102
- 5.3 教师操作指南 …… 106
- 5.4 学生操作指南 …… 119

6 市场营销沙盘模拟运营 …… 141
- 6.1 年初工作 …… 142
- 6.2 营销流程 …… 151
- 6.3 年末工作 …… 206

7 市场营销沙盘模拟案例 …… 211
- 7.1 市场环境介绍 …… 212
- 7.2 各公司经营情况报表 …… 215
- 7.3 各公司各年度市场排名统计表 …… 227
- 7.4 各公司经营分析点评 …… 230

8 市场营销沙盘模拟技巧 ………………………………………… 243
8.1 竞争前的准备 ………………………………………… 244
8.2 竞争中的决策 ………………………………………… 250

附 录 ……………………………………………………………… 254
附录1 总经理表 ………………………………………… 254
附录2 营销总监表 ……………………………………… 256
附录3 运营总监表 ……………………………………… 259
附录4 直销经理表 ……………………………………… 262
附录5 分销经理表 ……………………………………… 263
附录6 客户经理表 ……………………………………… 266
附录7 流程表 …………………………………………… 267
附录8 交互表 …………………………………………… 269

参考文献 …………………………………………………………… 271

1

市场营销概述

一般来说,市场营销是指在变化的市场环境中,为满足消费需要,实现企业目标的商务活动过程,包括市场调研、选择目标市场、产品开发、产品定价、渠道选择、产品促销、产品储存与运输、产品销售和售后服务等一系列与市场有关的企业业务经营活动。市场营销作为一个经济范畴,它无疑是营销实践的理论抽象与概括,它的形成既符合实践,又能指导实践。

营销观念认为,实现组织目标的关键在于正确确定目标市场的需要,并且比竞争对手更有力地提供目标市场所期望满足的需求。它不同于以往的推销观念,营销观念注重于买方的需求,考虑如何通过产品以及创造、提供产品满足顾客的需要(见图1-1)。

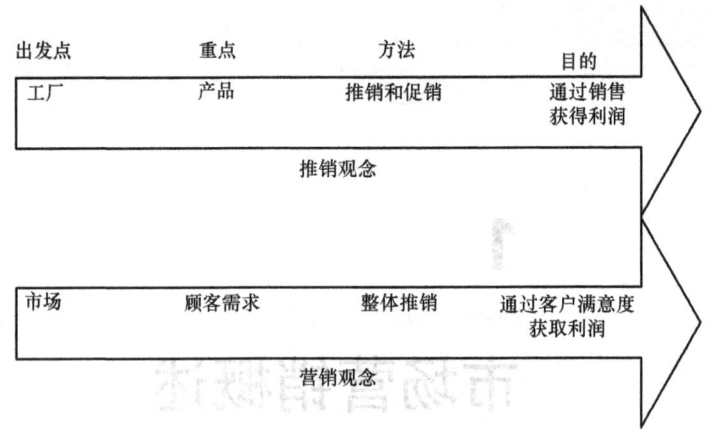

图1-1 营销观念与推销观念的比较

营销观念基于4个主要支柱,即目标市场、顾客需求、协调营销和盈利性。图1-1中将营销观念与传统的推销观念进行了比较。推销观念采用从内向外的顺序,它从工厂出发,以公司现存产品为中心,要求通过大量推销和促销活动获得利润;而营销观念采用从外向内的顺序,它从市场出发,以顾客需求为中心,协调所有影响顾客的活动,并通过创造性地满足顾客的需求来获利。

1.1 营销理论的演进过程

自20世纪40年代以来,市场营销理论不断发展演进,主要体现在营销观念、营销组合和营销模式等方面。营销观念的演进过程是:生产观念、产品观念、推销观念、市场营销观念、社会营销观念和绿色营销观念等。目前的营销理论主要基于后三种营销观念。

营销组合的演进经历了如下阶段。

4Ps——经典的营销理论。4Ps(Product,Price,Place,Promotion)理论是最古老的营销理论,由美国学者罗杰姆·麦卡锡(E. Jerome·McCartyism)首先提出。这种理论以市场为导向,以产品销售为目的。该理论对营销实践产生了并将继续产生重大的影响。然而,随着经济环境的变化,市场竞争、消费者需求等因素对企业营销活动的影响越来越大,而4Ps理论着重考虑的仍然只是有限的几个变量,因此,这种理论越来越不能适应环境的变化,导致它的影响力逐渐削弱。

4Cs——现代营销理论。20世纪80年代,美国学者罗伯特·劳特朋(Robert F. Lauterborn)针对4Ps理论的不足提出了4Cs现代营销理论。该理论的内容包括:消费者需求和欲望(Consumer's wants and needs);消费者所愿意支付的成本(Cost);消费者的便利性(Convenience);与消费者的沟通(Communication)。这种理论以消费者需求为导向,与市场导向的4Ps相比有了很大的进步与发展。现代营销观念以社会营销观念为主,重视将消费需求、社会长期利益和企业经济利益相结合。这一阶段,市场营销得到了蓬勃发展,出现了绿色营销、环保营销等营销新模式。但是,从营销实践和市场发展的趋势来看,这种理论依然有不足之处:主要表现为顾客导向,而市场经济要求的是竞争导向;在产品定价上过分强调消费者所愿意支付的成本这一因素,被动适应顾客需求的色彩较浓,会影响企业利润的实现,仍然没有实现既赢得顾客又长期拥有顾客的互动关系。

4Rs——营销理论的新进展。20世纪90年代,美国学者舒尔茨(Schultz)提出了4Rs理论。该理论的内容主要包括四个方面:与顾客建立关联(Relevancy);提高市场反应速度(Reflection);越来越重视关系营销(Relation);重视营销回报(Return)。这种理论的优点在于:以竞争为导向,实现了关系营销的思想,尤其是回报要素兼顾了成本和双赢两方面的内容。这一阶段的营销指导观念主要是关系营销,强调维护企业与顾客之间的长期合作关系。在此基础上,关系营销、服务营销和整合营销才得以产生。

关系营销以系统论为基本指导思想,将企业置身于社会经济大环境中考察企业的市场营销活动,认为企业营销是一个与消费者、供应商、竞争者、分销商和政府机构发生互动作用的过程,强调企业与其他利益相关者之间建立良好的关系,提倡企业之间的合作与非对抗关系,推动企业间建立联盟。

服务营销是在1974年美国学者约翰·拉斯摩(John Rathmall)所著的第一本论述服务营销专著的基础上兴起的。这种理论的主要研究成果认为服务营销应当包括7个变量组合,即在传统的4P之外又增加了人(Person)、服务过程(Process)和有形展示(Physical evidence)三个方面。

整合营销是舒尔茨在20世纪90年代初创立的,至90年代中期逐渐成熟。整合营销是指通过对各种营销工具和营销手段的系统整合,根据环境进行及时的动态调整,以使交换双方在交互中实现价值增值的营销理论和方法。它是集合了4Ps和4Cs于一体的营销理论,认为企业或产品应当通过发展与协调战略传播活动,关注消费者、员工、普通公众等利益群体的需求,通过多种方式与他们进行沟通合作,从而建立和加强与他们之间的互利关系。可见,整合营销融合了关系营销和服务营销的思想,它要求公司把所有资源都整合起来,并把企业文化、竞争战略等都作为市场营销的重要组成部分。这种营销理论代表了现代市场营销的发展主流方向,在诸多的营销实践中也取得了巨大的成功。

整合营销理念改变了以往从静态的角度分析市场,然后再设法迎合市场的做法,而是强调以动态的观念,主动迎接市场的挑战,更加清楚地认识到企业与市场之间的互动关系,努力寻找潜在市场,创造新的市场。并且,因为所有的工作都是围绕消费者进行的,所以这种理论强调运用信息技术建立消费者与公司之间更加牢固和密切的关系,进一步增强顾客对企业的满意度和忠诚度。

1.2 营销策略理论

策略也称为战术(Tactics),是为完成战略任务而开展的具体活动。企业营销中实施的战略不同,其具体的实施策略也相应地改变。

市场营销策略是生产经营企业在现代市场营销观念指导下,通过市场细分、选择目标市场、明确市场定位、执行市场发展规划、开展市场竞争和整合营销要素等一系列营销工作,制定市场营销长期目标(战略目标)以及实现此目标的营销方针。

企业的市场营销活动受很多因素影响,这些影响因素可分为两大类:一类是企业不可控的外部环境因素,这类因素决定了市场规模和需求性质以及消费者特征;另一类是企业可控的内部环境因素(包括产品、价格、分销和促销等),它们是直接影响营销企业市场营销活动的主要因素。因此,以生产经营企业不可控的环境因素为依据,综合运用企业可控的市场因素,制定市场营销策略是企业营销成功、实现企业营销目标的关键。在制定市场营销策略的过程中,不仅要使企业可控的因素与外部不可控的环境因素相适应,而且还必须使企业可控的各种营销因素之间相互协调与配合,以发挥其整体效用。

1.2.1 产品策略的制定

营销企业要把自己所生产经营的产品顺利地销售出去,就必须适应目标市场的要求,为此须考虑为哪些用户服务、满足用户的哪些需求,从而确定企业产品应具有哪些功能,应具有怎样的外观、结构和造型。产品策略是市场营销组合策略的重要组成部分,也是市场营销组合策略的基础。企业在制定产品策略时应注意以下三个问题。

1.2.1.1 树立产品的整体观念

企业所设计的产品不仅要注重外形,而且要注意其功能效用,同时还不能忽视给予消费者的附加服务(包括咨询、培训、维护),并付诸产品的信誉和竞争能力。

1.2.1.2 注意新产品开发与产品组合

只有不断地开发新产品才能不断地满足消费者的新需求,使市场机会转化为企业机会,进而取得较好的经济效益。同时,为了适应市场竞争的需要,营销企业应在对现有产品组合进行评价的基础上,结合自身特点和竞争者状况调整自己的产品组合(或调整产品组合的广度,或调整产品组合的深度,或调整产品组合的关联度)。

1.2.1.3 设计独具一格的商标

商标是树立企业形象的标志,又是营销产品形象不被侵害和抄袭的重要保障。为了使商标发挥引导消费者认牌购物或消费的作用,企业应当为自己的产品或服务设计新颖、别致的商标。

1.2.2 价格策略的制定

价格是市场营销因素中最关键、最活跃的因素,它直接关系到产品能否被消费者所接受,关系到市场需求量的大小和利润的多少。价格策略是市场营销策略中重要的策略之一,在制定价格策略时应注意以下三个问题。

1.2.2.1 价格的影响因素

影响产品价格的因素主要包括成本、购买力、供求关系、竞争、心理因素和政策法规等。成本是价格形成的基础,决定着产品价格的高低,同时是供给价格的最低界限,低于成本的价格是生产经营企业不能接受的;购买力是决定商品需求的重要因素,也是消费者接受商品最大能力的体现,是需求价格的最高界限;供求关系是制定商品价格的重要影响因素,供不应求时往往以高价成交,供过于求时则难以实现高价策略;竞争因素是确定商品价格不可忽视的影响因素,不同的市场竞争程度对企业制定商品价格有不同的影响;心理因素也是企业定价应考虑的影响因素,因为不同的消费者有不同的心理,不同的心理产生不同水准的期望价格;此外,政策法规也是企业对商品定价应考虑的影响因素。由于价格涉及供应商、销售商和消费者的利益,同时也对宏观经济发展产生重要影响,所以,有时政府部门会对一些产品的价格实行政策干预,例如,实行最低限价、最高限价及参考性指导价格等。

1.2.2.2 定价方法

选择科学合理的定价方法是实现企业定价目标乃至实现企业营销目标的必要保证。商品价格是在买卖双方均能接受的条件下形成的,而买卖双方在接受某种价格的过程中还受第三方(竞争者)的影响,所以,商品价格的制定从三方利益出发有成本导向定价法、需求导向定价法和竞争导向定价法可供选择。企业应根据消费者的接受能力、自身的劳动消耗以及竞争状况灵活地确定和调整产品价格。

1.2.2.3 灵活运用定价技巧

企业对商品价格的确定,除了采用一般的定价方法以外,还应根据市场环境和产品的具体情况,灵活地运用定价技巧来吸引消费者(用户),以保证营销目标得以实现。例如,各种折扣技巧的灵活运用等。此外,灵活的付款方式,优质的服务,有较好的质量保证等都会使消费者感到物有所值。

1.2.3 分销渠道策略的制定

分销渠道也称销售渠道、贸易渠道,它是指产品从制造商(生产者)向消费者或用户转移过程中取得产品所有权或帮助转移所有权的所有组织或个人。分销渠道的起点是制造商(生产者),终点是消费者或用户,中间环节包括商人中间商和代理中间商。分销渠道的目标就是使企业生产经营的产品或服务顺利地被使用或消费,其具体任务就是将商品从生产者那里转移到消费者或用户手中,使消费者或用户能在适当的时间、适当的地点买到能满足自己需求的商品。在商品经济中,产品的价值是通过交换实现的,这一交换过程至少有一个购销环节。

在当今的经济社会中,绝大多数生产商的绝大多数产品都不是由生产商直接送达到最终顾客手中的,而是依靠各种类型的中间商与中介机构。生产商为了实现消费者享受商品的最高效益和最低费用,必须研究并选定合适的分销渠道策略,以保证商品在销售过程中畅通无阻且经营费用相对较低。

1.2.4 促销策略的制定

成功的市场营销活动不仅需要制定适当的价格,选择合适的分销渠道,向市场提供令消费者满意的产品,而且需要采取适当的促销方式。正确制定并合理运用促销策略是营销企业在市场竞争中获取最大经济效益的保证。

从市场营销角度看,促销是指营销企业通过多种方式沟通企业与消费者之间的信息,引发、刺激消费者的欲望和兴趣,使其产生购买行为的活动。由此可见,促销的核心工作是沟通信息,企业和消费者(用户)之间达成交易的根本条件也是沟通信息。只有将企业提供的产品或服务等信息传递给消费者,才能引起消费者的注意,并有可能产生购买欲望和购买行为。正因为如此,企业应根据消费者的特点有针对性地进行促销,通过沟通信息,刺激消费者购买。由于人员推销、广告、公关等促销方式各有其优缺点,所以,在促销过程中,企业应综合考虑促销目标、产品的市场寿命周期、市场状况(包括市场地理范围等)和促销预算等因素灵活选用促销方式。

1.3 竞争理论

企业是一个开放的经济系统,它的经营和管理必然受到客观环境的制约和影响,因此,要把握住环境的现状和将来的变化趋势,充分认识环境所提供的有利于企业谋求生存和发展的首要问题。

竞争性营销策略(Competitive marketing strategy)是指在市场经济条件下,企业作为商品生产者和经营者,为争取实现自身的经济利益而采取的客观决策和部署,直接关系到企业的生存和命运。竞争性经营策略的任务是把企业从目前的地位提升至一个更高、更具有竞争力的位置上。为此,企业需要有理念、目标和方向,需要运用资源和能力,把握机会,培育核心竞争能力和开发出新产品,以适应外部环境的变化,形成新的竞争优势,迎接新的挑战。

图1-2是描述竞争性营销的战略模型。

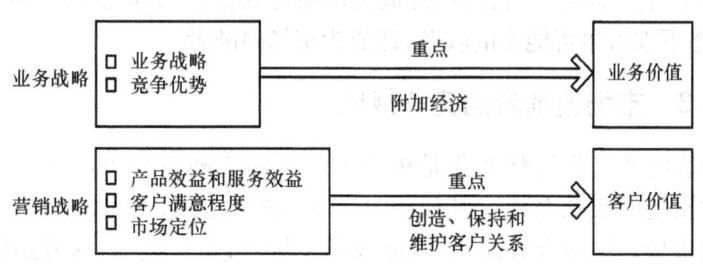

图1-2 竞争性营销战略模型

业务战略涉及建立、维持和保持竞争优势,以创造业务价值;营销战略是在建立、维持和保持市场地位的过程中创造客户价值。各层战略规划的相互协调,对战略目标的实现是至关重要的,因此,业务和营销战略的整合,对于企业在激烈的竞争环境中获得成功是非常重要的。由于市场竞争加剧,战略制定需要以市场为导向。只有有效地实施市场驱动下的竞争性营销战略,企业才能实现盈利并不断发展壮大。

市场竞争战略是营销企业利用各种有利条件、发挥自身优势、战胜竞争对手、获得较高的市场占有率和实现企业营销目标的总体筹划。营销企业应灵活运用创新(即"人无我有")、优质(即"人有我优")、价廉(即"人有我廉")、快速(即"人廉我转")、优质服务和企业联合等竞争战略参与市场竞争。

在竞争策略方面,企业可以凭借网络、服务和产品方面的优势以及自身特色,采用差异化策略,取得竞争优势。要处理好竞争与合作的关系,要正确认识自己的优势和不足,从而扬长避短,做到"有所为,有所不为"。在复杂的竞争中,树立"双赢"的思想,学会因势利导、取长补短,与合作者利益共享、共同发展,进一步培育自己的竞争优势。

1.3.1 市场主导者的竞争战略

市场主导者是指在相关产品市场上占有率最高的企业。一般来说,大多数行业都有一家企业被认为是市场主导者,它在控制价格变动、开发新业务、选择分销渠道和促销方式等方面居于主导地位,为同行业者所公认。它是市场竞争的先导者,也是其他企业挑战、效仿或回避的对象。市场主导企业采取的竞争战略一般是扩大市场需求总量、保护市场占有率和提高市场占有率。

1.3.2 市场挑战者的竞争战略

市场挑战者和市场追随者是指那些在市场上处于次要地位(第二、第三甚至更低地位)的企业。这些处于次要地位的企业可采取两种竞争战略:一是争取市场领先地位,向竞争者挑战,即成为市场挑战者;二是安于次要地位,在"共处"的状态下求得尽可能多的收益,即成为市场追随者。

1.3.3 市场追随者的竞争战略

市场追随者竞争战略并非是被动的。市场追随者必须确定一条不会引起竞争性报复的成长路线。其战略有三种:紧紧追随,这种战略是在各个细分市场和市场营销组合方面,尽可能效仿主导者;距离追随,这种追随者是在主要方面,如目标市场、产品创新、价格水平和分销渠道等方面都追随主导者,但仍与主导者保持若干差异;选择追随,这种追随者在某些方面紧跟主导者,而在另一个方面又自行其是,它不是盲目的追随,而是择优追随。

1.4 市场营销核心理论——目标市场

选择目标市场的首要步骤是评估各个细分市场,即对各个细分市场在市场规模增长率、市场结构吸引力和公司目标与资源等方面的情况作出详细分析。在对这些指标进行综合比较、分析的基础上,才能选择最优化的目标市场。图1-3为企业的目标营销过程。

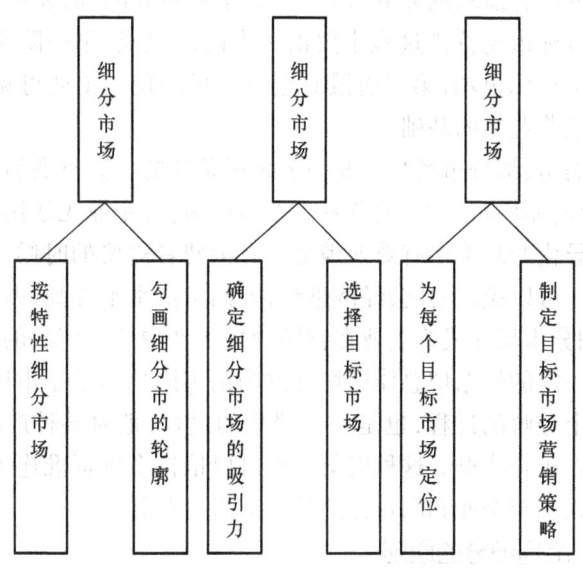

图1-3 企业的目标营销过程

1.4.1 市场细分的概念和原则

1.4.1.1 市场细分的概念

市场细分(Market segmentation)的概念是美国市场学家温德尔·史密斯(Wendell. R. Smith)于20世纪50年代中期提出来的。所谓市场细分就是指按照消费者欲望与需求把一个总体市场(总体市场通常太大以至于企业很难为之服务)划分成若干个具有共同特征的子市场的过程。因此,分属于同一细分市场的消费者,他们的需要和欲望极为相似;分属于不同细分市场的消费者对同一产品的需要和欲望存在着明显的差别。例如,有的消费者喜欢计时基本准确、价格比较便宜的手表,有的消费者需要计时准确、耐用且价格适中的手表,有的消费者要求计时准确、具有象征意义的名贵手表。手表市场据此可细分为三个子市场。当然,对同一产品细分市场的依据很多,细分的结果也不同,但都是从区别消费者的不同需求出发,根据消费者购买行为的差异性,把总体市场细分为两个或两个以上具有类似需求的消费者群。企业进行市场细分的根本目的是为了找对顾客,即选择最有利可图的目标市场。这里必须指出的是,细分市场不是根据产品品种、产品系列进行划分的,而是从消费者(指最终消费者和工业生产者)的角度,根据消费者的需求、动机和购买行为的多元性和差异性划分的。

市场细分主要基于两个理论依据:一是由于顾客偏好、欲望和购买行为的多元化而产生的顾客需求的差异性;二是企业资源有限,需要进行有效的市场竞争。企业的目标市场营销过程主要由三个阶段组成:第一阶段是市场细分;第二阶段是选定目标市场;第三阶段是企业市场定位。由此可见,市场细分是企业获得最佳经营业绩的基础。

需要指出的是,细分市场是需要一定客观条件的。只有商品经济发展到一定阶段,市场上商品供过于求,消费者需求多种多样,企业无法用大批量生产产品的方式或差异化产品策略有效地满足所有消费者需要的时候,细分市场的客观条件才具备。可以说,当社会经济进步,人们生活水平提高,顾客需求呈现出较大差异时,细分市场才成为企业在营销管理活动中急需解决的问题。细分市场客观上是按一定的依据把总体市场分解为诸多同构型的子市场。但是,细分市场不仅是一个分解的过程,也是一个聚集的过程,把对某种产品特点最易作出反应的消费者集合成群。这种聚集过程可以依据多种标准连续进行,直到识别出其规模足以实现企业利润目标的某一个消费者群。

1.4.1.2 市场细分的原则

企业可根据单一因素,亦可根据多个因素对市场进行细分。企业选用的细分标准越多,相应的子市场也就越多,每一子市场的容量相应就越小。相反,选用的细分标准越少,子市场就越少,每一子市场的容量则相对较大。如何寻找合适的细分标准,对市场进行有效细分,在营销实践中并非易事。一般而言,成功、有效的市场细分应遵循以下四项基本原则。

(1)可衡量性。这是指细分的市场是可以识别和衡量的,即细分出来的市场不仅范围明确,而且对其容量大小也能大致作出判断。有些细分变量,如具有"依赖心理"的青年人,在实际中是很难度量的,以此为依据细分市场就不一定有意义。

(2)可进入性。这是指细分的市场应是企业营销活动能够到达的,亦即企业通过努力能够使产品进入并对顾客施加影响的市场。一方面,有关产品的信息能够通过一定媒体顺利传递给该市场的大多数消费者;另一方面,企业在一定时期内有可能将产品通过一定的分销渠道运送到该市场。否则,该细分市场的价值就不大。

(3) 有效性。这是指细分的市场的容量或规模要大到足以使企业获利。进行市场细分时,企业必须考虑细分市场上顾客的数量,以及他们的购买能力和购买产品的频率。如果细分市场的规模过小,市场容量太小,细分工作烦琐,成本耗费大且获利小,就无须进行细分。

(4) 差异性。这是指各细分市场的消费者对同一市场营销组合方案会有差异性反应,或者说对营销组合方案的变动,不同细分市场会有不同的反应。一方面,如果不同细分市场的顾客对产品需求差异不大,行为上的同构型远大于其异质性,此时,企业就不必费力对市场进行细分;另一方面,对于细分出来的市场,企业应当分别制定出独立的营销方案。如果无法制定出这样的方案,或其中某几个细分市场对是否采用不同的营销方案不会有大的差异性反应,便不必进行市场细分。

1.4.2 市场细分的作用、方法和程序

1.4.2.1 市场细分的作用

市场细分对企业的生产、营销有着极其重要的作用。

(1) 有利于选择目标市场和制定市场营销策略。市场细分后的子市场比较具体,使企业易于了解消费者的需求。企业可以根据自身的经营思想、经营方针及生产技术和营销力量,确定自己的服务对象,即目标市场。针对较小的目标市场,企业便于制定特殊的营销策略。同时,在细分市场上易于信息的传播和反馈,一旦消费者的需求发生变化,企业就可以迅速改变营销策略,制定相应的对策,以适应市场需求的变化,提高企业的应变能力和竞争力。

(2) 有利于发掘市场机会,开拓新市场。通过市场细分,企业可以对每一个细分市场的购买潜力、对消费者需求的满足程度以及竞争情况等进行分析对比,找到有利于本企业的市场机会,使企业及时投产、作出销售决策或根据本企业的生产技术条件制订新产品开发的计划,进行必要的产品技术储备,掌握产品更新换代的主动权,开拓新市场,以更好地适应市场的需要。

(3) 有利于集中人力、物力投入目标市场。任何一个企业的资源、人力、物力和资金都是有限的,通过细分市场,企业选择了适合自己的目标市场就可以集中人、财、物及资源优势,争取局部市场上的优势,然后再占领自己的目标市场。

(4) 有利于企业提高经济效益。通过市场细分,企业可以面对自己的目标市场生产出适销对路的产品,既能满足市场需要,又可增加企业收入。产品适销对路可以加速商品流转,加大生产批量,降低企业的生产销售成本,提高生产

工人的劳动熟练程度,提高产品质量,从而提高企业的经济效益。

1.4.2.2 市场细分的方法

企业在运用细分标准进行市场细分时必须注意三个问题:第一,市场细分的标准是动态的,市场细分的各项标准不是一成不变的,而是随着社会生产力及市场状况的变化而不断变化的,如目标市场消费者的年龄、收入、购买动机等都是可变的;第二,不同的企业在市场细分时使用不同的标准,因为各企业的生产技术条件、资源、财力和营销的产品不同,使用的标准也应有所区别;第三,企业在进行市场细分时,可采用一项标准,即单一变量因素细分,也可运用多个变量因素组合或系列变量因素进行市场细分。以下是几种市场细分的方法。

(1)单一变量因素法,即根据影响消费者需求的某一个重要因素进行市场细分,如服装企业,按消费者的年龄细分市场,可分为童装、少年装、青年装、中年装、中老年装、老年装;按气候的不同,可分为春装、夏装、秋装、冬装。

(2)多个变量因素组合法,即根据影响消费者需求的两种或两种以上的因素进行市场细分,如生产者市场中的锅炉生产厂,主要根据企业规模的大小、用户的地理位置、产品的最终用途及潜在市场规模细分市场。

(3)系列变量因素法,即根据企业经营的特点并按照影响消费者需求的诸因素,由粗到细地进行市场细分。这种方法可使目标市场更加明确而具体,有利于企业更好地制定相应的市场营销策略,如自行车市场可按地理位置(城市、郊区、农村、山区)、消费者性别(男、女)、年龄(儿童、青年、中年、中老年)、收入(高、中、低)、职业(工人、农民、学生、职员)和购买动机(求新、求价廉物美、求结实耐用)等变量因素细分市场。

1.4.2.3 市场细分的程序

美国市场学家麦卡锡提出了细分市场的一整套程序,这套程序包括七个步骤。

(1)选定产品市场范围,即确定进入什么行业,生产什么产品。产品市场范围应以顾客的需求,而不是产品本身的特性来确定。例如,某一房地产公司计划在乡间建造一幢简朴的住宅,若只考虑产品特征,该公司可能认为这幢住宅的出租对象是低收入顾客,但从市场需求角度看,高收入者也可能是这幢住宅的潜在顾客。因为高收入者久居城市中的高楼大厦之后,恰恰可能向往乡间的清静,从而可能成为这种住宅的顾客。

(2)列举潜在顾客的基本需求。比如,公司可以通过调查,了解潜在消费者对前述住宅的基本需求。这些需求可能包括遮风挡雨,安全、方便、宁静,设计合理,室内陈设完备以及工程质量好等。

(3)了解不同潜在用户的不同需求。对于列举出来的基本需求,不同顾客需求的侧重点可能会存在差异。比如,经济、安全、遮风挡雨是所有用户购房的共同需求,但有的用户可能特别重视生活的方便,另外一类用户则对环境的安静、内部装修等有很高的要求。通过这种差异比较,不同的顾客群体即可初步被识别出来。

(4)剔除潜在顾客的共同需求,而以特殊需求作为细分标准。上述所列购房的共同需求固然重要,但不能作为市场细分的基础。如遮风挡雨、安全是每位用户的需求,就不能作为细分市场的标准,因而应当剔除这一因素。

(5)根据潜在顾客基本需求方面的差异,将其划分为不同的群体或子市场,并赋予每一子市场一定的名称。例如,西方房地产公司常把购房的顾客分为好动者、老成者、新婚者或度假者等多个子市场,并据此采用不同的营销策略。

(6)进一步分析每一细分市场需求与购买行为特点,并分析其原因,以便在此基础上决定是否可以对这些细分出来的市场进行合并,或作进一步细分。

(7)估计每一细分市场的规模,即在市场调查的基础上,估计每一细分市场的顾客数量、购买频率以及平均每次的购买数量等,并对细分市场上产品竞争状况及发展趋势作出分析。

1.4.3　目标市场的选择策略分析

1.4.3.1　市场机会分析

市场经过细分之后,便使企业面临许多不同的细分市场,市场细分的目的在于从对客户的分析中捕捉市场的机遇,因此,细分市场的工作不应停留在对市场的划分中,而是应当结合企业自身的竞争力,评估细分市场和选择细分市场,从而确认企业的"财富之源"。显然,在诸多的细分市场中,并不是每一个细分市场企业都愿意或有能力进入,也就是说,并不是所有的细分市场对企业都有相同的吸引力,绝大多数市场对公司的发展来说都是毫无价值或价值很小的。这就需要我们对市场进行细分之后,在所划分的各个细分市场之间进行权衡,以确定公司最终要进入的目标市场。

市场竞争和市场需求的变化,使任何一个企业都不可能永远依靠现有产品和市场长久地发展,企业必须不断地寻找新的市场机会。市场机会是指市场上未满足的需求,它是企业营销管理富有吸引力的领域,在这个领域,企业将拥有竞争优势。这种优势应当使企业拥有的资源条件和经营目标能够与细分市场的需求相吻合。有时候,即使细分市场有相当的规模,但如与企业的经营目标不相符,企业的资源条件无法保证,企业就不得不放弃这个市场。因此,企业应当明确自己的经营目标,明了现有的资源状况及资源能力,如公司的经营规模、技术水平、管理能力、资金来源和人员素质等。

企业的资源主要是指企业的财力、物力、人力资源等,即资金的多少、筹集资金的能力、企业规模、技术水平和人力资源开发等。应当从这些方面综合考察企业的实力及资源整合的能力。如果企业规模大、资金雄厚、具备很强的市场开拓能力,市场是具有相同需求的同质市场,应当选择更广泛的市场,采取广泛的目标市场策略,并在广泛的目标市场上采用相同的营销组合策略,满足更多消费者的需要;如果企业规模较小、资源条件有限,则应当选择那些能发挥自身资源优势的领域和行业,为市场提供更好的产品和服务,采取集中的专业化目标市场策略,在某一个目标市场尽力做精、做细,最大程度地满足消费者的需求,使企业在这个行业中独具特色,他人无法取代,并不断发展壮大。若企业的资源能够满足更多的市场,且市场是具有不同需求的优质市场,则应当选择更多的目标市场,根据不同市场的需求分别采取不同的市场营销策略。企业应选择能够发挥资源优势的子市场作为营销选择的目标市场。

企业的经营者应当按照消费者的同质需求设计与生产产品,具有同质需求的这一类消费者有多少,取决于企业的同质需求的细分程度。但是最小的细分程度,要与企业能够获得平均利润的生产批量相匹配。目标市场能充分满足消费者的特定需求,但进行传统的市场细分时,既要满足消费者的同质需求,还要兼顾生产的经济性,因此,对消费者来说这种市场划分是初步的。互联网出现以后,工业经济时代采用的越来越现代化的大机器工业生产方式与千差万别的顾客需求的定制营销方式能够完美地结合在一起,产生了硬性化生产营销与定制营销相结合的网络营销。顾客通过计算机网络,查询或寻找自己需要的产品厂家的信息,并直接进行购买洽谈。在网络营销中,企业可以将产品中属于消费者共同需要的部分,采用机器大工业的方式批量生产出来以求得成本的经济性;而产品中因人而异由顾客指定的部分则采用柔性化的生产方式生产,企业就可以用相对较低的成本与价格为顾客提供符合其个性需求的定制产品,真正实现完全从消费者需求出发的目标市场营销。只有这样,企业才能进入并服务于相应的细分市场,既避免资源不足造成的损失,又避免资源过剩造成的浪费。

1.4.3.2 市场需求潜量分析

市场需求潜量分析主要研究潜在细分市场是否具有一定的规模和增长力。市场规模主要是由客户的购买力和购买数量决定的,同时也受当地的消费习惯和客户对公司营销策略的反应的敏感程度的影响。适当的规模是一个相对的概念,大公司可能偏好销售量很大的市场,对小的细分市场不感兴趣;小公司则可能出于资源及实力的原因,有意避开较大规模的细分市场。

分析市场规模既要考虑现有的水平,更要考虑其潜在的发展趋势。如果细分市场现有的规模虽然较大,但没有发展潜力,公司进入一段时间后就会缺乏发展的后劲,从而影响公司的长期发展。当然,公司也不应以市场规模及发展潜力作为唯一的取舍标准,特别是应避免与竞争公司遵循同一思维逻辑,将规模最大、发展潜力最好的细分市场作为目标市场。许多公司共同争夺同一客户群体的结果是造成过度竞争和社会资源的无端浪费,同时还会使一些客户可满足的需求被忽视。

一般来说,很难准确预测产品或服务的未来需求潜量,这种情况往往出现在对一种产品或服务的需求是完全稳定的,并且市场中不存在竞争关系或者竞争关系也是稳定不变的,各家公司的实力与策略都可以清晰预测的条件下,但是这种理想的状况在大多数市场上不存在;相反,客户的需求和市场的供给都是瞬息万变的。于是,可靠的预测成为各家公司能够成功驾驭市场的关键。如果一个公司对市场需求预测不准确,就可能出现存货过多或存货不足的情况,任何一种情况出现都会破坏公司整体的营销运营机制。所以,需求预测越不准确,对公司带来的破坏性越大。

一项产品的市场需求严格地说应当是在一定的地理区域、一定的营销环境和一定的营销方案下,由特定的客户群体愿意而且能够购买的总数量。因此,市场需求不是一个固定数字,而是由一组因素构成的函数,它也可称为市场需求函数或市场反应函数。一般情况下,我们利用市场潜量和销售潜量来分析市场需求总量。市场潜量就是在一个既定的条件下,当整个行业的营销努力达到极限时市场需求的总量。销售潜量是指在公司的竞争对手既定的条件下,公司通过营销努力而能达到的销售极限。

总市场潜量是在一定的时期内,在一定的行业营销努力和一定的环境中,一个行业的全部公司所能获得的最大销售量。关于市场潜量的测定有许多方法,如指数法、购买意图调查法、销售人员意见法和专家意见法等。我们一般使用如下公式测算总市场潜量:

$$R = n \times q \times p$$

式中:R——总市场潜量;

n——在一定的假设条件下,特定产品的购买者数量;

q——一个购买者的平均购买数量;

P——产品的单位价格。

(1)指数法。指数法是用来估计消费者市场潜量的一种非常重要的方法。最常用的是简单指数法,如产品供应商假定该产品的市场潜量与该地区的人口总数密切相关。但是,单一因素往往不能正确反映一个地区的产品需求量,因为除了人口因素外,一个地区的产品销售量还与该地区的人均收入、教育水平和购买习惯等许多因素有关。所以,利用单一因素指数法得到的估算结果可能不够准确,应运而生的多指数法为市场潜量的估算作出了重要贡献。这种方法采用多个指标对市场潜量进行估算,并且在计算时为每一个指标都赋予一个权数。

(2)购买意图调查法。购买意图调查法是在一组规定的条件下,预测购买者购买量及购买水平的方法。如果购买者能够对自己的购买意图有一个清晰的认识,并能够提供给调查者,则这种调查报告就具有非常重要的实际价值。调查中包括询问消费者目前和未来的个人财务状况和经济前景。一些生产厂商还会向一些咨询公司购买相关资料,希望能够借此来预测消费者的购买意图的主要变化趋势,从而使公司能够较准确地调整生产和营销计划。

(3)销售人员意见法。销售人员意见法是指当公司不能从消费者方面得到有效资料时,可以要求销售人员提供相关信息,进行市场需求潜量的分析预测。利用销售人员进行市场预测有许多其他方法不具备的优势。首先,销售人员对市场需求潜量发展的趋势可能比其他人具有更精准的认识和敏锐的眼光;其次,通过参与预测过程,销售人员可以对所分配的销售定额充满信心,从而激励他们努力实现销售目标。

(4)专家意见法。专家意见法是指公司可以借助专家获得市场需求潜量的预测结果的一种方法,就是所谓的"利用外脑"法,专家一般是指经销商、分销商、供应商、营销顾问和咨询公司等,许多公司从一些著名的营销顾问公司购买经济和行业发展趋势报告。这些营销专家处于较经销商、分销商和供应商等更加有利的地位,具有更加敏锐的观察力和更加先进的技术及预测手段,因此,他们的预测结果具有较好的精确性和前瞻性,可信程度更高。公司还可以召集一些专家,组成专家公司对市场需求潜量进行预测。在进行专家公司预测时,可以请专家们相互交换意见和看法,并由该公司最终做出市场需求潜量预测(公司讨论法);或者可以请专家们分别提出自己的预测结果,然后由一位权威分析家进行汇总,成为一个有代表性的结果(个人估计汇总法);还可以由专家提出各自的估计和设想,由公司组织专门人员进行汇总分析,加以修改和提炼并最终得出切实可行的方案(德尔斐法)。

1.4.3.3 结构吸引力分析

一个具有适当规模和成长力的细分市场有可能缺乏盈利能力,即使其规模和增长程度可能恰到好处。一个公司的盈利能力决定于其所处行业的盈利能力,而一个行业的盈利能力又取决于这个行业的竞争程度。因此,行业的选择对一个公司能否获得高于平均水平的投资收益具有非常重要的影响。著名管理学家迈克尔·波特(Micheal Porter)认为,决定一个市场或一个细分市场长期盈利能力的因素有五个:行业内部的竞争者、潜在竞争者的威胁、替代产品的威胁、客户的议价能力和供应商的议价能力。

如果许多势均力敌的竞争者同时步入或参与同一细分市场,或者一个细分市场已有很多颇具实力的竞争公司,该细分市场的吸引力就会下降;如果该细分市场进入壁垒较低,则该细分市场的吸引力也会下降;替代品越有吸引力,该细分市场增加盈利的可能性就被限制得越紧,从而该细分市场的吸引力也会下降。购买者和供应商的影响表现在议价能力上,如果某细分市场的购买者的议价能力很强,或者供应商有能力提高价格或者降低所供产品的质量和服务,该市场的吸引力就会下降。一般来说,一个细分市场的结构吸引力都是上述五种变量的函数,所以,分析每个细分市场在这五个方面的表现,是公司选择目标市场不能忽略的重要步骤。

一般来说,公司的获利能力取决于所在行业的获利能力,而一个行业的获利水平取决于行业内各个公司之间的竞争程度。竞争程度强,行业内各公司的获利水平下降;竞争程度弱,则行业内各公司的获利水平上升。所以,公司所在的行业对于一个公司是否获得高于平均水平的投资收益具有非常重要的影响。一个细分市场的结构吸引力受以下七个方面因素的影响。

(1)行业内部的竞争。行业内现有公司之间的竞争是决定行业结构吸引力最重要的方面,如果行业内部的公司展开恶性竞争,则行业内的所有企业都不可能获得平稳的利润收入。在影响行业竞争程度的五种力量(行业内部的竞争者、潜在竞争者的威胁、替代产品的威胁、客户的议价能力和供应商的议价能力)中,行业内部的竞争是最关键的因素。如果行业内部的公司进行恶性竞争,其他四种力量必然向恶性循环的方向发展;同样,如果行业内部的竞争呈良性,其他四种力量也都会向良性的方向发展。行业内部竞争的加剧可能由四个原因所导致。

第一,竞争者数量多,各公司的力量大体相当。在这种情况下,各个竞争者难以达成统一的意见,难以协调到步伐一致。

第二,各个竞争对手提供的产品和服务大体相当。当竞争者的产品不存在差异或者差异性很小时,消费者对其产品难以分辨,这时吸引顾客的手段往往是相对较低的价格,因而往往导致竞争者之间激烈的价格和服务竞争。

第三,行业能力过剩。在新产品面市之初,市场需求旺盛、产品供不应求,各个公司为了追求最大化的利润,极力扩大生产规模,而随着市场供给的不断扩大,需求相对萎缩,造成市场供求失衡、产品大量过剩,公司开始恶性的价格竞争。

第四,退出壁垒难。要分析退出某一产品的难易程度,即退出壁垒的大小,应分析竞争对手是否在盈利规模缩小时愿意退出。退出壁垒包括经济、战略和情感等多方面的因素。这些因素可能使一个公司在收益甚微甚至毫无收益时依然维持生产。

(2)潜在竞争者的威胁。一种新产品的开发成功所带来的超额利润会吸引其他公司进入这个行业。对于一个行业来说,新加入者不仅会带来新的业务能力,同时也可能带来良好的资源条件,在这种情况下,产品或服务的价格就可能大幅度下降，行业内原有企业的利润水平及控制市场的能力就会同时被削弱。对于一个产业来说，进入的威胁大小取决于进入壁垒的大小和现有企业预期反击的强度。一般而言，行业的规模经济水平、产品差异性的大小、进入行业所需资本的多少以及转换成本的难易程度都是进入一个新行业所要考虑的问题，从而构成进入壁垒。

第一，规模经济水平。规模经济是指一定时期内，产品的单位成本随着产量的上升而逐步下降的现象。它的存在阻碍了潜在竞争者的进入，因为它迫使新进入者在进入行业之始就以大规模生产来抵制风险，或者以小规模生产不得不接受产品成本的劣势，从而不能享受规模化和标准化带来的益处。

第二，产品的差异性。产品的差异性是在全社会的产品供大于求的情况下应运而生的，出于人们的个性、爱好、看法、动机、经济状况、生活方式以及家庭、生理等各方面的差异，从而表现出或派生出各种不同的需求。这就意味着行业内现有的公司由于是第一个进入此行业，由于广告、客户服务、产品的独一无二而获得广大顾客的接纳和信赖，从而建立了进入壁垒。它迫使新进入者必须首先转移原有的客户忠诚，转而接纳并信赖新进入者的产品或服务。这种努力通常会带来初始阶段的亏损并使许多潜在进入者面临困境。

第三，资金需求。新进入某一行业的资本需求也是一种进入壁垒，特别是高风险且不可回收的前期广告、研究与开发费用等。不仅设备、厂房和原材料等需要资本投入，就是客户服务、市场开拓也必须以大量的资金作为基础。这就意味着新进入者必须承担非常高的资金风险。

第四，转换成本。转换成本是指一个企业从原供应商处采购产品转换到另一个新的供应商处采购产品时所遇到的一次性成本，也包括员工的培训成本、新的辅助设备成本、检测考核新资源所需的时间成本，以及由于依赖供应商产生的对技术支持的需要、产品重新设计，甚至包括中断与老供应商的关系所付出的心理代价。

此外，潜在进入者对于行业内现有竞争对手的反击预期也将对进入者的威胁产生影响。如果潜在进入者认为现有的竞争对手将进行强有力的反击从而使之处于尴尬的境地，进入的欲望将会被遏制。例如，原有竞争者对于新进入者强烈报复的历史；现有竞争者有相当充裕的资源进行反击；原有竞争者所在产业发展缓慢、利润水平相对稳定，使得原有企业对于任何新加入的企业都非常反感等因素都可能成为遏制潜在进入者进入行业的主要原因。

(3) 供应商与客户的议价能力。一个行业与其供应商的关系实际上是讨价还价的关系。如果供应商的实力强，他们会要求提高所供应产品的价格或者降低所供应产品的质量，从而侵占企业的利润。因此，进入一个行业之前首先应当分析该行业供应商的讨价还价能力。一般来说，具有特点的供应商具有更强的实力,如供应商产业由几个大型公司支配,并且行业集中度要高于需求方的集中度;该产业并非供应商的主要客户;供应商产品是买方的主要投入品;买方对于该产品形成了较高的转化成本;供应商表现出前向一体化的现实威胁;供应商已经形成了差异化等。

客户的议价能力主要表现在能否促进卖方降低价格、提高产品质量或者提供更好的服务。同样,客户的议价能力受到多个因素的影响:相对于企业的销售量而言,购买是大批量和集中进行的,如果销售额的很大一部分是由某一个特定买方购买,这将提高买方的重要性;客户从某产业购买的产品占其成本的很大份额,这将使客户很容易地获得优惠并且进行选择性的购买;客户的转换成本低,转换成本使买方依赖于企业,如果客户的转换成本低,客户的讨价还价能力就会相应增强;客户的盈利能力低,较低的利润使其极力压低购买成本;购买者掌握充分的信息,有的客户充分了解需求、实际市场价格,甚至包括企业的供应商的成本等方面的信息。在这种情况下,客户就会比在信息贫乏的情况下掌握更多的讨价还价的筹码。

(4) 获利状况。市场细分为公司带来的利润可以说是最后的,但又是最重要的因素。公司经营的目的最终是要落实到利润上,只有有了利润,公司才能生存和发展。因此,细分市场应当能够使公司获得预期的或合理的利润。

在确定目标市场之前,公司必须从上述四个方面对所细分出的子市场进行评估;然后,根据公司的经营战略和理念选择合适的子市场作为目标市场。目标市场是企业为了满足现实或潜在的消费需求而开拓的特定市场,这种特定市场是在市场细分后确定企业机会的基础上形成的。也就是说,目标市场是企业在细分出来的若干子市场中,根据本企业的资源、技术、管理水平和竞争状况等因素,选择出对自己最有利的、决定要进入的一个或几个子市场。

选定目标市场要特别重视五个主要影响因素:市场收益的年平均增长率、进入和退出市场的难易程度、市场容量、收益潜力以及本企业的经营目标和资源。企业需要利用检验和评估细分市场吸引力的方法对每一个细分市场的吸引力进行评估。

目标市场选定之后,紧随其后的工作是制定目标市场营销策略,这项工作涉及企业的方方面面,如企业产品的定位和发展方向、新技术的引进与开发、占领目标市场的营销策略等。所有这些工作形成了企业的市场细分战略。所以,企业实施市场细分一般需按如下步骤进行。

第一,根据本企业的产品种类和产品发展方向首先选取整体特性市场。例如,生产计算机的企业应将计算机整体市场作为整体特性市场,高压电瓷电器企业应将高压电瓷电器市场作为整体特性市场。

第二,选取市场细分变量。企业决策者在深入进行市场调查的基础上,结合本企业的特点精心挑选出市场细分变量。这些细分变量应当是影响本企业产品生产、销售的主要因素。

第三，细分整体特性市场。排列已选定的市场细分变量，并列出每一个市场细分变量的不同取值，企业按不同方式组合不同细分变量的取值，便得出不同的细分市场。

第四，细分市场的初步调整。整体特性市场被细分之后，企业便得到了一组细分市场，这些细分市场应具有这样的特性，即任何两个细分市场应存在明显的区别，同一个细分市场内的消费者应具有相同或明显相似的购买特征。

(5) 分析企业在目标市场中的战略优势，识别竞争对手。在分析了细分市场的规模、结构竞争力和增长速度之后，还必须考虑到公司自身的资源及经营目标，从而判断这个细分市场是否符合本公司的利益。公司目标包括若干方面，可分为长期目标和短期目标。具体来说，这些目标主要有市场份额、利润率、收益率、一体化方向和市场产品开发方向等。如果细分市场不能满足公司发展目标的要求则应放弃。另外，虽然对一个市场来说，最重要的是满足公司的长远发展要求，但是，如果这个细分市场不能满足公司的短期目标，对该市场的选择还是有阻力的。

在分析了细分市场是否符合公司的经营目标之后，还必须分析公司是否具有某些细分市场所需的资源和能力要求，包括相关产品的研制、批量生产、市场营销技能和相应的资金、人才条件以及获取这些资源的能力。如果公司不具备这些条件，就只好放弃这个细分市场，转向其他的细分市场。

在上述两项分析之后还需识别竞争对手。一个公司潜在的与实际的竞争对手的范围非常广泛，如果只是看到直接与公司进行交锋的竞争对手而没有看到潜在的竞争对手，公司就患了人们通常所说的"竞争近视症"。经验表明，那些潜在的竞争对手往往会给公司带来致命的打击。一般来说，一个公司的竞争对手可以按产品的替代性分为四种：一是行业竞争者，制造同样或者同类产品的公司。比如，美的公司就是所有生产家电生产商的行业竞争者；二是品牌竞争者，以相似的价格向相同客户提供类似产品或服务的公司；三是形式竞争者，以不同的产品提供相同利益的公司；四是一般竞争者，以不同产品争取同一客户的公司。

(6) 目标市场的进入模式。一个公司究竟应选择哪些细分市场作为目标市场，其关键在于各个细分市场是否具备目标市场所应有的价值。所谓目标市场的价值，是指某个目标市场所能提供给公司的市场机会、使一个公司所面临的环境威胁以及在两者的作用下使公司获益的多少。

在制订市场营销策略时，公司必须在纷繁复杂的市场中发现最适合销售自己产品的市场，购买者人群，购买者的地域分布、需求爱好以及购买行为的特征。也就是说,公司在作出营销决策之前,要确定具体的营销目标,选定目标市场。

所谓目标市场就是根据公司的资源和能力的限制,对细分出来的若干市场进行分析之后最终决定要进入的市场。就某一个公司而言,由于其自身的资源和能力以及发展目标的不同,并非所有的环境机会都具有同等的吸引力,或者说,并不是每一个细分市场都是公司所愿意或能够进入的。因此,选择目标市场是任何一个公司的市场营销活动必不可少的一个过程。

公司的目标市场选择策略一般来说有五种模式:密集单一化市场、产品专门化市场、市场专门化、选择性专门化和全面进入。

第一,密集单一化市场。这是一种最简单的目标市场模式,是指公司只是选择一个目标市场进行集中营销。在这种情况下,公司只是生产一类产品,供应某一单一客户群体。公司选择单一市场进行营销活动,也就是集中营销,可以集中公司的优势力量,更加充分地了解目标市场的市场需求,形成更能满足客户需求的公司经营特色,并在该市场上树立良好的声誉,进而可以在该目标市场上建立巩固的市场地位。如果细分市场选择得当,公司的投资便可获得很高的回报。

一个公司之所以选择单一细分市场进行集中化经营的方式,通常是基于以下四方面的考虑:公司具备在该市场上从事专业化经营的能力,并能够在一个细分市场上取得优势地位;公司的财源有限,只能在一个细分市场上有效经营;在选定的细分市场上不存在竞争对手或者竞争对手不够强大,不足以威胁到该公司;公司准备以此为基础,力求在该市场上取得成功之后向其他领域扩张。

集中营销比其他营销方式风险更大。如果该公司所选择的细分市场规模不够大,或者并没有按照公司的预期水平进行发展,而是出现了需求萎缩的情况,就会将公司置于不利地位。出于这些原因,许多公司宁可在若干个细分市场上进行分散化经营,也不采取集中营销的方式。

第二,产品专门化市场。产品专门化的目标市场策略是指公司集中生产一种产品,并向各类客户销售这种产品。公司专注于某一种或某一类产品的生产,有利于市场范围的扩大,有利于公司在生产和技术上形成优势和树立良好的形象。但是,采用这种方式也存在一定的风险,那就是当该产品领域原有的生产技术被一种全新的技术替代,或者该产品被一种新型产品替代时,该产品的经营前景就会非常惨淡。

第三,市场专门化。市场专门化是指公司专门满足某一类客户群体的需要,为这些客户提供所需要的各种产品和服务,如制鞋厂只选择青年人这一群体所需的布鞋、胶鞋、皮鞋进行生产,而不生产老年人和中年人所需的鞋类。

采用市场专门化方式,有助于公司与客户之间稳定购买关系的形成,从而可以降低一部分交易成本,并在这类客户中树立良好形象。同时,由于采用这种方式使公司经营的产品较多,可以有效地分散风险。但是,如果出现某种原因促使这类客户的购买力整体下降,公司将面临收入锐减的局面。

第四,选择性专门化。选择性专门化是指公司在对市场进行细分的基础上,经过仔细选择,结合本公司的长处,有选择地生产数类产品,或有目的地进入某几个细分市场。在这种方式下,公司所选择的目标市场之间很少或者根本没有任何联系,然而每一个目标市场都具有良好的盈利潜力和结构吸引力,而且适合公司的经营目标和资源能力。例如,制鞋厂选择青年人胶鞋、老年人布鞋、中年人皮鞋进行生产。

这种多细分市场目标优于单个的细分市场目标,因为这样可以分散公司的经营风险。即使某个细分市场失去了吸引力,公司仍然可以继续在其他细分市场上获取利润。但是,采用这种方式应当十分谨慎,必须以几个细分市场均具有相当的结构吸引力为前提,同时,还要求采用这种模式的公司具有较强的资源优势和营销能力。

第五,全面进入模式。全面进入模式是指完全市场覆盖,公司将利用各种产品满足各种客户群体的需求。只有实力雄厚的公司才有能力采用这种完全市场覆盖的策略。

(7)目标市场的进入策略。企业在确定了目标市场范围策略后,就要选择目标市场进入策略。这主要是指企业在所选择目标市场范围内采取何种方式为目标客户服务。通常有三种目标市场进入策略可供选择:无差异营销策略、集中性营销策略和差异性营销策略。

第一,无差异营销策略。这种营销策略是指企业将整个市场当做一个需求类似的目标市场,只推出一种产品,使用一种营销组合方案。这种策略重视消费者需求的共同点,而忽视需求的差异性,将所有的消费者的需求看做是相同的,一般不进行市场细分。这种策略凭借广泛的销售和大规模的广告宣传,旨在人们的心目中树立起对该产品的超级印象。可口可乐公司的早期营销就是无差异营销的一个典型例子,公司面向所有的购买者只生产一种同一瓶装、同一品位的饮料。它的立论基础是成本的经济性。它被当做制造业中的标准化生产和大批量生产在营销方面的化身。正如单一的产品线可以降低生产成本一样,无差异的广告方案由于只对一种产品进行宣传,也可以降低广告成本。而不进行市场细分又可以减少一部分营销调研和计划工作,从而在一定程度上减少了营销调研和广告管理的费用支出。

无差异营销策略对于需求广泛、市场同质性较高,并且公司有能力进行大量生产、大量销售的产品来说是比较适合的。但并不是所有的公司都可以采用无差异营销策略,因为消费者的需求客观上千差万别、不断变化,一种产品为所有消费者和用户所接受的现象非常罕见。另外,由于忽视了差异性,当许多公司都采用这一策略时,如法炮制的产品或者服务将加剧在最大的细分市场上的竞争,而较小的细分市场被忽略,甚至被遗忘,无人问津,西方经济学中人们称这种现象为"多数谬误"。而且,采用这种策略的公司对市场上需求变化的反应就不够灵敏。在需求变化较快的市场,这类公司通常会表现出适应能力差、易于受到竞争对手的攻击等弊病。当其他公司相对于不同的细分市场提供更有特色的产品时,采用无差异营销策略的公司可能会发现自己的市场正在遭受蚕食,而又无法采取有效措施进行反击,只能坐以待毙。所以,世界上许多大型公司最终被迫放弃了这种营销策略,转而实行差异性营销策略。

无差异营销策略的优点在于,由于经营的产品品种少、批量大,可以节省细分费用,降低成本,提高效率。但是,这种营销策略也有其缺点:一方面是引起激烈竞争,使企业可获利机会减少;另一方面是企业容易忽视小的细分市场的潜在需求。

第二,集中性营销策略。这种营销策略也称为密集型营销策略,是指企业集中力量于某一细分市场上,实行专业化生产和经营,以获取较高的市场占有率的一种策略。实施这种营销策略的企业要考虑的问题是:与其在整个市场拥有较低的市场份额,不如在部分细分市场上拥有较高的份额。这种策略主要是用于资源有限的小企业。因为小企业无力顾及整体市场,无力承担细分市场的费用,而在小市场上却易于取得成功。

集中性营销策略的优点在于:一方面,企业可以深入了解特定细分市场的需求,提供较好的服务,有利于提高企业的地位和信誉;另一方面,实行专业化经营,有利于降低成本,只要目标市场选择恰当,集中性营销策略会使企业建立起稳固的立足点,获得更高的经济效益。通过有效使用资源,集中公司的优势,占领空隙市场和边缘市场,这种策略能够帮助实力有限的公司避免与实力强大的公司进行正面交锋,追求在大公司尚未估计或不想占领的细小市场上取得较大的市场份额。并且,随着生产、分销渠道和广告宣传等的专业化,不仅使公司的生产和销售成本逐步降低,盈利增加,而且还能提高公司的市场声誉。

集中性营销策略也存在不足之处:当企业将所有精力都集中在一个细分市场上时,一旦消费者的需求发生变化,如消费者的兴趣发生转移,或者面临较强的竞争对手时,或者更有吸引力的替代品出现时,企业的应变能力差,经营风险大,可能会使企业陷入经营困境,没有回旋余地,甚至倒闭破产。因此,选用集中性营销策略时,在选择目标市场时要特别注意,以防全军覆没。

第三,差异性营销策略。这种营销策略是指企业根据各个细分市场的特点,相应扩大某些产品的花色、式样、品种或者更改营销计划,以充分适应不同顾客的不同需求,吸引各种不同的购买者,从而提高销售量。对于小批量、多品种企业和日用消费品中的绝大部分商品均可采用这种营销策略。在消费需求变化迅速,竞争日趋激烈的当代,大多数企业都积极推行这种策略。它有利于满足不同消费者的需求;有利于企业开拓细分市场,扩大销售,提高市场占有率和经济效益;有利于提高企业的市场应变能力。当然,差异性营销策略在创造较高的销售额的同时也增加了营销成本、生产成本、管理成本、库存成本、产品改良成本及促销成本,使产品价格升高,失去竞争优势。因此,企业在采用差异性营销策略时,要权衡利弊,即权衡销售额扩大带来的利益和增加的成本,以便作出最优决策。采用这种策略的公司必须具备一定的规模,人力、财力、物力比较雄厚,公司的技术水平、设计能力能够适应营销的需要,而且公司的经营管理水平、管理素质较高。

 1.5　市场营销核心理论——营销组合

自从市场营销组合理论被提出以来,营销理论界一直都在努力充实、完善它,提出了许多反映时代特征的新的营销组合理论。市场营销组合理论的演进历程集中反映了市场营销的发展变化过程,并预示着市场营销未来的发展趋势。

1.5.1　现代市场营销理论的诞生

在20世纪50年代以前,市场营销被等同于推销,这显然与现代市场营销的理念不合。美国管理学权威彼得·杜拉克(Peter Drucker)就指出,市场营销的目标就是使推销成为多余的。市场营销是企业管理的一个重要组成部分,而不是简单的市场行为。50年代以后,市场营销的研究正式从传统的经济学研究转入管理学研究。

1950年,尼尔·博登(Neilo Borden)在其著作中指出,要将市场营销中的可控因素进行有机组合,即市场营销组合(Marketing mix);同年,在美国学者总结的新事物扩散和被采用过程的理论基础上,乔尔·迪安(Joel Dean)提出了产品生命周期(Product life cycle)的概念,即产品从进入市场到退出市场的全过程分为导入期、成长期、成熟期和衰退期四个阶段,针对处在不同生命周期的产品,企业应设立不同的市场营销目标,实施不同的营销策略。

1955年,西德尼·利维(Sidney Levy)把视线从产品本身转移到了产品附加值上,他认为,顾客在选择产品时不仅要考虑产品本身带来的实际利益,产品的心理利益也很重要,顾客最终的选择结果是实际利益与心理利益之和,而心理利益就由品牌形象(Brand image)提供。利维的品牌形象理论是早期文化营销中的一个重要"雏形"。

同样,作为这一时期文化营销"雏形理论"的另一个重要代表是温德尔·史密斯的市场细分(Market segmentation,1956)理论。市场细分的基础在于差异化,无论怎样的大企业都不可能为所有的消费者提供有效的产品或服务,因而需要将特定的产品划分若干消费群,确定目标市场。而市场细分的标准就是消费者价值观念和社会文化背景等方面的差异。

1957年,约翰·麦克金特立克(John. B. Mokitteriek)等人提出了市场营销观念(Marketing concept),这是一种以顾客需要和欲望为导向的经营哲学。它标志着现代市场营销学的诞生。泰德·李维特(Ted Levitt)也在《营销近视病》(《Marketing myopia》,1961)一书中指出,根本没有所谓的成长行业,只有消费者的需要,消费者的需要随时可能改变,而消费者的需要和欲望又是由文化决定的,而且文化是可变的。

基于对市场营销过程进行控制的思想,艾贝·萧克曼(Abe Shuchman)在1959年提出了市场营销审计(Marketing andit)的思想,指出企业需要对市场营销环境、市场营销目标、市场营销战略和市场营销行动进行定期、系统和全面的检查,从而有效地改善市场营销业绩。在对市场营销环境的表述中,萧克曼明确指出文化环境对市场营销的重要影响,同时强调市场营销目标和市场营销战略的制定也必须充分考虑文化的因素。

总之,20世纪50年代是市场营销的大革命时期,市场营销理论突破了传统的束缚,开创了全新的发展趋势,它的一个主要特点是市场营销从简单的经济行为开始向社会行为过渡。虽然,在这一时期还没有学者明确提出市场营销中的文化意义,但是我们无论是从利维提出的产品心理利益(即早期的品牌形象理论),还是从史密斯的市场细分理论来看,都暗示着市场营销不单单是一种市场行为,更是一种具有文化附加值的行为。

1.5.2 市场营销组合策略的理论及演变

1.5.2.1 经典的4Ps说

1953年,尼尔·博登在美国市场营销学会的就职演说中创造了"市场营销组合"(Marketing mix)这一术语,其意是指市场需求或多或少地在某种程度上受到所谓"营销要素"的影响。为了寻求一定的市场反应,企业要对这些要素进行有效的组合,从而满足市场需求,获得最大利润。营销组合实际上涉及一系列要素。博登提出的市场营销组合原本包括12个要素,1960年,麦卡锡在其《基础营销》一书中将这些要素一般地概括为四类:产品(Product)、价格(Price)、渠道(Plaee)、促销(Promotion),即著名的4Ps。1967年,菲利普·科特勒在他的《营销管理:分析、规划与控制》一书中进一步确认了以4Ps为核心的营销组合方法。

4Ps 的提出奠定了营销组合理论的基础框架。该理论以单个企业作为分析单位,认为影响企业营销活动效果的因素有两种:一种是企业不能控制的,如政治、法律、经济、人文及地理等环境因素,称之为不可控因素,这些因素构成企业面临的外部环境;另一种是企业可以控制的,如产品、定价、分销和促销等营销因素,称之为企业可控因素。企业营销活动的实质就是一个不断利用内部可控因素适应外部环境的过程,即通过对产品、价格、分销和促销的计划与实施,对外部不可控因素作出积极动态的反应,从而促成交易的实现和满足个人与组织的目标。用科特勒的话说就是"如果公司生产出适当的产品,定出适当的价格,利用适当的分销渠道,并辅之以适当的促销活动,那么该公司就会获得成功"(科特勒,2001)。所以,4Ps 营销组合理论认为,市场营销活动的核心在于制定并实施有效的营销组合(如图 1-4 所示)。

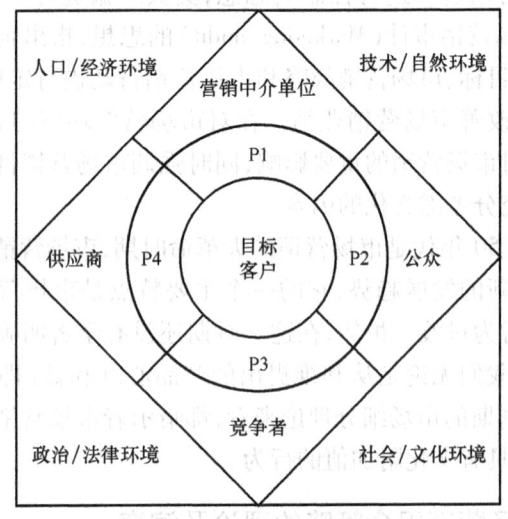

图 1-4 4Ps 营销组合模型

营销组合模型的优势是显而易见的:它把企业营销活动这样一个错综复杂的经济现象简化为三个圈;把企业营销过程中可以利用的成千上万的因素概括成四个大类的因素,即 4P——产品(Product)、价格(Price)、渠道(Place)和促销(Promotion)。这的确非常简明,易于把握,因而成为主流营销组合理论中最为基本的构架。

营销组合概念和 4Ps 观点被迅速和广泛传播的同时也受到了一些营销学者的批评,特别是受到了欧洲学派的批评。他们的批评主要集中在三个方面。

第一，4Ps理论是对博登提出的市场营销组合概念的过分简化，是对现实生活不切实际的抽象。博登认为，提出市场营销组合的概念并不是要给市场营销下个定义，而是为营销人员提供参考，营销人员应当将可能使用的各种因素或变量组合成一个统一的市场营销计划。但是，在4Ps理论中没有明确包含协调整合的成分，没有包含任何相互作用的因素，而且有关什么是主要的营销因素，它们是如何被营销经理感受和采纳的等经验研究也被忽视了，"对于结构的偏好远胜于对过程的关注"（肯兹，1992）。同时，营销是交换关系的相互满足，4Ps模型除了注重顾客的反应外，忽略了对交换关系中其他利益相关者如中间商、竞争者等因素的影响作用。

第二，4Ps理论持短期利益交换思想，其所包含的营销要素只适合于微观问题。因为它只从交易的一方（卖方）来考虑问题，执著于营销者对消费者做什么，而不是从顾客或全社会利益的角度来考虑。这实际上仍是生产导向观念的反应，并没有体现市场导向或顾客导向，重点是短期性的和纯交易性的。

第三，4Ps理论将营销定义为一种职能活动，这与传统营销组织结构是相连的。在传统的企业组织结构中，以职能定位的垂直组织结构往往优化了个人职能，企业领导将营销授权给一些专业人员，由他们负责分析、计划和实施组织，企业其他职能部门人员与营销脱钩。尽管这种组织结构能充分发挥专业化分工所带来的优势，但其明显的不足导致了与其他职能部门的潜在矛盾。职能部门和任务之间缺乏协调。职能分割往往意味着组织结构中某个部门表现出来的问题只在本部门内加以解决，无人理会问题的根源在什么地方。这导致了企业业绩水平低下，甚至导致客户满意程度降低，因为客户为了解决问题不得不在一个又一个职能部门之间转来转去。

1.5.2.2 注重战略的10Ps说

随着竞争的加剧，特别是全球竞争的进一步扩大，顾客在日益增多的选择范围内，不断向企业争取更多的利益。各个特定利益集团通过发达的社会信息传播网络传播来自企业的信息，政府通过产业政策、税收与财政等控制市场准入。在此背景下，科特勒提出了2个P：政治权力（Political power）和公共关系（Public relation）。政治权力是指为了进入和在目标市场上经营，或为了获得其他利益集团的预期反应和关注，向产业官员、立法人员和政府官员们提出自己的主张；公共关系则在于影响公众的观点，在公众心目中树立良好的产品和企业形象，这主要通过大众性的沟通技术来实现。他将加入这两个要素的营销称之为"大营销"（Mega marketing），意思是说，营销是在市场特征之上的，即不仅要考虑市场环境因素，还要考虑政治和社会因素。他认为，除了为顾客和中间商（如代理商、分销商和经纪人）提供利益外，同样应当为包括政府、工会和可以阻碍企业进入某市场以获利的其他利益集团提供利益。营销者必须借助政治技巧和公共关系技巧,在全球市场上有效地开展工作。这就是我们所说的6Ps说。

在6Ps说的基础上,随着对营销战略计划过程的重视,科特勒又提出了战略营销计划过程必须优先于战术营销组合(即4Ps)的制定。战略营销计划过程也可以归结为4Ps,即探查(Probing)、分割(Partitioning)、优先(Prioritizing)和定位(Positioning)。

(1)探查。探查即市场营销调研。其含义是在市场营销观念的指导下,以满足消费者需求为中心,用科学的方法,系统地收集、记录、整理与分析有关市场营销的情报资料,比如,市场由哪些人组成,市场是如何细分的,消费者的需求是什么,竞争对手是谁以及怎样才能使竞争更有效等,从而提出解决问题的建议,确保营销活动顺利地进行。市场营销调研是市场营销的出发点。

(2)分割。分割即市场细分。其含义是根据消费者需要的差异性,运用系统的方法,把整体市场划分为若干个消费者群的过程。每一个细分市场都是由具有类似需求倾向的消费者构成的群体。因此,分属不同细分市场的消费者对同一产品的需求有着明显的差异,而属于同一细分市场的消费者的需求具有相似性。

(3)优先。优先即对目标市场的选择,即在市场细分的基础上,企业要选择的市场是要优先最大限度满足的那部分消费者。企业资源的有限性和消费者需求的多样性决定了企业不可能经营所有的产品并满足所有消费者的需求。任何一个企业只能根据自己的资源优势和消费者的需求经营相关的产品,满足消费者的部分需求。

(4)定位。定位即市场定位。其含义是根据竞争者在市场上所处的位置,针对消费者对产品的重视程度,强有力地塑造出本企业产品与众不同的、给人印象鲜明的个性或形象,从而使产品在市场上、企业在行业中占据适当的位置。

科特勒认为,只有在搞好战略营销计划过程的基础上,战术性营销组合的制定才能顺利进行。因此,为了更好地满足消费者的需要并取得最佳的营销效益,营销人员必须精通产品、渠道、价格和促销四种营销战术。为了做好营销工作,营销人员必须熟练掌握探查、分割、优先和定位四种营销战略,还必须具备灵活运用公共关系和政治权力两种营销技巧的能力。这就是科特勒的10Ps理论。10Ps建立了一个比较完整的营销管理理论分析框架(如图1-5所示)。总体来说,Ps理论,特别是科特勒10Ps理论的形成与发展对整个市场营销理论的发展作出了杰出的贡献,也为企业市场营销分析奠定了较为完整的理论基础,从而在营销理论发展史上留下了光辉的一页。

1.5.2.3　7Ps说的提出

20世纪70年代末80年代初,激烈的竞争增强了顾客在营销交易中的谈判要价能力,以服务为主的第三产业在国民经济中所占的比重越来越大,员工劳动力素质、中间商对企业的支持程度、竞争者行为、供应商与企业之间供应链的

1 市场营销概述

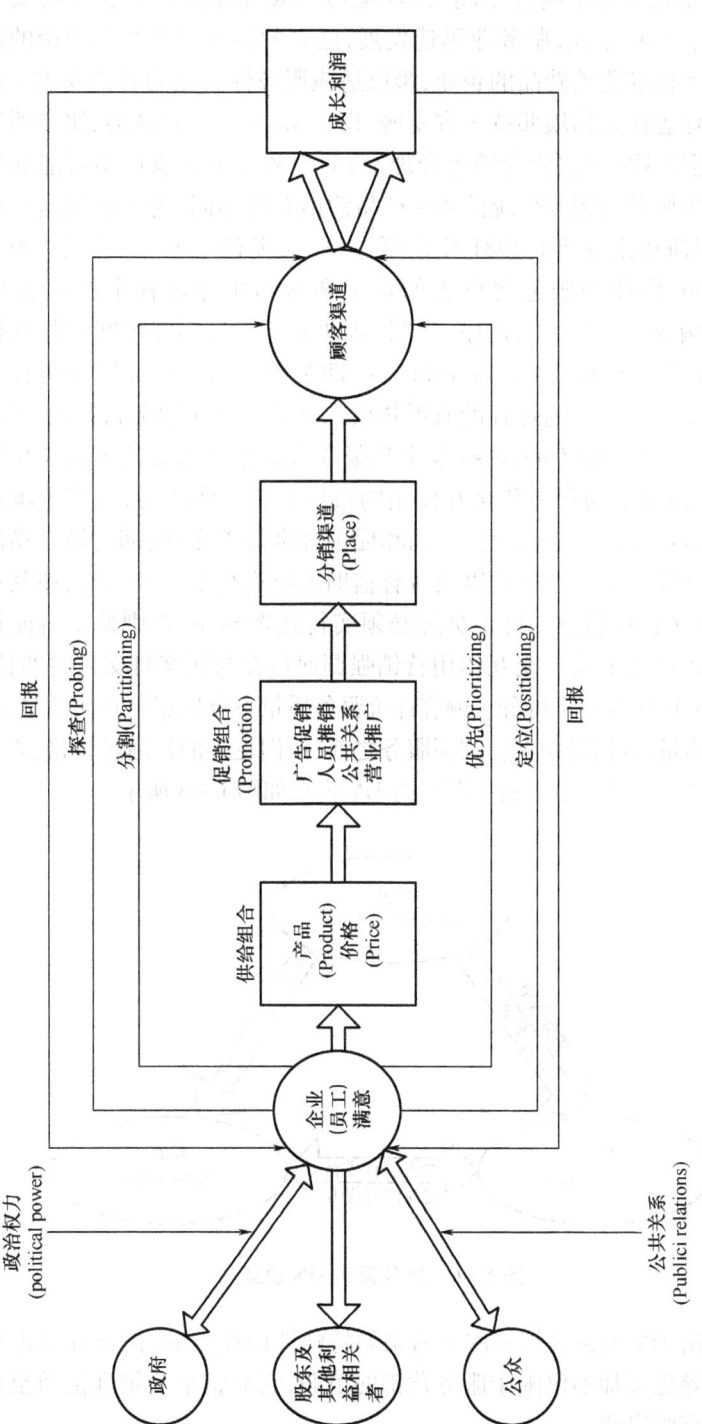

图1-5 10Ps理论分析框架

效率等对企业成功的影响越来越大,环境污染成为社会对企业抨击最多的问题。在20世纪70年代,服务业迅速发展,已有的传统营销组合理论的经验主要来源于生产标准化消费品的企业,难以适应服务性企业的营销要求。斯堪的纳维亚学派标志性人物埃弗特·古麦逊(Even Gummesson)认为,服务所独有的特性使它(指以4Ps为主的营销组合理论)对服务业来讲永远不可能获得巨大成功。正因为服务营销与传统的4Ps产品营销有所不同,为了克服这一理论上的缺陷,布姆斯和比特纳于1981年在原有4Ps的基础上增加了三个"服务性的P":人(Person,即作为服务提供者的员工和参与服务过程中的顾客)、过程(Process,即构成服务生产的程序、机制、活动流程和与顾客之间的相互作用及接触沟通)和有形展示(Physical evidence,即服务组织的环境以及所有用于服务生产过程及与顾客沟通过程的有形物质),从而形成了服务营销的7Ps框架。与此相对应,格隆鲁斯(Gronroos)也主张服务营销不仅需要传统的4Ps外部营销,还要加上内部市场营销和交互作用的市场营销。他认为,外部市场营销是指公司为顾客准备的服务、定价、分销和促销等常规工作;内部营销是指服务公司必须对直接接待顾客的人员以及所有辅助人员进行培养和激励,使其通力合作,以便使顾客感到满意。每个员工必须实行顾客导向,否则便不可能提高服务水平并一贯坚持下去。交互作用营销强调雇员在与顾客打交道时的技能,服务质量与服务供应者密不可分。顾客评价服务质量不仅依据其技术质量,而且也依据其职能质量,特别是顾客在购买服务之前,他们更多的是通过价格、人员和物质设施等判断其服务质量。服务营销的7Ps模型如图1-6所示。

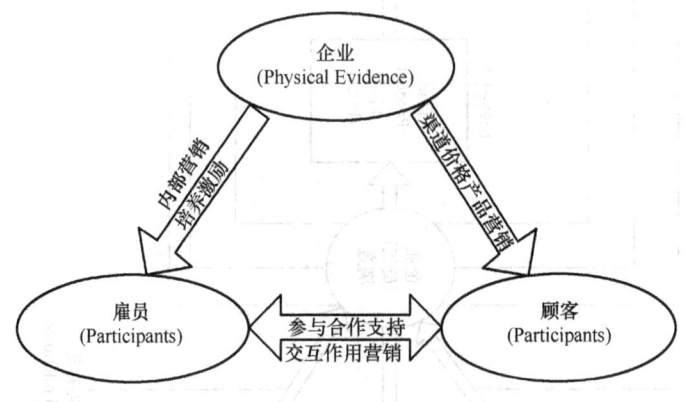

图1-6 服务营销7Ps模型

服务营销7Ps说虽是针对服务营销的特殊性而提出的,但其在理论价值和实践上的指导意义却不仅限于服务营销的范畴,它对整个营销理论乃至企业理论的发展都有所启迪。

(1) 提出了员工的参与对整个营销活动实现的重要意义。4Ps 理论并不注重企业员工内部的情感、心理因素,而是将员工视为机械的附属物和决策的具体执行者,忽视人力资本的价值,所重视的仅仅是"管理者当局"的作用。服务营销 7Ps 理论对企业中营销活动参与者——"人"的重视,在一定程度上体现了"人本管理"的思想,即企业员工是企业组织的主体,员工在企业中对企业有各种各样的要求,企业只有不断满足员工的需要,员工才有积极性,企业才能成长。

(2) 重视营销活动中顾客的参与和配合。在 4Ps 理论中,顾客只能被动地适应企业的营销活动。7Ps 理论虽然只是针对服务的特殊性提出了顾客参与和配合,但这实际上是关系营销思想的雏形。在服务性企业,企业应根据经济的发展和市场环境的变化,在更高层次上建立与顾客之间的互动关系。顾客不仅仅是被动地满足需求,还应当主动地加入到企业的生产过程中。企业与顾客之间只有建立起事业和命运共同体,形成一种互相适应、互助互利、和谐一致的关系,才能真正建立起顾客忠诚,稳定顾客群。

(3) 对过程的重视。7Ps 不仅重视企业针对顾客的外部营销活动过程,而且重视企业内部各部门之间分工与合作过程的管理。它强调营销是一个由各部门执行的全员参与的活动,而部门之间的有效分工与合作是营销活动实现的根本保证。

1.5.2.4　顾客主权推动下的 4Cs 理论

1986 年,美国学者罗伯特·劳特朋提出了与 4Ps 相对应的顾客 4Cs 理论。该理论与传统的 4Ps 理论营销组合因素的区别如表 1-1 所示。

表 1-1　4Ps 理论与 4Cs 理论的区别

4Ps	4Cs
产品(Product)	顾客需要与欲望(Customer' needs and want)
价格(Price)	对顾客成本(Cost to the customer)
渠道(Place)	便利(Convenience)
促销(Promotion)	沟通(Communication)

1.5.3　市场营销理论中的文化因子

第一,顾客需要与欲望(Customer' needs and want)。首先要了解、研究和分析消费者的需要与欲望,而不是先考虑企业能生产什么产品。

第二,对顾客成本(Cost to the customer)。首先了解消费者满足需要与欲望愿意付出多少钱(成本),而不是先给产品定价(即向消费者要多少钱)。

第三,便利(Convenience)。首先考虑在顾客购物的过程中如何为顾客提供方便,而不是先考虑销售渠道的选择和策略。

第四,沟通(Communication)。以消费者为中心实施营销沟通是十分重要的,通过互动、沟通等方式,企业内外营销不断进行整合,将顾客和企业双方的利益整合在一起。

20 世纪 80 年代,以 4Ps 为代表的交易营销理论因对顾客权力的漠视而受到越来越多的营销学者的批评,4Cs 理论就是在这种背景下被提出来的。从强调企业对顾客需要真正意义上关注的角度来说,4Cs 理论比传统的 4Ps 理论有更大进步,但是也存在缺乏可操作性的问题。如它需要提供集成解决方案、对顾客需求要实现快速反应等,使企业难以掌握、操作和普及;过于强调企业对顾客需求的服从,使企业失去营销的主观能动性;同时,在企业价值最大化的经营目标指导下,企业不可能满足顾客的所有需求。

1.5.3.1 注重关系的 4Rs 说

20 世纪 90 年代迅速发展的信息经济追求的是电子化、差异化、个性化、网络化和定制化。顾客在与企业进行营销交换的过程中,控制交易的权力越来越大;同时,各利益相关者与企业的联系越来越紧密,冲突也越来越多。如中间商通过控制渠道资源获得更多的企业让利;发达的信息传播媒介使企业置于社会公众的监督之中。与利益相关者,特别是与顾客建立良好持久的关系,以占有顾客份额为中心的营销思想成为新的营销理念。与此同时,管理组织发展、流程再造等理论对企业组织结构的变革产生了重大的影响,使传统的职能架构的企业组织转变为以快速反应、营销职能中心化为特征的扁平化组织结构。以利益相关者构成战略联盟,如竞争者联盟、追求供应链效率的精益生产企业协作系统,成为企业的新型组织形式。在这一背景下,美国学者舒尔兹提出旨在与以顾客为主的利益相关者建立长久关系的 4Rs 营销组合理论,阐述了一个全新的营销四要素组合(如图 1-7 所示)。

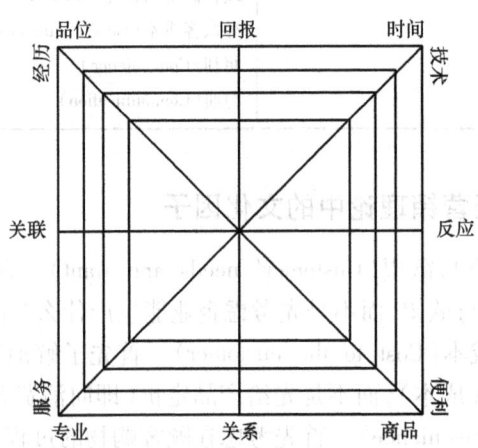

图 1-7 4Rs 营销组合理论模式

(1)4Rs 说的内容。

第一,关联(Relevancy)。即认为企业与顾客是一个命运共同体,在经济利益上是相关的、联系在一起的,建立、保持并发展与顾客之间的长期关系是企业经营的核心理念和最重要的内容。

第二,反应(Respond)。在今天相互影响的市场中,对经营者来说,最现实的问题不在于如何控制、制订和实施计划,而在于如何站在顾客的角度及时地倾听顾客的希望、渴望和需求,并及时答复和迅速作出反应,以满足顾客的需求。

第三,关系(Relation)。因为任何一个企业都不可能独自提供运营过程中所必需的资源,所以企业必须与利益相关者建立起合作伙伴关系,形成一张以企业为中心、由利益相关者组成的交易网络(这是企业经营过程中除了物质资本和人力资本以外的另一种不可或缺的资本——社会资本)。只有充分利用交易网络,挖掘企业组织之间与相连组织之间网络的生产潜力,结合各自的核心竞争力进行分工与合作,共同开发产品、开拓市场、分担风险以及培育独特的竞争优势,才能更好地为消费者和社会服务。

第四,回报(Return)。任何交易与合作关系的巩固与发展,对于双方主体而言都是一个经济利益问题。因此,一定的合理回报既是正确处理营销活动中各种矛盾的出发点,也是营销的落脚点。对企业来说,市场营销的真正价值在于其为企业带来短期或长期收入和利润的能力。

(2)4Rs 理论的重点。相比以往的营销组合理论,4Rs 理论强调的重点可以归纳为三个方面。

第一,4Rs 营销组合理论从长远的角度看待企业与顾客之间的交易行为,强调同顾客建立长久持续的关系,实现顾客生命价值最大化;同时,4Rs 理论还注重与利益相关者之间的关系,这是与以 4Ps 为代表的理论所倡导的短期交易行为的最大不同之处。

第二,4Rs 营销组合理论使企业营销战略发生了变革。它突破传统目标营销战略只限于目标市场利益的不足之处,强调企业同顾客、供应商、中间商、竞争者、政府以及员工之间的关系,把传统营销单向、单盈的交易关系改变为交互的、多盈的营销战略。这也要求企业组织结构从传统的垂直型科层组织结构转向跨职能以协调各职能部门任务的扁平化结构。对企业内各职能部门的任务进行协调,才能保证企业同顾客及利益相关者保持良好的关系,并达到保留顾客的目的。

第三,4Rs 营销组合理论使企业认识到服务在企业向顾客提供价值过程中的重大作用,认识到服务在企业提供物的价值中具有举足轻重的作用。

1.5.4　营销交易方式的转变

在营销学发展中存在两种基本的营销交易模式：一种是个别交易模式；另一种是网络交易模式。

个别交易模式的特征是只注重与顾客发展短期的交易关系。尽管企业认为满足顾客需求是企业营销的目标，但企业往往从自身角度考虑营销活动，认为交换是企业直接面对购买者的营销活动的结果。企业决定了诸如价格、产品属性、广告、人员推销和分销渠道这样的变量，这些营销活动构成了企业的"营销组合"。企业做出行动而消费者做出反应，消费者如何反应取决于影响顾客需求的各种因素，如消费者的个性化需求、可支配收入、对企业实施营销组合反应的差异及对竞争性产品的差异的敏感性。这种交易模式最集中的体现是4Ps营销组合理论体现的交易方式，即在营销交易中，用最适宜的产品、最适宜的价格、最适当的促销办法及销售网络，最好地满足目标市场的需求，以取得最佳的信誉和最好的经济效益。

网络交易模式是将市场定义为企业与各利益相关者所构成的交易网络，企业处于交易网络的中央位置，通过网络，不断地与供应商、竞争者、中间商、顾客、政府、员工及特定利益团体进行各种形式的交流与合作。网络交易模式已逐渐成为营销交易的主流范式。在这种模式中，营销作用主要体现在两个方面：一是营销应当被看做是有助于发展和维持与顾客及营销渠道成员之间交换关系的投资过程，企业也因此而发展它在网络中的地位。这样的关系应当被视为企业的无形资产，因为它们使企业能够利用购买者在产品和服务的交换中愿意给予的资源。因此，营销应当具有一种长期的观念，即营销是企业发展及其创新过程中至关重要的战略活动。二是营销应当被看做是影响整个企业的组织问题。为实现与消费者的交互作用，营销活动涉及若干个职能，如制定、供应、研究与采购。交换关系适用过程影响着所有的活动和资源，而不仅仅是那些传统上属于营销组合变量的活动和资源。营销的职能着重于选择和处理与个别顾客的联系，这对销售人员的作用及在销售者的购买者之间的多人交互作用的需求产生影响。

我们无法将4Ps、6Ps、7Ps、10Ps、4Cs、4Rs营销组合理论指导下的营销交易模式准确地归属于个别交易模式或网络交易模式，但可以肯定的是，4Ps、6Ps、10Ps更多地偏重于个别交易模式，7Ps、4Cs、4Rs倾向于网络交易模式。从各种营销组合中营销要素内容的变化与其所体现的营销交易方式的特征来看，贯穿营销组合理论发展的根本性问题是企业与顾客及其相关利益者之间交易关系的处理方式转换。在传统的营销组合理论中，企业的营销理念是只注重企业与目标市场顾客之间的关系，这种营销理念在4Ps说中体现得最为明显。随后的营销组合理论逐渐注意到相关利益者与企业之间的长久关系的重要性。6Ps注意到政府的力量和公众对完成营销交易的影响。10Ps强调企业运用战略,减少因不断变化的外部经济环境对企业产生的不利影响,其实质就是企业更应当从长远的角度来处理企业与外部利益相关者之间的关系。服务行业营销的独特之处也让营销经理们意识到企业与员工、企业与顾客之间长久的忠诚交易关系的重大意义,这些思想也就构成了7Ps说营销理念的基础。4Cs理论是在竞争越来越激烈、顾客控制交易的权力越来越大的背景下提出来的,它强调对最主要的利益相关者——顾客实施关系营销,与顾客建立长久的关系。4Rs理论充分吸收了以往营销组合理论中注重与利益相关者建立长久交易关系的营销理念,形成一种较为完整的、强调长久关系维护的营销组合理论。

1.6 企业营销危机的形成机理与类型

企业营销危机是企业因营销管理观念落后、市场开发策略和营销策略失误、缺乏市场调研和预测等原因,导致企业产品市场占有率下降、公司利润不足以弥补其成本而导致的危机。

一方面,企业营销危机是由于企业的市场力量不足以维持正常业务运作所造成的危机。企业要生存和发展,必须创造更多的市场机遇,扩大市场份额,创造新的市场需求。但是,如果在竞争中失利,亏损越来越多,企业将面临营销危机。随着市场竞争力的下降,不能满足市场需求而引发的危机,对企业而言是一种致命的障碍。只有提高市场竞争力,开发更多的产品,以满足市场需求,击败竞争对手,夺回市场竞争优势,才能克服企业营销危机。

另一方面,企业营销危机是指企业营销所产生的利润不足以弥补其生产成本,并使投入大于产出,从而使企业亏损。此时,企业应设法消除或降低危机的影响,倘若无效,则只能转入破产清算。

1.6.1 企业营销危机的主要特点

1.6.1.1 突发性与渐进性

危机事件的突发性是指危机会于什么时间、在什么地点、以怎样的方式爆发,以及爆发的程度等情况都是始料未及的,人们难以准确地把握。它反映了危机事件具有极大的偶然性和随机性,由于危机来得突然,又有很强的力度,往往使企业措手不及,给企业造成很大的冲击。危机的爆发从本质上说,是一个从量变到质变的过程,酿成危机的因素经过一个渐进的累积过程,如果未能得到有效控制,到一定程度后就会形成危机,也就是危机渐进性的结果。危机的突发性与偶然性有关联,而渐进性与必然性有联系。认识到这一特征,一方面可以使企业加强危机防范工作;另一方面则要随时准备应付突如其来的危机。

1.6.1.2 破坏性与建设性

危机事件的破坏性是指危机对人员、组织和其他资源将造成各种各样的直接或间接损失。危机越是严重,其危害范围和破坏力就越大,所造成的损失也就越惨重。一方面,这种破坏性不仅体现在人员的伤亡、组织的消失、财产的损失和环境的破坏,而且体现在危机对社会心理和个人心理所造成的破坏性冲击,并进而渗透影响到社会生活中的各个层面;另一方面,危机既然爆发了,一般足以表明企业存在不可忽视的问题,这就为企业检视自身状况作了最有利的提示,危机的恰当处理也会带给企业新的收获。认识危机的破坏性,企业才不会掉以轻心、麻痹大意;认识危机的建设性,才会采取主动姿态,冷静与满怀信心地面对危机,从中寻找并抓住任何可能的机会,重新树立良好的企业形象。

1.6.1.3 紧迫性与关联性

危机事件的紧迫性体现在两方面:一方面是危机一旦爆发,就会将其在潜伏期内积蓄的破坏性能量在一个很短的时间内迅速释放出来,并快速传播,呈现极度蔓延的趋势,如果不能及时采取有效措施加以应对和化解,危机就会在短时间内处于一种失控的状态,特别是在快速发展的信息技术极大地缩短了时空距离之后,使得一点点小的失误都会在俄忽之间酿成轩然大波;另一方面,危机一旦爆发便会在社会中迅速扩散开来,成为公众街谈巷议的话题,成为主管部门检查批评的对象,引发社会各界的关注与不同反应。

1.6.1.4 必然性和偶然性

企业作为消费者所需要的服务或者商品的提供者,不可避免地要与消费者、新闻媒体等各种公众打交道,与此同时,危机不可避免。可以说,只要有企业经营活动,就可能会有危机。但是危机并不是每一个企业、每一个阶段都会发生的,危机的爆发往往是由偶然因素促成的。危机是必然性与偶然性的结合体,必然性是公共关系作为开放复杂系统的结果,偶然性则决定于系统的动态特征。

偶然性也不难理解。由于公共关系大系统是开放的,每时每刻都处于与外界的物质、能量和信息的交换和流动之中,任何一个薄弱环节皆可能因某种偶然性因素而致失衡、崩溃,形成危机。

1.6.2 企业营销危机的表现形式

准确判断和识别企业营销危机的类型,对企业而言至关重要。对企业营销危机的不同类型从不同的视角划分,具体表现为以下形式。

1.6.2.1　产品危机、价格危机、渠道危机和促销危机

根据营销组合划分,营销危机可分为产品危机、价格危机、渠道危机和促销危机。

产品危机主要表现为:产品开发和设计中存在缺陷,不能满足消费者对新产品的需求;新产品进入市场没有抓住机会,产品供过于求;产品线结构不合理;包装设计上存在失误;原料供应短缺或中断,额外的服务或产品质量差被退回或缺乏投诉途径。

价格是最灵活、最难以把握的因素,也是唯一能直接创造利润的因素,但价格危机一旦发生,将给企业带来巨大损失。价格危机主要表现为:定价方法过于单一;价格比较死板,不灵活;与其他营销组合因素配合欠佳,盲目跟进或发动价格战等。

在实际经营过程中,渠道设计不合理,渠道宽度及长度结构分布错乱,企业与供应链关系紧张或冲突等都是渠道危机的主要表现。

促销危机主要表现为:促销方案设计不当,广告夸大、虚假信息过多;宣传形式单一;产品质量有问题;促销预算过高以及促销人员能力有限等。

1.6.2.2　内部营销危机和外部营销危机

根据危机产生的根源不同,企业营销危机分为内部营销危机和外部营销危机。

内部营销危机是由于市场环境的变化,营销策略的决策失误和其他内部因素产生的危机。

外部营销危机是宏观市场营销环境导致的结果,即社会环境、自然环境、经济环境、技术环境和政治法律环境突变或国际危机波及国内,使营销系统原有的平衡恶化,使企业的生存和发展出现严重困难的事件。外部营销危机的扩散范围相对更广、更无法控制、更难以处理,因此,社会各方必须密切合作,采取联合行动。

1.6.2.3　人为危机和非人为危机

按照危机产生的原因是否有人为因素,可以分为人为危机与非人为危机。

人为危机是指由与企业有直接关系的人的行为所造成的危机。对于一个企业来说,通常会发生因生产工艺设计存在缺陷、配方不合理、原材料质量有问题、员工缺岗或不尽职所造成的对企业带来损失的危机。人为危机相对于非人为危机而言具有可预见性、可控性的特点。

非人为危机是指非企业内部的人的行为造成的危机,诸如突发性的自然灾害、停水、停电、社会上突然出现的大动荡等。非人为危机有四个特点:一是对非人为危机大部分不可预见;二是具有不可控性;三是造成的损失通常是有形的;四是非人为危机的处理易得到社会、企业员工的同情和支持。

1.6.3 企业营销危机常见原因分析

我国有学者将危机事件划分为两类:一类是组织内部危机,它又可分为产品或服务危机和经营危机两个方面;另一类是组织因环境变化而导致的危机,这类危机包括组织因社会环境的变化而导致的危机、组织因自然环境的变化而导致的危机。

1.6.3.1 产品危机

产品危机是指产品市场中因受产品的各层次因素和与产品相关的各种因素的影响而引起产品的市场前景的不确定性。产品危机主要表现在以下四个方面。

(1)新产品开发失败引发的危机。新产品从创意开始到成品投放市场取得既定方针的目标收益,要经历构思产生、构思筛选、概念的形成和测试、营销策略的制订、商业分析、产品研制、市场试销和正式上市八个阶段。在这八个阶段中,只要任何一个环节出现问题,整个新产品开发工作就可能面临失败。新产品开发的失败率一直很高,近年来的研究表明,新产品开发的失败率高达95%,即使在欧洲这一比率也达到90%。新产品开发失败的原因可能是:忽视市场调查研究已作出的否定结论;对市场规模估计过高;产品的开发成本高;设计存在缺陷;产品市场定位错误,没有开展有效的宣传推广活动,或产品定价过高;没有足够的渠道支持;竞争对手激烈反击等。新产品开发的失败导致企业市场营销陷入困境,从而引发危机。

(2)产品定位失败引发的危机。产品的市场定位是通过细分市场、目标市场的选择,或根据目标市场的具体情况来确定的。若产品市场定位失误,即使企业的营销措施执行到位,也难以达到预期的效果。现代企业定位失误主要表现在四个方面:定位过低、定位过高、定位混乱和定位怀疑。我国有许多企业不能明确自己在消费者心目中的地位,寻找不到消费者心智资源中的空档并抢占相应的位置;还有很多企业在激烈的市场竞争中缺乏应有的策略,使自己与众不同,这些都集中表现在对产品定位的失误上,从而引发企业营销危机。

(3)由产品生命周期引发的危机。现代营销典型的产品生命周期一般分为导入期、成长期、成熟期和衰退期。产品生命周期对产品的影响表现为产品的寿命。产品一旦进入衰退期就面临着退出市场的问题,这就如波士顿矩阵法企业战略业务单位中的瘦狗类产品一样。产品生命周期的特性、营销目标和营销战略具有统一性,营销策略是,企业应致力于扩大产品的知名度,使产品尽快为顾客接受而进入成长期。在产品的不同生命周期阶段,企业需要采取相应的措施,避免危机的发生。

(4)产品品牌稀释引发的危机。产品品牌稀释包含两层含义:其一,品牌稀释必须有外来物的作用,并且这种作用导致了品牌个性的知名度、美誉度等的变化;其二,品牌原有的"浓度"降低,品牌原有的"味道"不复存在,品牌给消费者的印象淡化,失去个性。由此看来,品牌稀释是指品牌在外来因素的影响下,原有品牌整体形象发生变化,即品牌的概念、形象以及个性等发生变化,品牌在消费者的印象中逐渐淡化。品牌稀释使消费者心目中原本清晰的品牌整体形象变得模糊不清,失去个性,逐渐被消费者所淡忘。品牌稀释淡化了品牌整体形象,会给企业带来严重的危害:一是品牌核心价值下降;二是品牌形象损失;三是品牌资产下降;四是市场占有率下降;五是危害品牌个性形象;六是损害品牌个性概念;七是损害品牌信任度。

1.6.3.2 价格危机

凡是引起价格波动的经济与非经济因素都将构成影响价格危机的因素。一般而言,引起价格波动主要有两个方面的原因。

(1)供给方面。供给包括企业供应和市场供应。一般认为,一个企业的供应不会影响市场供应,除非该公司具有垄断产品,或在市场上有很强的垄断力量。当需求不变时,价格变化的规律是供过于求,价格下降,反之则上升。一般而言,影响供给的因素有三个:一是企业产品的生产技术水平;二是生产该供给产品的市场垄断势力;三是生产者对未来市场的预期。

(2)需求方面。需求与供给是相互依存的关系。当供给不变时,商品价格上升,商品的市场需求下降;商品价格下跌,市场需求则上升。影响市场需求的因素主要有收入水平、消费者偏好、商品价格和消费者对未来的预期。

1.6.3.3 促销危机

(1)促销活动策划者的影响。促销活动策划者缺乏对实效促销的清晰认识,如在产品属性、资源配置、人员安排和突发事件处理等方面,如果考虑不周,对策划方案的执行就会产生预想不到的后果。因此,做好前期的准备工作和对消费者消费心理行为的分析对促销活动策划者而言是至关重要的。

(2)中上游渠道成员的积极性不高。中上游渠道成员积极性不高造成了以下三个问题。

第一,初次铺货不到位的问题。铺货就是让各个销售渠道或者销售终端都有货物出售,至于是代理、赊销还是进销,其具体方式各个公司根据自己的销售政策制定。初次铺货有利于产品快速上市,有利于建立稳定的销售网点,有利于形成"一点带动一线,一线带动一面"的联动局面。有效的铺货上架率是影响市场份额的一个直观因素。其实,上游厂商和分销商都明白这个道理。由于双方就促销投入与产出等问题没能更紧地捆绑在一起,而且分销商产品结构差异、促销侧重点的差异以及阶段性盈利目标的不同等原因,初次铺货不到位这个简单的问题却经常在市场上发生。由于初次铺货不到位,企业在市场上很难看到自己的产品,其效果可想而知。

第二，卖场布置的问题。卖场的布置，如装饰、灯光设置及赠品摆放等都很重要，这些内容都是消费者在终端卖场接触、感知到的某些产品信息。然而，对于有效地在店内促销却被许多公司忽视。也许正是因为这一原因，而没有得到分销商有效的关注和支持。

第三，未严格按照促销计划执行的问题。一些营销一线的员工对促销方案的理解及执行往往存在较大的差距，这就导致策划方案在执行过程中各行其是。促销方案执行的最终结果往往与预期效果相差甚远，这也是现在大多数商家促销失败的原因所在。

(3) 宣传力度薄弱导致促销失败。一个好的促销方案需要有好的宣传推动，这样促销才更有成效。即使不是因为这个原因，促销亦需要宣传推广。但是，通过一些媒体宣传效果监控机构的调研证明发现，促销失败的原因往往是没有有效达到所需要到达的人群，没有使自己为最大多数的目标对象所知晓。

1.6.3.4 分销危机

分销危机是在销售过程中，公司将产品或服务传递给客户的方式、手段或途径。分销和其他市场营销组合、营销环节一样，对提高企业市场竞争力和利润具有同等的作用。

(1) 分销渠道的长度和宽度。渠道长度也称为渠道层次，是指产品从生产者到达消费者所经历过的中间商的数目，并排除生产者和消费者这两个层次。零层渠道是指生产者把产品直接出售给最终顾客，没有中间环节。一般是通过电话营销、网络购物、邮寄营销、自动售货和电视直销等形式，虽然成本较高，但企业可以直接控制。渠道宽度是指在销售企业产品的每一个渠道层次上所包含同等级别的中间商数目。一般而言，企业要利用尽可能多的经销商，那么应选择密集型分销策略，反之则采用选择型经销或独家分销的形式。

(2) 分销商的态度。中间商的态度对分销风险的影响很大，企业如果没有自己的销售渠道，就必须依靠经销商，虽然企业可以选择不同的经销商，但最终都必须通过中介销售自己的产品。在推广策略上，与经销商、中间商和客户的接近程度与为最终用户带来的满意度等，这些都影响着分销的效率和效果，并有可能导致分销危机的产生。

1.6.3.5 公关危机

导致公关危机的因素主要应从企业内部因素和外部因素两个方面进行分析。

(1) 内部因素。从内部看，首先是企业员工的素质，尤其是企业管理者的素质问题。企业管理者素质低下表现为企业管理者知识结构不完善，个人修养和管理水平较低，对员工缺乏威信和感召力，不能激发员工的工作积极性，使企业缺乏凝聚力。其次是产品质量与销售服务问题。企业能否提供优质的服务是企业经营成功的关键。再次是公关行为失策问题。公关行为必须严格遵循以事实为基础、以科学方法为指导、以公众利益为出发点的原则,确保企业与顾客之间信息沟通的顺畅,以获取公众的理解和支持。

(2)外部因素。从外部看,首先是社会公众,公众的误解有时也可能引发企业的公关危机。尤其是在现代社会,网络已经进入大众的生活,企业一次小小的危机都有可能通过网络而无限放大,使企业陷入被动的局面,而身处危机中的企业往往又是被指责的对象。其次是新闻媒体。任何企业的公关失误,如被新闻媒体曝光,再加以适当炒作,对企业来说,后果是灾难性的。再次是来自外部企业的不正当竞争。例如,2013年农夫山泉"标准门"事件,这个以微博、微信等社交媒体广泛发酵的事件,已经把一个企业的公关危机扩大到行业的危机与中国政府的危机。

1.6.3.6 政治权力危机

企业的市场营销决策还要受到政治权力和法律规范的强制与影响。政治和法律环境主要是那些强制和影响社会上各种组织与个人的法律、政府机构以及集团组织。在市场经济条件下,虽然政府对企业经营和管理的直接干预越来越少,但政府作为社会秩序的管理者,可以通过各种经济政策、税收法律法规或一些特定的立法对企业或其他组织的行为产生影响,规范或限制其所能做的和不能做的。

对任何一家企业来说,遵纪守法、依法办事,将自己的经营管理活动置于合法的监督和保护之下,才是企业经营发展之道;否则,企业将受到严厉的惩罚。在现实生活中,不遵守国家相关政策法规、肆意妄为而受到政治权力制裁的企业也为数不少,如2008年三鹿"三聚氰胺"奶粉事件就是一个典型代表。

1.6.3.7 服务危机

帕拉瑟拉门(Parasuraman)、齐赛尔(Zeithaml)、贝利(Berry)系统地提出一个服务质量模型,其主要观点是对服务者提供预期服务质量的要求。该模型提出导致服务失败,即服务危机的五种差距。

差距1,消费者期望与管理者感知之间的差距,即管理者不能正确感知顾客的需要。

差距2,管理者感知与服务质量规范之间的差距,即管理层可以正确地感知顾客的需要,但没有建立特定的标准。

差距3,服务质量规范与服务提供之间的差距,即服务提供者可能缺乏训练或劳累过度或没有能力或不愿意达到规范标准。

差距4,服务提供与外部传播之间的差距,即消费者的期望会受到服务提供者和广告传播所作出的承诺的影响。

差距5,顾客衡量公司的标准不同或没有感觉到该服务质量。

以上五种差距,只要管理者或服务提供者在任何环节出错或服务不到位,都有可能引发服务危机,从而导致企业营销危机的爆发。

2

市场营销沙盘简介

2.1 经管类专业实践教学的困惑与不足

高等院校经管类专业近几年对学生实践技能培养的重视程度不断提高,通过加大实践课程的课时,加强"双师型"师资队伍的建设,使实践教学水平有了显著提高。但学生的实践技能与社会需求相比仍然存在着差距,同时也面临着不少发展中的困惑,主要表现在以下四个方面。

2.1.1 深入企业实践普遍面临"难组织、组织难"的困惑

经管类专业人才培养目标中对实践性和创新性的要求较高,而组织学生深入企业开展实践活动,能切实提高学生利用理论解决实际问题的能力,能够充分培养学生的实践能力和创新性,但在实际运作过程中却存在诸多问题,使实践教学无法达到预期的人才培养目标。首先是难以寻找到适合的企业提供匹配的岗位,经管类专业学生到企业开展实践活动对岗位要求较高,一般希望能得到具有一定管理技能的岗位,而现实中企业一般提供的多为操作型岗位;其次是难以寻求到大批量的实践岗位,满足高校校外实践的需求,即使向企业交纳一定的费用,企业也无法提供批量的岗位供学生实习;最后是校外实践监管难度大,对学校的监管要求高,监管成本高。经管类专业学生实践即使安排在同一个城市往往也是比较分散的,校内指导教师对参与校外实践教学学生的安全无法有效地监控,这对学校组织实践教学带来了大量的实习管理难题。所以,一方面经管类学生迫切需要企业提供相匹配的实习机会;另一方面学校因难以解决实习管理中的问题往往陷入两难境地。

2.1.2 校内实践教学无法充分发挥学生的主观能动性

由于校外实践组织难、成本高,所以院校将实践环节的场所重点放在校内的实训室里,经管类专业通常通过构建校内情景模拟实训中心的模式开展实践教学。但目前在情景模拟实训的教学设计与组织过程中,多采取的是教师主讲、学生倾听的"填鸭式"教学方式,这种方式只能实现管理常识的普及,无法使学生自主性、互动性和研究性学习的积极性得到有效发挥,显然已不能适应职业教育教学的需要。

2.1.3 目前的实践教学组织方式难以提高学生的应变能力和沟通能力

目前经管类专业实训的设计多为演示、验证型,此类实训的内容多为事先

给定,步骤往往为固定程序,实训的全过程多为机械式操作,学生在实训过程中只需按部就班就可以得到最终结果,往往是知其然而不知其所以然。这样的实训不利于学生的创新思维和灵活运用知识能力的培养,以致学生在日后真正接触到千差万别的现实经济业务时往往显得无能为力。

2.1.4 目前的实践教学过程中缺少对学生合作能力的训练

高等职业教育培养的人才不仅要学会分工,更要学会协作。但目前的经管类专业实训,更多地强调的是合理分工,而让学生学会如何与人沟通协调、如何进行团队合作能力的培养则涉及甚少。

2.2 构建沙盘教学体系的目标与措施

2.2.1 建立基于沙盘模拟教学环境的实践教学体系的优势

2.2.1.1 侧重实践和现场参与,激发学生主动思考和创新精神

沙盘模拟训练课程能够提供现场实践的氛围,使学生们在对抗中身临其境,在成功和失败、权力和责任、决策和风险中领悟管理的知识和技巧,学会团队协作,全面提高管理的素质与能力。在课程中,学生基本上处于"发现问题—解决问题—发现新问题"的过程之中,每个团队必须共同分析问题,制定解决方案,具体实施并评价效果。从怎样才能避免破产到如何掌控市场趋势,从怎样精确控制生产成本到如何提高资金周转速度,从一人领导到群策群力,从盲目操作到精细分工,在对抗的过程中促使学生主动地进行目的性极强的思考,激发学生的积极性,提高课程的学习效果,激发学生的潜能和创造力。相对于理论知识,沙盘模拟训练课程更多地侧重于实际操作能力的培养,最大限度地模拟一个真实企业的生产、财务和营销过程以及多个企业间的战略对抗与合作,使学生能够直观地了解各种专业知识在日常工作以及战略决策中的实际应用,"在参与中学习知识,在实训中提升能力",这与目前倡导的"行动导向"、"任务驱动"以及"工学结合"的教育教学改革理念和人才培养模式是一致的。

2.2.1.2 激发学生兴趣,明确专业价值

在经管类课程的授课过程中,经常会有学生问这样的问题:"我们学习这门课程有什么用?"总体来说,一方面,高校经管类课程相对于技术类、专业类课程,概念性的内容偏多,传统的授课方式以讲授为主,学生的课堂体验相对较少,授课效果很不明显;另一方面,高职高专的学生层次和知识积累,决定了他

们很难对经管类课程有一个整体的掌握和深刻的理解。另外,经管类课程的授课效果也很难有一个行之有效的检验和考核方式,主观性较强。沙盘模拟训练课程与传统课程相比,最大的特点是摒弃了教材的约束,课堂的主体由授课教师变成了学生团队;教师的角色由知识的传授者、演讲者甚至是表演者转变为市场的组织者,经营的指导者,能力的促进者。在组建模拟企业、进行对抗的过程中,学生会遇到成本控制、资金周转、市场定位、原料采购、产品研发、应对突发情况、沟通和决策等多方面的问题,在解决问题的过程中学生自然而然地认识和了解了管理、营销、财务、信息和商务等学科的相关知识点,对自身专业的价值也有了一个非常直观的体验。

2.2.1.3 培养学生的专业素质,提升学生的竞争力

经管类专业学生能力和素质的提升,主要靠的是实践而不是读死书、记定义、闭门造车和纸上谈兵。沙盘模拟训练课程是以实践作为绝对的主体,教师讲授和总结只是提纲挈领、画龙点睛。在课程中,学生能够自发地领悟有关合作、沟通、竞争和应变等方面的能力,提升自己的"3Q":智商 IQ、情商 EQ 和逆商 AQ。经历了破产的刻骨铭心和成功盈利的欢呼雀跃,学生们不仅能认识到战略决策的重要,更能明白"细节决定成败"的道理。通过对企业经营过程的模拟,学生对专业的方向和前景有了直观的了解。从某种意义上说,沙盘模拟训练课程对学生最大的作用不是能力上的而是心理上的。通过课程学习,学生从心理上更加自信并坚定信心,能够更好地应对竞争和挑战。

2.2.1.4 拓展知识体系,提升综合素质

在高职院校的专业设置中,专业划分较细,这种专业壁垒禁锢了学生的发展空间和思维方式。沙盘模拟训练课程是对企业经营管理的全方位展现,通过学习,可以使学生在营销、生产、财务和战略管理等方面获益,养成基于信息管理的思维方式,全面提高学生的综合素质,使学生树立共赢理念、全局观念与团队合作精神,领悟保持诚信的重要性,了解自身个性与职业定位,甚至感悟人生,实现从感性到理性的认识飞跃。在沙盘模拟训练课程中,学生们经历了一个从理论到实践再到理论的螺旋式上升过程,这符合哲学上肯定——否定——否定之否定的客观规律;把自己亲身经历的宝贵实践经验转化为全面的理论模型。学生借助沙盘推演自己的企业经营管理思路,从宏观到微观,从战略到战术,从感性到理性,每一次基于现场的案例分析及基于数据分析的企业诊断,都会使学生恍然大悟,达到磨炼其商业决策敏感度,提升决策能力及长期规划能力的目的。

沙盘模拟教学是集知识性、趣味性和对抗性于一体的企业管理技能训练课程。在高校中,沙盘模拟课程往往通过游戏教学的方式让学生在模拟企业经营决策的过程中体验得失、总结成败。通过沙盘课程的学习,学生的学习积极性和主动性明显提高,综合运用所学知识的能力得到了很大的提升,独立思考能

力和团队精神得到了很好的锻炼,由此可以解决经管类专业实践教学培养学生能力不足的问题。

2.2.2 建立基于沙盘模拟教学环境的实践教学体系的目标

2.2.2.1 培养学生的团队协作精神

沙盘模拟对抗的最大特点就是构建模拟企业团队,团队内部实行民主集中制。团队成员分工协作,各司其职、各负其责,同时又相互沟通、团结协作,体现团队协作精神。每一个角色都有特殊的使命,都是肩负重任、责无旁贷;角色之间要彼此沟通、目标一致,必须同心协力。

2.2.2.2 培养学生的战略思想,克服短期经营行为

在沙盘模拟经营过程中,要求各个模拟企业至少连续经营 6 年,体现战略决策对企业的长远影响;体现企业经营环境的复杂多变;体现学生对复杂多变环境的应变能力;体现战略决策与短期行为之间的对立统一关系,培养和锻炼学生的决策能力、应变能力和协调能力。

2.2.2.3 培养学生树立双赢、共赢的理念

面对无情的市场、激烈的竞争,一个企业单打独斗是难以与市场抗衡的。因此,企业之间需要沟通,需要协作。面对相同的经营环境和经营起点,不同的战略、经营方针和决策,产生的结果可能是完全不同的。因此,只有做好市场分析、竞争对手分析和自我分析,及时沟通协作,才能获得共赢。

2.2.2.4 培养学生的综合素质,提高知识应用能力

通过沙盘模拟企业经营,参加学习的学生普遍认为专业知识得到了巩固、提高,同时学到了更多的新知识,对相关专业的知识有了更加深入的了解,个人的素质和能力也有了不同程度的提高。

2.2.3 建立基于沙盘模拟教学环境的实践教学体系的措施

2.2.3.1 课程体系设置

将沙盘模拟教学纳入专业人才培养方案,可以采取开设沙盘类课程或者专项实训周的方式完成教学任务。因为沙盘经营的规则比较复杂,在模拟过程前,授课教师要对经营规则和注意事项进行详细讲解,但是大多数学生往往不能理解其含义,必须亲自动手做过一遍以后才能对规则深刻领悟。同时,模拟企业的生产经营又具有连续性,若采用开设课程的方式,学时分散、时间跨度大,常常不能取得良好的实践教学效果,若采取专项实训周的方式则可以弥补这些缺陷,相对而言能取得较好的教学效果。

2.2.3.2 师资队伍建设

沙盘模拟教学具有跨学科、跨专业的特点,不仅要求教师有较为广泛的知

识,还要求教师具备丰富的企业管理实践经验,了解企业在实际运营中可能出现的诸多问题,这样才能将沙盘实践教学与现实企业的实际运营相结合,深入分析经营的各个层面。因此,沙盘模拟实训课程应当配备具有综合知识素养的教师。但是,目前高校中的教师大多都是从高校到高校,缺少企业实践经验,既熟悉经济管理知识又具有实践经验的复合型教师非常少。因此,高校应充分利用现有师资队伍,打破教师的专业界限,抽调知识结构互补的专任教师组成沙盘教学项目团队。此外,应不断对教师进行再教育与培养,在一定时期内,应派教师到校外实训基地学习与锻炼,提高教师的素质与能力。

2.2.3.3 建立校企合作的实践教学模式

高校在开展沙盘模拟教学时,可以考虑与企业加强校企合作,共建沙盘培训基地,合理利用校外资源,积极引进企业中成熟的管理实践的教学内容和教学方法,缩短学校与社会的距离。可以采用请进来、走出去的方法,请企事业等方面的专家到学校为学生讲解沙盘的操作方法、用途及重要性;同时,指导教师带领学生到企事业工作现场观摩企业具体业务操作流程等,提高学生的学习兴趣,使学生对沙盘知识的学习产生强烈的愿望。

2.2.3.4 建立科学的沙盘教学效果评价机制

现行的实训教学评定标准主要是看最后的实训结果,许多教师在为各公司打分时只分析企业的经营结果,只看企业经营排名,导致学生在实训过程中急功近利。有的学生为了取得好的经营结果,不惜违反操作规则,有的同学害怕犯错误,影响公司成绩,干脆什么都不做。沙盘模拟实训的考核应建立阶段性、全方位、多层次的考核方法,对学生成绩的评定不仅要看最后的实训结果,还要强调过程控制。教师应当考察实训全过程中的团队合作情况、遵守活动规则情况和经营活动记录情况等,重点强调诚信经营,通过综合考评,全面评价学生的专业实践能力。

2.2.3.5 组建沙盘类专业实践社团

由于开设沙盘教学的课时很少,而真正掌握沙盘需要大量的时间,因此需要利用大量的课外时间进行训练。目前授课教师平时工作量大,缺乏更多的时间组织额外的课外沙盘教学,因此有必要组建沙盘类专业实践社团。专业实践社团以学生为主体,由学生对沙盘实训室进行日常管理,指导学生开展课外沙盘学习,教师只对社团中的骨干学员进行重点培训,由骨干学员再向其他学生传授,充分发挥传帮带的作用。

2.2.3.6 积极参加沙盘类技能大赛

技能大赛是课堂教学的延伸,是学生验证自己掌握课堂知识的最好平台。高校经管类专业应组织队伍代表学校参加国家级、省级各类沙盘模拟演练大赛,落实国家"普通教育有高考,职业教育有技能大赛"的职业教育办学理念。通过沙盘技能大赛,检验教学成果,促进沙盘教学水平的提高。

2.2.3.7 结合专业特征,针对专业特点选择沙盘进行学习

随着高校对沙盘模拟教学的认可,沙盘也不仅仅以制造型企业为背景设计,物流企业沙盘、电子商务企业沙盘、供应链沙盘、市场营销沙盘、人力资源管理沙盘、客户关系沙盘及国际贸易沙盘等一系列沙盘相继出现。经管类专业学习可以结合专业特征组织学习相关的沙盘课程。

经管类专业实践教学通过沙盘模拟环境,仿真企业经营环境,为学生提供进入企业不同岗位操作和学习的机会,学生可以身临其境地把学到的专业知识运用到实践中去。沙盘模拟教学法是新兴的实践教学方法,充分体现出行为导向和岗位体验的实践教学理念。基于沙盘模拟环境构建经管类专业实践教学体系,既可提高学生综合职业素质与能力,同时也可以解决困扰经管类专业发展的实践教学组织难、实施难的问题,有助于进一步完善现行的经管类专业实践教学体系。

2.3 沙盘发展的沿革

应用沙盘研究作战情况在我国有着悠久的历史。《史记·秦始皇本纪》中记载:"以水银为百川江河大海,机相灌输,上具天文,下具地理。"据说,秦在布置灭六国时,秦始皇亲自堆制沙盘研究各国的地理形势,在李斯的辅佐下,派大将王翦进行统一六国的战争。后来,秦始皇在修建陵墓时,墓中堆塑了一个大型的地形模型,以地形模型作为殡葬品。模型中不仅砌有高山、丘阜和城邑,而且用水银模拟江河、大海,用机械装置使水银流动循环。可以说,这是最早的沙盘雏形,至今已有2 200多年的历史。这说明,秦始皇从统一战争中认识到了地形的重要。《后汉书·马援传》中记载:汉建武八年(公元32年),光武帝征伐天水、武都一带地方豪强隗嚣时,大将马援"聚米为山谷,指画形势",使光武帝顿有"虏在吾目中矣"的感觉。这是我国战争史上运用沙盘研究战术的先例。北宋著名科学家沈括(1031－1095)发展了沙盘制作方法,把宋朝与契丹(辽)接壤的沿边地形制成木制地形模型。为方便起见,后来改为石粉糊木屑做在木板上。他所在的定州(今河北定州市)冬天寒冷,做在木板上容易脱落,所以又改用熔蜡的方式,报送皇上,神宗看后作出嘉评,并下诏边疆各州俱效法制作。因沙盘适用于军事使用价值高,很快便得以推广。第一次世界大战后,沙盘在军事上的应用更加广泛。第二次世界大战时,德军每次组织重大战役都预先在沙盘上模拟演练。后来,随着电子计算机技术的发展,出现了电脑模拟战场情况的新技术,促使沙盘向自动化、多样化的方向发展。

企业运营沙盘仿真实验是瑞典皇家工学院的科拉斯·梅兰(Klas Mellan)于1978年开发的课程,其特点是采用体验式培训方式,遵循"体验—分享—提

交—应用"的程序达到学习的目的。最初该课程主要是从非财务人员的财务管理角度进行设计的,其后不断改进与完善,针对职业(如 CEO、CFO 等职位)的沙盘演练课程也被相继开发出来。目前沙盘演练课程被世界 500 强企业作为中高层管理者的必要培训课程之一,也被欧美的商学院作为 EMBA 的培训课程。

2.4 市场营销沙盘模拟课程设计

2.4.1 课程概述

市场营销沙盘模拟课程是为了让学生全面了解残酷激烈的市场竞争,将各种市场关键因素一一模拟展现出来,并通过模拟实践操作,让学生在应对复杂多变的竞争环境中获得宝贵的市场营销经验,充分体验市场营销战略的制定、市场的细分、产品的销售组合、产品营销组合的选择、渠道策略的规划、市场需求的竞争等过程,实现公司的利润与价值,从而掌握市场营销的规律及技巧,达到提高学生市场营销能力的目的。

2.4.2 课程特色

市场营销沙盘模拟课程借助直观的沙盘教具,将学生分成六组,在公开的市场上进行市场开发模拟,共同协作,实现虚拟企业市场营销管理的高效运作。课程模拟一个逼真的经营竞争环境,可以提高参与者的投入程度,让学生在经营模拟中体验企业市场营销管理的特点。学生通过对最终结果的分析与总结,反思战略成败,解析得失,梳理营销思路,暴露自身缺陷,并通过多次调整与改进的练习,切实提高市场营销管理的整体水平。

2.4.2.1 市场营销沙盘模拟课程的特点

(1)围绕市场营销的根本与重心——渠道,展开竞争。

(2)渠道模式的创新,将直销与分销商销售有机结合。

(3)在信息透明的环境中掌握市场营销管理相关的知识与技能。

(4)在游戏中感悟和探寻市场营销管理相关工作的技巧与方法。

市场营销作为一个复杂的社会经济系统,具有多个部门的组织架构、烦琐交织的业务流程和层层相关的职责和职务。显然,要将所有这些内容都反映在沙盘模拟中是不可能的,市场营销模拟需要的是将主要的业务运作流程、主要组织结构的框架和主要人员的职责表现出来,包括公司资金运作、生产计划过程、市场营销过程和销售过程,解决营销系统是由哪些主要过程组成的,以及过程之间的输入输出关系,将公司营销管理过程中资金、销售、信息的流转和处理过程表现出来,通过对这些过程的模拟体现公司市场营销系统管理的全过程。

营销过程中每个部门都有自身的职能,需要该部门相关人员履职得以实现。市场营销模拟帮助学习者通过扮演公司某个部门中的某一角色(职位),按照该职位的职责要求(规则),学习者通过这个过程体会公司各个部门、人员之间的关系和运转过程,体验营销决策的过程,掌握公司市场营销的知识,提高营销能力。

2.4.2.2 市场营销沙盘模拟课程的教学目的

(1)培养学生的市场分析能力,掌握制定市场竞争策略的关键,避免陷入竞争误区。

(2)理解市场导向基础上的分析与规划。

(3)理解外部信息的重要作用,提高利用信息进行预测和分析的能力。

(4)认识渠道管理在市场营销中的重要作用,培养统观全局和系统思考的能力。

(5)培养控制营销风险的能力,强化市场竞争意识。

2.4.3 市场环境模拟

在市场经济环境中,市场的地位和作用毋庸置疑,每个公司都是在市场竞争的环境中生存和发展的。要完成公司的营销任务,必须模拟市场的支撑。市场环境的模拟表现在以下方面。

2.4.3.1 市场竞争

市场环境由多个细分市场构成,每个细分市场有不同的发展潜力、不同的需求、不同的消费习惯以及不同的媒体接受习惯;而竞争环境由各组经营的虚拟公司组成,不同的公司经营状况和营销策略组成了复杂的竞争环境。所有这些环境因素互相依存、互相影响,并且随着时间的变化不断发展。

2.4.3.2 产品生命周期

市场需求体现产品的不同生命周期,某个细分市场的某类产品的引入期、成长期、成熟期和衰退期,还需要在产品的价格、市场的需求量上有所体现,模拟实际市场产品的竞争态势。

2.4.3.3 竞争决策

市场营销模拟的精髓就在于参与竞争的各方需要考虑对方可能在采用某种策略的基础上选择最优对策的过程。其中,竞争决策包括各公司的目标市场定位、生产战略和市场营销推广等不同的方案,可以组合成形式多样的决策方案,获得完全不同的营销业绩。学习者通过对这些方案和营销业绩的思考,可以体会经营、管理和营销决策的细微之处,学习到成功公司营销决策的经验,从而提高市场营销各方面的能力。

2.4.3.4 成果分析

各公司不同的营销决策对应完全不同的营销业绩,通过营销业绩分析,可以找到各公司营销成败的原因。每一年度的经营结束后,学习者通过对公司当年业绩的盘点与总结,反思决策成败,分析战略得失,梳理管理思路,找出自身缺陷,并通过多次调整与练习,提高综合管理素质。这可以让学习者知其所以然,获得触类旁通的效果。

市场营销沙盘模拟课程的内容设计遵照循序渐进的原则,让学生在课程参与的过程中能够由浅入深,从理念灌输到实践操作,从宏观把握到微观分析,逐步实现学生市场营销能力的提升。

2.5 市场营销沙盘模拟课程的主要环节

市场营销沙盘模拟课程主要有五个环节。

第一,采用授课方式介绍沙盘整体运行规则。

第二,采用教学年数据进行教学,为学生作出示范。

第三,根据市场营销沙盘模拟课程具体规则和流程,各组在教师(裁判)的指导下开展各项市场营销的竞争与运营,每年运营结束,各组应及时进行总结及相互交流。

第四,由教师(裁判)对沙盘运营中的一些指标进行点评分析并做出总结。

第五,各公司根据本公司沙盘模拟情况,结合教师(裁判)的点评,分享经营过程中的经验和体会。

作为沙盘课程的实施基础,市场营销沙盘模拟课程的设计首先着眼于市场营销沙盘模拟的核心理念——让学生感受市场营销各环节对公司运作以及盈利的影响,学习依靠客观数据评测与决策的意识与技能,感悟信息集成对于科学决策的重要作用,提高信息化管理能力。

在上述基础之上,市场营销沙盘模拟课程设计,主要围绕探索公司市场营销部门运作与公司运作的本质,确定公司战略,确定目标市场,确定产品的定位,全面计划预测和科学统筹市场营销等各方面的内容。沙盘模拟中还加入了脑力震荡的讨论形式,促使学生在学习课程的过程中,就如何寻求适合公司业务发展的市场,如何才能使生产能力和市场需求相匹配,如何有计划、有效地执行市场开发规划,如何以渠道为中心,对相应市场推广产品等问题进行探讨。

在市场营销沙盘模拟课程的提升阶段,学生能够在沙盘模拟课程完成后获得学习点评,进入从实践中总结经验、深化认识的过程,强化实际训练数据分析能力,深化对局部管理与整体效益的关系、市场营销理论与实践的关系的综合理解,领会优胜公司与失败公司的关键差异所在。

2.6 市场营销沙盘盘面

沙盘作为公司市场营销管理过程的道具,需要系统地和概略性地体现营销的主要业务流程和组织结构。一般的市场营销沙盘包括公司的市场开拓、市场建设、市场营销、产品生产和财务资金运转过程等主要内容。下面就结合开发的市场营销模拟沙盘进行介绍,图2-1为市场营销模拟沙盘盘面。

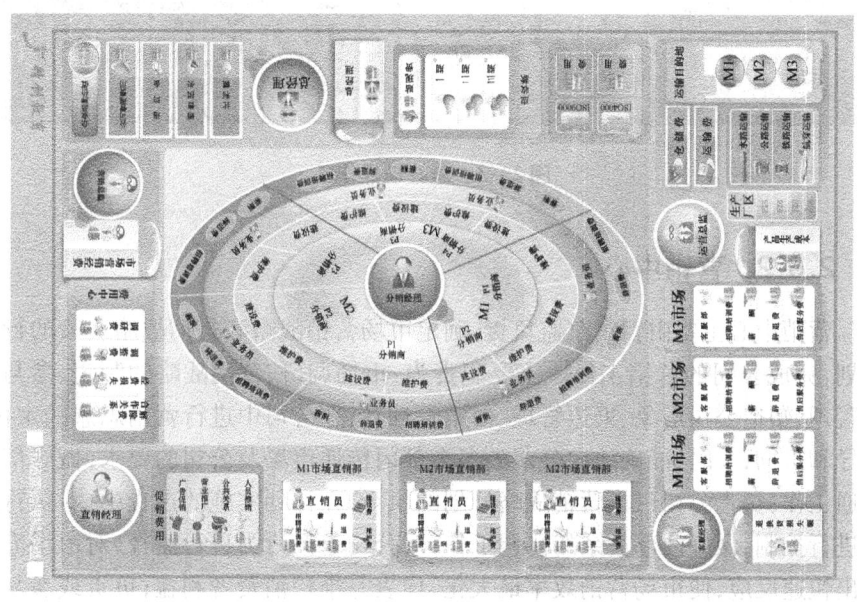

图2-1 市场营销模拟沙盘盘面

市场营销模拟沙盘设计了决策中心、营销中心、运营中心、直销部、分销部与客户服务中心,角色可以配备的职位有总经理、营销总监、运营总监、直销经理、分销经理和客服经理。

2.6.1 决策中心

决策中心主要由总经理负责,规划公司的资金运作过程,包括资金的运用和资金的核算。其中,灰色币每个表示1K,这里的"K"代表现实生活中的"千元",每桶20个;橙色币每个表示10K,每桶20个,如图2-2所示。

图 2-2 货币

为了表现公司在质量管理和环境保护方面的现状,市场营销沙盘设计了 ISO9000 质量认证与 ISO14000 环境认证资格,分别代表公司在质量和环境保护方面的水平。在沙盘规则中针对这两项认证设置了需要的认证周期与费用,其作用在于对市场的开拓和发展;此外,还设置了总经理对于应收账款资金的管理、对分销商(让利额、销售损失、违约金)、公司管理费支出的管理,如图 2-3 所示。

图 2-3 总经理操作区

2.6.2 营销中心

营销中心主要由营销总监负责,确定市场营销战略和贯彻战略决策的行动计划,完成公司的营销工作。主要职责为:市场调研、营销战略的制定、参与生产管理、塑造公司形象、渠道管理、促销管理等;在公司中进行营销思想的定位、指导和贯彻,及时、准确地向公司的各个部门传递市场及公司的要求,做好信息沟通工作;负责公司市场营销战略计划的执行,在计划实施的过程中,对执行过程进行控制,做好内部关系的协调工作;对公司市场行为进行监督,对市场需求做出快速反应,使市场营销效率最大化,代表并维护消费者利益;负责或参与公司的文化建设,做好组织、激励工作。营销总监掌管市场营销经费,通过费用中心支付各项费用,如图 2-4 所示。

图 2-4 营销总监操作区

2.6.3 运营中心

运营中心主要由运营总监负责,执行公司战略规划及与日常运作相关的制度体系、业务流程;推进及组织协调公司重大运营计划,进行市场发展跟踪和策略调整;制订运营中心各部门的战略发展和业务计划,协调各部门的工作,建立和发展优秀的运营队伍。运营总监掌管各项产品生产成本的支出,如图2-5所示。

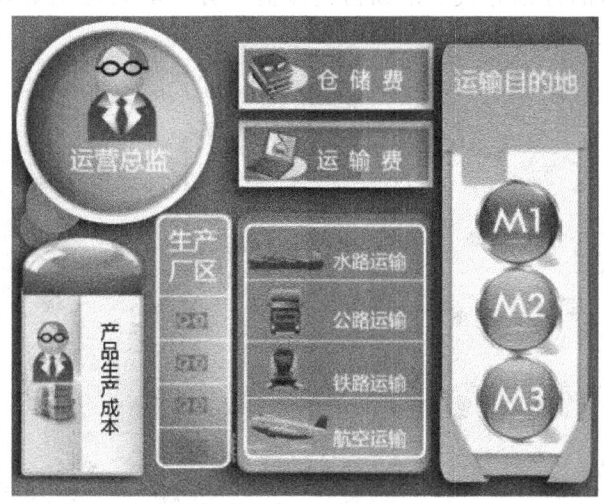

图2-5 运营总监操作区

2.6.4 直销部

直销部主要由直销经理负责,是以面对面且非定点的方式进行商品销售,建立和维护公司产品形象的管理(促销方案),判定合理的产品价格(产品定价),以合理的品种产品为消费基础。直销部作为公司的直属部门绕过传统的分销渠道,直接对顾客(公司)接收订单(个性化的订单),进行产品的销售工作,如图2-6所示。

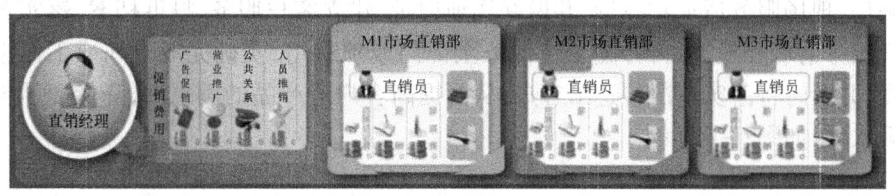

图2-6 直销经理操作区

2.6.5 分销部

分销部主要由分销经理负责。对分销商的管理,是指产品从制造商到消费者的传递过程中涉及的一系列管理活动。在西方经济学中,分销的含义是建立销售渠道,是指产品经过一定的渠道销售给消费者。从这个角度说,任何一种销售方式都可以称之为分销。正因为产品必须经过某一种分销方式才能到达消费者手中,作为现代公司,要在市场竞争中保持基业长青,就必须潜心研究所有的分销方式。市场营销沙盘中分解的渠道主要分为经销商与代销商,如图2-7所示。

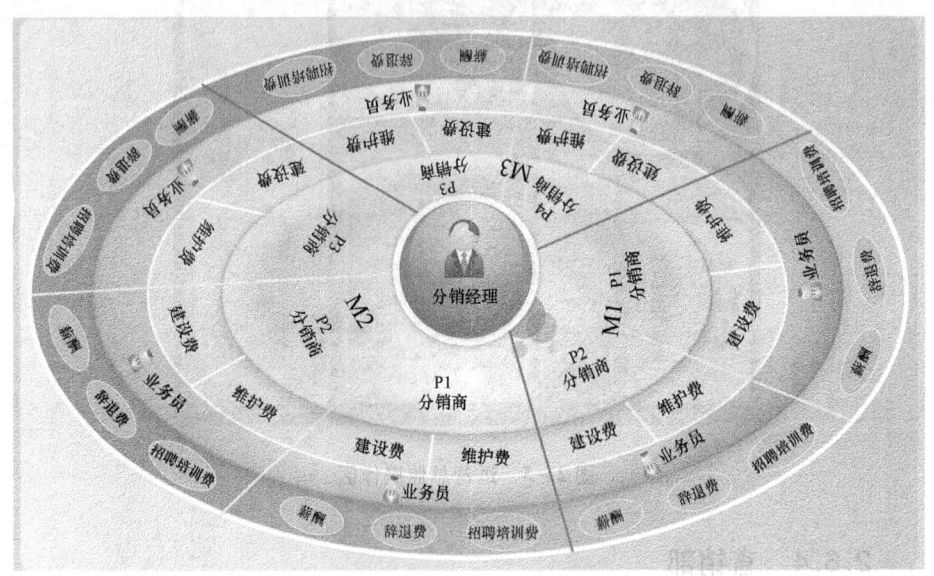

图2-7 分销经理操作区

2.6.6 客户服务中心

随着对核心竞争力的深入认识与调整,客户服务的能力已经成为公司最核心的价值之一。客户服务中心主要由客户经理负责。客服中心受理客户来电、来信、现场服务请求和投诉,并做好详细记录,建立客户服务、投诉档案,落实客户服务请求和投诉,再分配工作任务至部门或项目组,明确完成时间或工作进度,并及时将落实情况传达给客户,从而提高客户对产品的满意度,降低产品投诉次数,如图2-8所示。

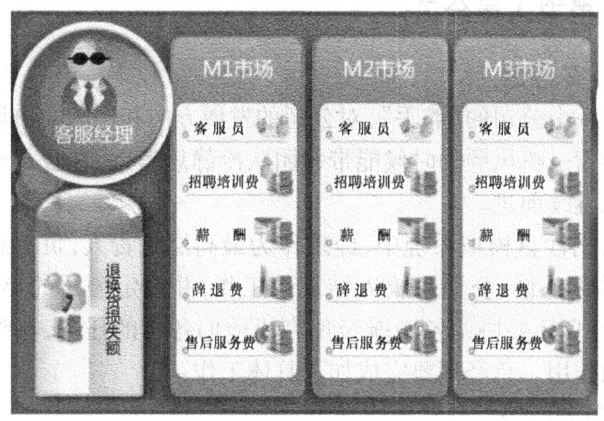

图 2-8 客服经理操作区

2.7 模拟角色与人员分工

2.7.1 模拟角色

沙盘模拟经营是由经营者、竞争规则、竞争策略、收入和支付等基本要素组成的。参与者由 30~36 名学员组成,每 5~6 名学员成立一个公司。首先,教师按照学员职务、专业和能力均衡的原则,将学员分成 5~6 个实力相当的学习公司;分组之后,每个小组成为一个公司,每个公司的学员将以全身心参与的积极心态相互介绍、充分沟通,在有限的时间内做到最大程度地相互深入了解。

在接下来的学习中,学员将以公司为单位建立模拟公司,组建管理团队,参与模拟竞争。每一个学习公司就是一家模拟公司,同时也是一个掌控模拟公司经济资源的决策集体。公司要根据每个成员的不同特点进行基本的分工,选举产生模拟公司的第一届总经理、营销总监、运营总监、直销经理、分销经理和客服经理,确立组织原则和决策模式,注册公司名称;然后,形成 5~6 个相互竞争的模拟公司,连续从事 4~6 年的经营活动。每个模拟公司依照竞争规则,作出人员招聘、产品生产、产品竞标、促销广告和市场销售等经营决策,并用《利润表》、《评分数据统计表》和《公司品牌价值评定表》记录经营结果,计算出经营效率。

2.7.2 模拟人员分工

2.7.2.1 总经理

总经理是一个公司的"舵手",对公司的发展方向和团队的协调起重要的作用。在公司经营一帆风顺的时候能带领团队冷静思考,而在公司遇到挫折的时候能鼓励大家继续前进。

在市场营销沙盘模拟系统中,经理作为最高层负责人,负责总经费的管理和使用、ISO 体系认证、公司总收入结算等工作,并制定公司的年度战略规划。除此之外,总经理还要协调各职能经理完成他们各自的任务,在整个沙盘中起执行和监督的作用。总经理要完成如下具体工作:

- 制定发展战略。
- 竞争格局分析。
- 经营指标确定。
- 业务策略制定。
- 全面预算管理。
- 管理团队协同。
- 公司绩效分析。
- 业绩考评管理。
- 管理授权与总结。

2.7.2.2 营销总监

市场营销的一个核心要素是将公司现有的各种资源及计划达到的目标与市场需求有机地结合起来,它是把消费者需求和市场机会变成有利可图的公司机会的一种行之有效的手段,也是战胜竞争者、谋求公司发展的重要工具。通过激烈的模拟市场竞争,在不给现实公司带来任何实际损失的前提下,获得宝贵的市场竞争经验。

在市场营销沙盘模拟系统中,公司开始运营后,营销总监需要负责制定市场营销策略、申请并管理市场营销运营经费、招聘并培训营销人员、管理并支付营销人员薪酬和人员辞退。与此同时,营销总监还将管理并协助直销经理、分销经理、运营总监和客服经理的工作,统筹做好营销部门的运营。营销总监要完成如下具体工作:

- 市场信息系统的决策思路。
- 市场分析与定位。
- 寻找市场机会。
- 市场开拓策略。
- 市场制胜的方法与手段。

- 进攻与防守策略。
- 产品组合策略。
- 产品的定价决策。
- 产品的定位决策。
- 营销情报调整。
- 营销情报分析。
- 营销决策支持系统。
- 市场预测和需求衡量。
- 辨认细分市场和选择目标市场。
- 实现差别化。
- 开发公司定位战略。
- 产品生命周期的营销战略。
- 市场进入策略。

2.7.2.3 运营总监

沙盘实战模拟课程真实再现一个公司管理的完整流程,包括物流、资金流和信息流的协同,使公司实际运作中各个部门和管理人员相互配合。运营总监要进行产品的生产、成本控制、库存管理以及合理开支等应用和协调。

在市场营销沙盘模拟系统中,运营总监需要负责产品生产、产品交付运输和库存处理等,其工作主要是为公司的市场营销战略提供生产与运输支持。运营总监要完成如下具体工作:

- 生产计划的制订。
- 生产计划的执行。
- 平衡生产能力。
- 成品库存管理。
- 资源的合理配置。
- 生产能力与效率保障。

2.7.2.4 直销经理

直销经理是公司直接销售的管理者。直销经理通过市场竞标大宗订单进行直接销售,并通过其发挥杠杆作用;直销部门与最终用户(公司)打交道,是与合作伙伴形成良好关系的重要部门。

在市场营销沙盘模拟系统中,直销经理需要负责直销部的建设和维护,根据各个市场中直销部的建设时间和费用支出,进行直销部的扩张和维护。在每一年的市场竞标中,制定出有利的竞标价格,选择最优的促销方案,帮助公司竞标成功,实现直销部销售。直销经理要完成如下具体工作:

- 广告促销策略。

- ➢ 制订销售计划。
- ➢ 争取订单。
- ➢ 销售绩效分析。
- ➢ 投标与竞标策略的制定,营销效率的分析。
- ➢ 研究市场信息,抢占市场,建立并维护市场地位,寻找不同市场的盈利机会。

2.7.2.5 分销经理

分销经理是公司和分销商(渠道)联系的窗口。分销经理是通过合作伙伴(分销商)这种销售渠道进行间接销售,并提供服务支持的管理者。分销经理是引领多个合作伙伴销售团队,并通过其发挥杠杆作用,间接与最终用户打交道,创造合作伙伴和公司"双赢"的人。分销经理要完成如下具体工作:

- ➢ 策略规划。
- ➢ 目标开发。
- ➢ 目标管理。
- ➢ 价格管理。
- ➢ 形象管理。
- ➢ 信息管理。
- ➢ 销售目标制定。
- ➢ 维护分销渠道的良性发展。

2.7.2.6 客服经理

客服经理全面主持客户服务部的管理工作,建设完善的客户服务体系,不断提高客户满意度,达到强化和维护公司品牌形象的目的,从而使公司的品牌价值得到提升。客服经理要完成如下具体工作:

- ➢ 统计销售资料。
- ➢ 研究制订产品服务计划。
- ➢ 完善服务制度与程序。
- ➢ 分析市场竞争服务成本结构。
- ➢ 配合营销目标与工作计划。
- ➢ 控制客服年度预算成本。
- ➢ 制定服务人员的业绩奖励。
- ➢ 训练与提高服务人员的技能与素质。

3

模拟公司概况

3.1　企业营销思想

本沙盘模拟的是一家大型制造公司的营销部门,为了避免学员将该模拟公司与他们所熟悉的行业不经意地产生关联,因此,本课程中生产制造的产品是一个虚拟的产品,即P系列产品:P1、P2、P3和P4。该公司长期以来一直专注于某行业P产品的生产与经营,目前生产的P类产品在本地市场知名度很高,客户也很满意;同时,公司也拥有自己的厂房,生产设施齐备,能够生产从低端至高端各类客户需要的产品,生产经营状态良好。公司聘请权威机构对该行业的发展前景进行了预测,市场(M1、M2、M3)对P类产品的需求结构近几年将会发生变化。为了适应市场需求的变化,公司董事会及全体股东决定将公司交给一批优秀的新人(模拟经营者)去发展,他们希望新管理层完成以下各项工作:

➢ 生产符合市场需求的产品。
➢ 选择适宜的销售渠道。
➢ 制定全面的促销方案。
➢ 制定合适的竞标价格。

在上述经营活动中,各位模拟经营者需努力发现各类产品的市场需求并积极满足这些需求。

3.2　市场营销环境

目前,国家经济发展状况良好,消费者收入稳步提高,P系列产品也将迅速发展。然而,该公司生产制造的产品几乎全部在低端市场。董事会和股东认为,公司在低端市场以外的市场上存在很大的发展机会,董事会希望新的管理层开发这些市场。同时,P1产品在本地市场的知名度很高,客户很满意,然而,要保持以至进一步提升市场地位,公司必须投资新产品、新市场。目前公司已经开始研发和生产P系列其他各类产品,需要新的管理层开拓新市场和建设新的营销渠道,进行新产品的营销。

随着社会经济的不断发展,P行业的P类产品不断得到市场的认可,对P类产品的需求也在逐年增加;同时,客户对P类产品的技术要求也在提高。其中,P1类产品处于中低端市场,该类产品技术水平较低,前几年需求较旺,但随着客户对技术要求的提高,在其后几年中需求有所下降;P2类产品是在P1类产品的基础上做了技术的提升与改进,大部分目标客户处于中端市场,虽然技术上的优势会带来一定的需求增长,但随着技术的不断更新,客户对产品的要求也在不断提高,P2类产品的需求最终也会下降,但趋于平稳;随着P类产品几年的发展,出现了一批高端客户,他们对P类产品的技术要求更高,各公司生产了技术要求更高的P3、P4类产品,专门提供给此类客户。该类客户发展潜力很大,但数量有限。总体来说,P1产品是目前市场上的主流需要,而P2作为对P1的技术改良产品,也比较容易获得大众的认同。P3和P4产品作为P类产品中的高端产品,各个市场的客户需求认同度不尽相同,在需求量与价格方面和P1、P2也会有较大的差异。市场需求按照销售渠道划分,可以分为直销商市场需求及分销商市场需求,且直销部采用的是订单的获取模式,分销商采用的是竞标的获取模式。

3.2.1 直销部市场需求分析

权威机构对M1、M2、M3市场近6年对P系列产品的直销部市场需求进行了调研,结果如图3-1、图3-2、图3-3所示(图中纵坐标表示数量,横坐标表示年份)。从图中分析可知:M1市场直销部只对P1、P2产品有需求,P1产品需求量较P2产品多,且P1产品前3年呈上升趋势,后3年呈下降趋势;M2市场直销部对P1、P2、P3产品均有需求,只对P4产品没有需求,且第一年没有任何产品需求,P1、P2产品需求后4年呈下降趋势,P3产品需求第二年到第五年呈上升趋势;M3市场直销部只对P3、P4产品有需求,且第一、第二年没有任何产品需求。

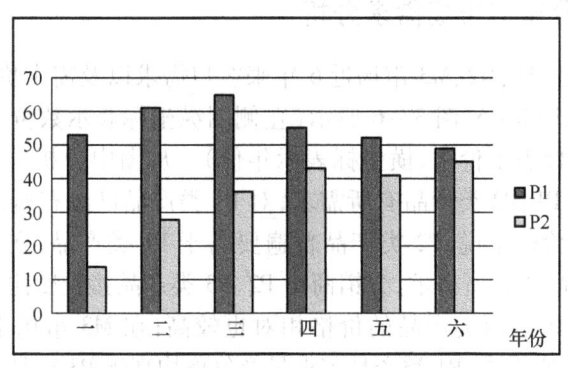

图3-1 M1市场直销部订单需求预测

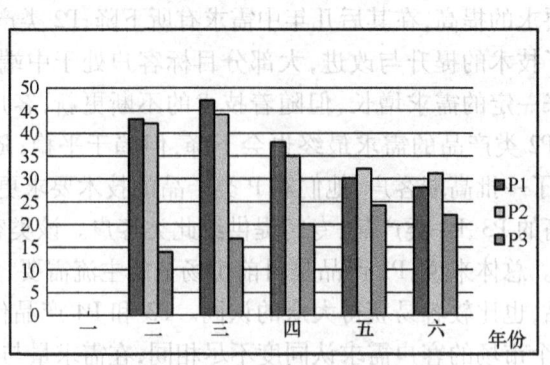

图 3-2 M2 市场直销部订单需求预测

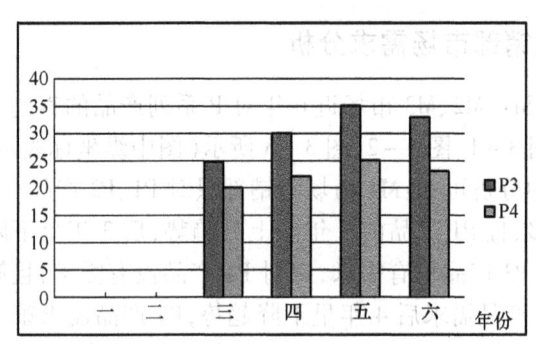

图 3-3 M3 市场直销部订单需求预测

3.2.2 分销商市场需求分析

权威机构对 M1、M2、M3 市场近 6 年来客户需求以及需求价格进行调研的结果如图 3-4、图 3-5、图 3-6 所示（左侧图纵坐标表示数量，横坐标表示年份；右侧图纵坐标表示价格，横坐标表示年份）。从图中分析可知，在 M1 市场中，分销商只对 P1、P2 类产品有所需求，对 P1 类产品已经有所认同，需求也比较旺盛，而相对价格来说，P2 类产品普遍要高于 P1 类产品；在 M2 市场中，对 P1、P2、P3 类产品均有所需求，分销商对 P2、P3 类产品接受度比较高，需求也相对旺盛，且 P2、P3 这两类产品的价格相对也较高；在 M3 市场中，分销商只对 P3、P4 类产品有所需求，P4 类产品需求量及价格均高于 P3 产品。

3 模拟公司概况

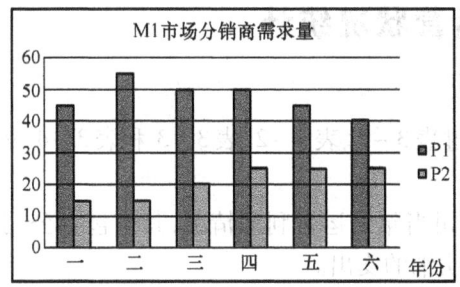 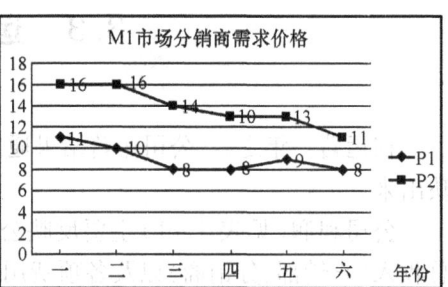

图 3-4 M1 市场分销商需求量与需求价格预测

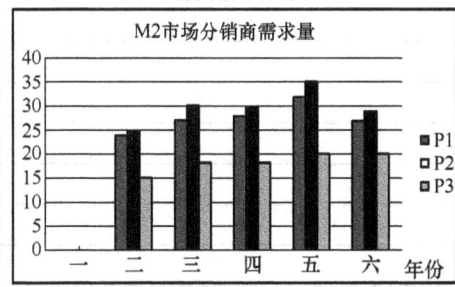 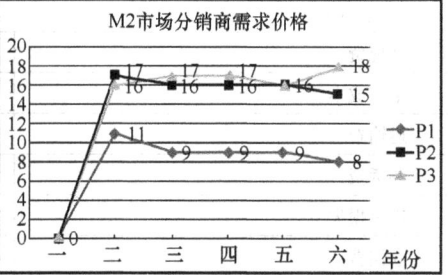

图 3-5 M2 市场分销商需求量与需求价格预测

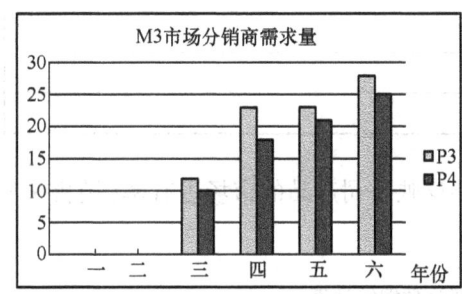 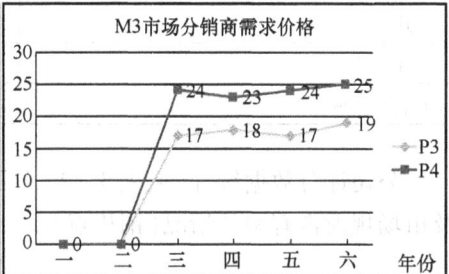

图 3-6 M3 市场分销商需求量与需求价格预测

3.3 运营状况统计

在运营一年之后,公司运营结果通过表3-1、表3-2、表3-3和表3-4反映出来。

公司利润(见表3-1)主要反映公司当年的运营利润情况,其中包括公司总收入(直销部、分销商)以及各项费用明细的支出。

表3-1 公司利润表

项 目	金 额
一、公司总销售收入	
ISO体系认证费	
贴现费	
生产成本	
运输费	
调货费	
销售损失	
仓储费	
公司管理费	
年度市场营销成本	
二、营业利润	
三、营业外支出	
违约金	
让利额	
四、利润总额	

公司评分数据统计(见表3-2)主要反映公司产品的市场占有率(销售量)及市场规模占有率的情况(销售点)。

表3-2 公司评分数据统计表

统计类别	细分类别	详细数据
市场占有率	公司总销售量	
	市场总销售量	
市场规模占有率	公司总销售点	
	市场总销售点	

公司品牌价值评定(见表3-3)主要是评定公司的各项指标,从整体的数据上反映公司的综合运营情况,从而评定公司的品牌价值。

表3-3 公司品牌价值评定表

项　　目	数　　值
本年度产品销售收入	
本年度市场平均产品销售收入	
本年度销售点数量	
本年度市场平均销售点数量	
上年度公司品牌价值	
本年度公司品牌价值	

总评分表综合前三张表的各项数据,最后得出各项的总评分(见表3-4)。总评分的具体计算方法见本书第4章"模拟运营规则及评价指标"。

表3-4 总评分表

项　　目	数　　值
公司品牌价值加成	
市场占有率	
市场规模占有率	
促销有效率	
净利润	
总评分	

4

模拟运营规则及评价指标

市场营销运营主要涉及经费管理、市场开拓、人员招聘、渠道建设、分销商订货、市场竞标、产品交货和产品销售等情况,运营活动受到各方面的条件约束。在模拟运营以前,经营管理者必须熟悉和了解这些条件,才能做到合法经营,在竞争中提升企业的实力。

4.1 公司初始状态

4.1.1 财务状态

公司初始时,划拨总经费300K。

规则说明:

规则中默认设置的初始资金为300K。在市场营销沙盘模拟中,我们以"K"作为日常货币单位,"K"可以理解为"千元"。教师可以根据任课的需要设定企业的初始运营资金。

4.1.2 人力资源状态

在市场营销沙盘模拟中有清晰的组织结构,如图4-1所示。公司领导层由总经理、营销总监、运营总监、直销经理、分销经理和客服经理组成。

总经理需要做好公司总体的战略规划,营销总监需要做好市场开拓与战略规划,运营总监需要做好产品的一系列工作,直销经理需要做好直销部的开拓与市场订单的竞争,分销经理需要做好分销商的开拓、管理和产品销售,客服经理需要做好产品销售后的客户服务工作。在这里,需要各职位的管理者各司其职。

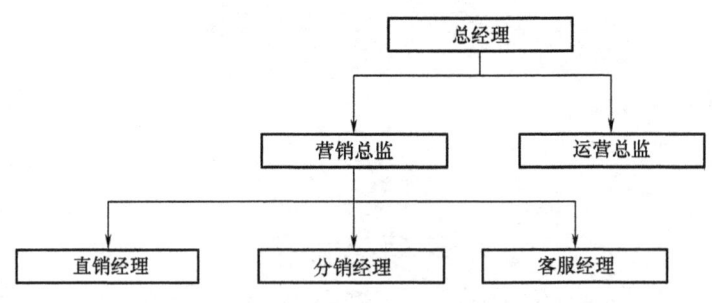

图4-1 公司人力资源结构

4.1.3 市场状态

本沙盘共有 M1、M2、M3 三个市场。公司第一年只能进入 M1 市场,其后根据发展战略选择开拓 M2 和 M3 市场,如表 4-1 所示。

表 4-1 市场属性

市场属性	低端市场	中端市场	高端市场
市场类别	M1	M2	M3

根据产品的市场需求,公司最初可生产 P1 和 P2 产品;之后,随着市场 P3 和 P4 产品需求的出现及增长,可选择生产 P3 和 P4 产品,如表 4-2 所示。

表 4-2 产品属性

产品属性	低端产品	中端产品	高端产品
产品类别	P1	P2、P3	P4

结合市场分类与产品状态,本沙盘的区域行业状态如表 4-3 所示。

表 4-3 市场需求属性

市场需求属性	M1 市场需求	M2 市场需求	M3 市场需求
产品类别	P1、P2	P1、P2、P3	P3、P4

规则说明:

在市场营销沙盘模拟中分为低端、中端和高端市场,这主要是为了体现目前企业对市场的细分。进行市场细分的客观基础是消费者需求的异质性,主要依据是异质市场中需求一致的顾客群,其实质就是在异质市场中求同质。市场细分的目标是为了聚合,即在需求不同的市场中把需求相同的消费者聚合到一起,然后根据市场的细分对相应市场的产品需求也进行细分。

4.1.4 公司品牌价值状态

公司品牌价值作为无形资产存在,初始的公司品牌价值为 3,具体评定见表 3-8。

4.2 市场营销经费

每年年初,公司总经理根据公司的发展战略进行财务预算。营销总监向总经理申请市场营销经费,总经理从总经费中划拨市场营销经费。

4.2.1 紧急市场营销经费申请

公司运营期间,营销总监可随时向总经理紧急申请市场营销经费,但会产生10%的紧急经费损失(市场营销经费紧急申请额×10%),计入经费损失。

规则说明:

每年年初,营销总监可以根据当年的营销规划向总经理申请市场营销经费。但在市场营销沙盘模拟中,可能会由于年初市场营销经费预算错误或者经营策略的改变,导致市场营销经费不足。这时,营销总监就需要向总经理进行紧急市场营销经费申请,与此同时也会产生经费损失,损失额为紧急经费申请总额的10%。

举例:营销总监向总经理申请经费100K,这时就会产生10%的经费损失,为10K,10K计入"紧急经费损失额",90K计入"市场营销经费"。

4.2.2 超额损失

年度结束时,如果公司剩余市场营销经费超过本年度市场营销经费累计支出额的20%,超过部分(公司当年剩余市场营销经费 − 累计支出额×20%)按照15%的比例产生超额经费损失,计入经费损失。

规则说明:

为什么要设置超额经费损失?是为了防止市场营销经费申请时没有经过深思熟虑,出现过多的经费申请或者随意的经费申请情况,避免经费使用不善,从而保证公司总经费的合理使用。

举例:某公司当年市场营销经费累计支出额为135K,当年剩余市场营销经费36K,则超过部分为2K,具体由(36 − 135×20%)×15%的计算结果向上取整得出。

4.2.3 市场营销经费回账

若公司在运营过程中出现总经费资金短缺,而市场营销经费较为充裕的不正常情况,公司可对市场营销经费做回账处理,但需缴纳一定的费用作为惩罚。

根据10%的回账费率产生回账经费损失,计入经费损失。

规则说明:

每年年初,可能会由于营销规划不到位,产生营销经费申请过多,导致公司总经费在运营过程中资金不足,或者公司经费在使用过程中超出年初所设定的规划等情况,这时就需要对营销经费做回账处理,进行"市场营销经费回账"的操作。此项操作也会产生"经费损失",损失额为申请经费总额的10%。

举例:总经费向市场营销经费申请经费100K,这时就会产生10%的经费损失,为10K,10K计入"回账经费损失",90K计入"公司经费"中。

4.3 市场准入机制及市场调研

4.3.1 市场准入机制

三个市场有相应的准入机制,必须满足相关的标准要求,公司才可在三个市场建立销售渠道并进行产品销售。具体标准如表4-4所示。

表4-4 市场准入机制

市场类别	M1	M2	M3
客服员要求	2个客服员	2个客服员	2个客服员
认证要求	无要求	ISO9000	ISO9000 和 ISO14000

ISO9000 和 ISO14000 两种认证均需要时间和费用,认证费用和时间如表4-5所示。

表4-5 ISO体系认证

认证分类	ISO9000	ISO14000
费用(K)	2	2
时间(周期)	3	6

规则说明:

在市场营销沙盘模拟中,有对应的三个市场,分别为 M1、M2、M3,在沙盘模拟中,可以根据公司的总体规划,在三个市场中进行直销部与分销商的建设,但每个市场在建设时实行一定的准入机制。

举例:在进入 M2 市场进行销售点的建设与产品的销售前,必须先进行客服员的招聘和 ISO9000 的认证,然而,ISO9000 的认证并不是在当期投入相应的费用就能够完成的,需要 3 个周期的时间才能完成。所以,在进行规划建设时需要考虑相应的认证周期。

ISO 体系认证可以两项同时进行,对 ISO 体系的认证也可以随时中断,中断后前期所进行的 ISO 体系认证仍然有效,以后可以继续进行认证。

4.3.2 市场调研

若公司认为公开的信息为销售决策提供的参考价值不足,营销总监可以向专业的调研公司咨询。需咨询的具体信息种类和调研费用如表 4-6 所示。

表 4-6 商业情报

信息种类	调研费
订单采购需求	3K
客户消费需求	3K

规则说明:

在市场营销沙盘模拟开始时,系统会给出市场 6 年的大致信息,但根据这些信息不足以判断每个市场每年的订单采购需求与客户消费需求,这时可以通过支付一定的费用向专业市场调研机构(裁判)进行相应的调研,获得市场订单采购需求与客户消费需求的信息,以便能够对市场进行更加准确的分析。

 4.4 营销团队管理

在本沙盘中,营销团队由直销员、业务员与客服员组成,营销团队的状态直接影响销售点建设、直销部竞单以及分销商交货等。

4.4.1 营销团队配置管理

4.4.1.1 直销员

市场直销部在进行产品促销和竞标时,必须为每类产品配置一名直销员。

4.4.1.2 业务员

市场分销商在订货(经销商)或交货(代销商)时,必须为每类产品配置一名业务员。

4.4.1.3 客服员

在直销部向分销商销售产品后,公司必须对产品开展相应的售后服务,所以每个市场必须配置相应的客服员,客服员对相应的产品服务能力也有标准,如表4-7所示。

表4-7 客服员维护标准

市场类别	每个客服员每期基本维护数量	备注
M1	10个(最多维护16个产品)	1年内1个客服员只能维护1种产品
M2		
M3		

规则说明:

(1)直销员。在现实的市场营销活动中,直销员将直销产品直接送到顾客家中或工作的地方,为个别顾客或众多顾客详细介绍、示范产品的特点与效能,并一一解答他们的疑问。亲切周到的个性化服务,令顾客感到称心满意,是直销员的主要工作内容和工作要求。

直销员必须了解本行业和公司产品的专业知识,可立即回答顾客提出的任何问题,提供专业服务以争取下一次销售的机会;必须能够给顾客提供一系列的服务,让顾客觉得买了直销员推荐的商品无后顾之忧;应当尽量本着互利互惠的原则进行交易,尤其是在付款方面,要尽量为顾客提供方便,达到互利互惠。例如,支票付款、分期付款等优惠措施应事先制定。

在市场营销沙盘模拟中,企业直销部的销售需要招聘相应的直销员进行相应产品的订单销售。为了鼓励直销部尽可能地进行相应的产品销售,还可以制定相应的业绩奖励制度。在订单销售中,根据客户的需求每张订单都有相应的账期,订单销售后,企业根据订单相应的账期核定回款。

(2)业务员。业务员是指负责某项具体业务操作的人员。例如,负责采购的人员、负责销售的人员,在制单时,他们都可以称为业务员。业务员并不是特指销售员。业务员一般无固定工资,其薪酬按销售额提成。现在业务员一般采用兼职方式,在信息网络的作用下造就了不少新时代的兼职业务员。

在市场营销沙盘模拟中,业务员相当于企业与经销商进行交易的经纪人,企业需要为经销商配置相应的业务员,才可以进行相应的产品订货及销售。业务员为经销商做好服务并进行产品销售后,可以获得相应的业绩奖励。

(3)客服员。客户服务是指公司工作人员与客户进行交流的过程,负责处理开票请求、账户维护、服务分派和时间安排等。客户服务通常通过电话进行,也可以通过电子邮件、网络聊天、传真或寄送邮件的方式进行。

客户服务分为售前服务、售中服务与售后服务。

售前服务是指市场调研、产品设计、提供产品说明书和提供咨询服务等。

售中服务是指在产品交易过程中销售者向购买者提供的服务,如接待服务、提货服务和产品包装服务等。

售后服务主要是对购买者的服务,主要包括送货、安装、产品退换、维修、保养和使用技术培训等方面的服务。

在市场营销沙盘模拟中,客户服务主要是产品的售后服务,为客户提供相应的售后服务及相应的产品退换货服务。客服员的业绩奖励主要来自于产品的售后服务。

4.4.2 营销团队费用管理

招聘和培训员工,培育和管理团队均需费用支出。

各个市场不同人员的招聘培训费、基本工资及辞退费如表4-8所示。

表4-8 公司团队管理费用

市场类别	M1			M2			M3		
工作人员	直销员	业务员	客服员	直销员	业务员	客服员	直销员	业务员	客服员
招聘培训费(K/人)	2	2	2	2	2	2	2	2	2
基本工资(K/人·年)	4	4	3	5	5	4	6	6	5
辞退费(K/人·年)	1	1	1	1	1	1	1	1	1

注:同类人员在同一市场基本工资相同。

(1)第一周期直销经理可对直销员进行业绩奖励调整,业绩奖励可根据直销战略进行调整,如对销售产品有一张或以上订单成功,则业绩奖励正常发放,否则无业绩奖励。

(2)公司可以在任一时间进行紧急招聘,紧急招聘培训费为原招聘培训费的1.5倍。

(3)工作人员薪酬=基本工资+业绩奖励。

(4)公司每年可调整人员所处市场与对应产品,其基本工资随所在市场进行相应调整。

规则说明:

根据《中华人民共和国劳动法》第46条的规定,工资分配应当遵循按劳分配原则,实行"同工同酬"。同工同酬是指用人单位对于技术和劳动熟练程度相同的劳动者在从事同种工作时,不分性别、年龄、民族、区域等差别,只要提供相同的劳动量,就获得相同的劳动报酬。

同工同酬体现着两个价值取向:确保贯彻按劳分配原则,即付出了同等的劳动应得到同等的劳动报酬;防止工资分配中的歧视行为,即要求在同一单位,对同样劳动岗位,在同样劳动条件下,不同性别、不同身份、不同户籍或不同用工形式的劳动者之间,只要提供的劳动数量和劳动质量相同,就应给予同等的劳动报酬。

在市场营销沙盘模拟中,每个市场每类人员在年初时都必须设定相应的基本工资,根据市场的不同,可以对各类人员设定不同的基本工资,但对同一个市场的人员应遵循"同工同酬"的原则,必须设定一样的基本工资。

4.4.2.1 招聘培训费

在市场营销沙盘模拟中,每年都有规定时间(第一周期)进行招聘,这种招聘属于正常招聘,需要考虑公司全年的发展需要多少人员。如果这次招聘中出现失误,之后再发现人员不足就需要进行紧急招聘,紧急招聘需要支付额外的招聘费用,紧急招聘的费用是正常招聘费用的1.5倍。

4.4.2.2 基本工资

在招聘前,公司需要遵循同工同酬的原则,设定每类员工每年的基本工资。在基本工资确定后,一年之内一般不允许变更。

4.4.2.3 辞退费

每年末,公司可以对富余人员进行辞退,为辞退员工支付辞退费。在辞退前需要考虑辞退成本。

4.4.3 营销队伍业绩管理

4.4.3.1 直销员

每年年初,企业根据市场情况制定直销员的业绩奖励制度。

4.4.3.2 业务员

对业务员的业绩奖励一般为对分销商销售收入的2%,但如果经销商流失,业务员当年的业绩奖励将被取消。

4.4.3.3 客服员

客服员维护奖励与维护产品数量有直接关系,其标准如表4-9所示。

表4-9 客服员奖励

市场类别	每个客服员维护能力的奖励
M1	多维护3个产品,奖励1K(未达到3个无奖励)
M2	多维护2个产品,奖励1K(未达到2个无奖励)
M3	多维护1个产品,奖励1K

规则说明:

业绩管理是企业通过一定的人力资源管理手段和方式对员工及组织业绩进行管理的活动。业绩管理是保证组织目标实现的关键环节;同时,通过业绩管理,可以实现员工业绩的改善和组织业绩的提升,最终实现员工和组织的共同发展。

业绩包括两个方面:员工业绩和组织业绩,二者之间的关系是相互融合、相互影响。业绩管理的过程其实就是通过对员工业绩的管理完成对组织业绩管理的过程,通过员工业绩管理实现组织的业绩目标。员工业绩和组织业绩是两种不同的表现形式,但结果是相同的。正因为如此,员工业绩对组织业绩的影响之大显而易见。良好的员工业绩是良好的组织业绩的保证;反之,员工业绩差,组织业绩也不会好。

在市场营销沙盘模拟中,根据人员类型的不同也制定了不同的业绩奖励制度和标准。

4.5 直销部管理

4.5.1 直销部建设

公司根据自身战略规划建设直销部,可在三个市场同时建设,但一个市场只能建设一个直销部,且一个直销部一年只能在第二个周期参与竞标。

直销部在各市场的建设时间、建设费和维护费如表 4-10 所示。

表 4-10 直销部建设

市场类别	建设时间(周期)	建设费(K/期)	维护费(K/部门·年)
M1 市场	2	4	6
M2 市场	4	5	7
M3 市场	5	6	8

注:
①直销部根据所在市场缴纳相应的维护费,建成当年年末开始缴纳。
②公司可在年末裁撤不需要的直销部,但需支付 10K 的裁撤费。
③建设期不可中断,否则需重新建设。

规则说明:

直销就是产品不通过各种商场、超市等传统的、公众的销售渠道进行分销,而是直接由生产商或者经销商组织产品销售的一种营销方式。

"直销"实质上就是通过简化、舍去中间商,降低产品的流通成本并满足顾客利益最大化的需求。在非直销模式中,产品由制造商到经销商,再由经销商到顾客。

在市场营销沙盘模拟中,建设直销部时需要考虑的是直销部的建设周期与产品市场竞标时间,以免在建成当年不能进行直销部的竞标,这样即浪费了一次竞标的机会,还需要在年末支出不必要的维护费。

4.5.2 直销部销售

4.5.2.1 市场竞标条件

直销部销售以订单形式体现,订单的获取采取竞标的方式进行,主要根据市场竞标额判断竞标是否成功。

满足两个条件即可获得产品的一次竞单资格。

第一,公司针对某市场的某产品配置至少一名直销员;没有直销员不能进行相应的产品促销。

第二,公司针对某市场的某产品投入 1K 以上的促销费用。

当每家公司在某市场的某产品竞争中的市场竞标额低于平均值时则有第二次选单资格。产品的开标依次是 M1 市场的 P1、P2;M2 市场的 P1、P2、P3;M3 市场的 P3、P4。

4.5.2.2 市场竞标额的确定

市场竞标额主要根据竞标价、有效促销额、薪酬激励和企业品牌价值决定(按市场竞标额由低到高来排名,市场竞标额低者优先选取。如果市场竞标额相同,根据企业上年度经营排名确定优先顺序,第一年可根据交单时间进行确定)。各市场竞标额的计算公式为:

M1 市场竞标额 = 竞标价 ×80% − 有效促销额 ×15% − 薪酬激励 ×5% − (企业品牌价值 −3)/2
M2 市场竞标额 = 竞标价 ×70% − 有效促销额 ×20% − 薪酬激励 ×10% − (企业品牌价值 −3)/2
M3 市场竞标额 = 竞标价 ×55% − 有效促销额 ×30% − 薪酬激励 ×15% − (企业品牌价值 −3)/2

4.5.2.3 竞标指标解释

(1)竞标价,即公司在竞标时对产品的报价。竞标价不得高于产品最高限价,各个市场的各个产品最高限价如表 4 − 11 所示。

表 4 − 11 直销产品最高限价

	市场类别	M1		M2			M3	
直销部	产品类别	P1	P2	P1	P2	P3	P3	P4
	产品最高限价(K/件)	9	11	11	12	13	15	20

(2)有效促销额,即对不同产品的推广效果的度量。其计算公式为:

$$有效促销额 = 促销费 \times 效果指数$$

有效促销额对产品的销售会产生影响,各种促销方式对各市场及其产品的效果指数如表 4 − 12 所示。

表4-12 促销方式效果指数

方式	广告促销						营业推广					
市场类别	M1		M2			M3	M1		M2			M3
产品类别	P1	P2	P1	P2	P3	P3	P4	P1	P2	P1	P2	P3	P3	P4
效果指数	0.7	0.7	0.7	0.9	0.8	0.8	0.8	0.9	0.5	0.8	0.8	0.7	0.6	0.5

方式	公共关系						人员推销					
市场类别	M1		M2			M3	M1		M2			M3
产品类别	P1	P2	P1	P2	P3	P3	P4	P1	P2	P1	P2	P3	P3	P4
效果指数	0.5	0.9	0.6	0.9	0.8	0.7	0.7	0.5	0.6	0.6	0.7	0.7	0.7	0.8

需要说明的是,本沙盘中的产品促销与推广适用于直销部销售,与分销商销售无关。在促销过程中,各公司可以使用多种不同促销方式的组合促销方案。各类产品都有其最佳的促销组合,只有使用最佳促销组合,其有效促销额才有成效,组合效果如表4-13所示。

表4-13 组合效果加成

产品	最佳促销组合	效果加成
P1	广告促销和营业推广组合	20%
P2、P3	广告促销和公共关系组合	
P4	公共关系和人员推销组合	

例如,A公司在M1市场对P1产品的广告促销投放额为4,营业推广投放额为6,人员推销投放额为2,则P1产品的有效促销额为:

$$[(4 \times 0.7 + 6 \times 0.9) \times 1.2] + 2 \times 0.5$$

(3)薪酬激励。薪酬激励的计算公式为:

$$薪酬激励 = 该市场直销员人数 \times 薪酬$$

其中,薪酬为基本工资 + 业绩奖励。

4.5.2.4 公司竞争奖励标准

公司竞争奖励标准如表4-14所示。

表4-14 直销竞标奖励标准

状态	市场类别	奖励标准
同一市场同类产品上年度销售额排名第一	M1	市场竞标额×80%
	M2	同类产品竞争中排名可以提前1位
	M3	市场竞标额×90%

4.5.2.5 直销部销售收入

直销部销售收入 = 订单交货量 × 竞标价

由于订单上有回账期限制,因此,销售收入直接进入应收款,可采用贴现方式提前取出,但需支付一定的贴现费。

规则说明:

产品竞标价是产品最后的市场销售价格,所以,在设定竞标价时一定要考虑各项成本的支出。此外,还需要根据市场信息分析的结果,谨慎设定竞标价格。

有效促销额即根据产品类型的差别,每类产品有相应的最佳促销组合,选择相应产品的最佳促销组合能有额外的效果加成,也可以选择最佳促销组合以外的促销方式,即使不能得到效果加成,也可以增加有效促销额。

直销员的薪酬包括基本工资与业绩奖励两部分,业绩奖励在年初设定工资时直接确定,某市场中所招聘直销员人数与薪酬是针对于该市场所有竞标产品的。

公司竞标奖励在沙盘直销部竞争中体现出市场同类产品龙头企业的优势,各市场的奖励方式各有不同。

4.6 分销商管理

公司根据自身战略选择建设分销商,可在三个市场同时建设。一个公司最多能建设六个分销商,且每个分销商只能在一个市场销售一种产品。

4.6.1 分销商建设

4.6.1.1 公司与分销商的合作模式

公司与分销商有两种合作模式。

(1)经销商合作模式。经销商以订货价向公司买入产品,订货价由公司自行制定,但其订货价不得高于该产品订货数量所对应的生产成本的3倍。经销商的订货量不得高于自身的销售能力。

经销商合作模式在运营过程中,还会使经销商降星或流失。

其一,经销商降星。经销商(一星以上)当年的利润率低于10%,该经销商降一星。

其二,经销商流失。经销商流失是因为两个原因:经销商当年的订货需求未得到满足;经销商的星级为一星,且当年的利润率低于10%。

经销商的产品销售额损失低于经销商的订货费,将视为经销商销售损失,若经销商产生销售损失,则经销商销售损失的50%由公司承担,计入销售损失。

(2)代销商合作模式。公司把产品提供给代销商,协助其进行产品销售,将销售收入的80%上交公司,20%作为公司的让利额,支付给代销商,即代销商利润。

4.6.1.2 分销商的提升

公司起初只能建设一星和二星分销商,三星和四星分销商通过一星和二星分销商自我提升或者市场竞争招募方式获得,具体规则如下。

(1)分销商自我提升。若分销商的销售收入在该市场中销售相同产品的分销商中连续两年排名第一,则在年末分销商星级评定时自动上升一星,且不可跨档升级。

(2)市场竞争招募。公司品牌价值达到4,则有资格从分销商加盟市场招募一个三星分销商;公司品牌价值达到5,则有资格从分销商加盟市场招募一个四星分销商;其建设时间、建设费和维护费与相应的各类分销商一致。如有多个公司竞争招募一个分销商,则首先比较上年度公司销售收入总额,高者获取;其次比较上年度公司排名,高者获取。

4.6.1.3 分销商的类型

分销商根据销售的产品类型、所在市场类型可以调整为四类,其具体的调整情况与费用如表4-15所示。

表4-15 分销商调整

分销商类型	产品类型	产品调整费	市场类型	市场调整费
一星分销商	不可调整		不可调整	
二星分销商	可调整	2K	不可调整	
三星分销商	不可调整		可调整	2K
四星分销商	可调整	2K	可调整	2K

4.6.1.4 分销商的建设

各类分销商在各市场的建设时间、建设费、维护费如表4-16所示。

表 4-16 分销商建设

分销商	一星分销商			二星分销商			三星分销商			四星分销商		
建设时间(周期)	1			2			3			4		
市场类型	M1	M2	M3	M1	M2	M3	M1	M2	M3	M1	M2	M3
建设费(K/期)	5	6	7	4	5	6	4	5	6	4	5	6
维护费(K/个·年)	3	4	5	4	5	6	4	5	6	5	6	7

注：
①分销商建成当年年末开始缴纳所在市场相应的维护费。
②每年除第一周期根据其星级可进行相应的产品与市场调整以外,其余周期不得调整。
③公司可在年末解除与分销商(经销商、代销商)的合作关系,但需支付 5K 的解除费。
④建设期不可中断,否则需重新建设。

规则说明：

经销商是指从企业进货的商人,他们买货不是自己使用,而是转手卖出去,他们关注的是买卖货物的利差,而不是实际的价格。所以,经销商一般是企业,或者是从企业拿钱进货的商业单位。作为从企业一直到终端零售商的销售渠道链里的一个重要环节,经销商在市场中的作用是十分巨大的,而且可以获得的市场信息也是最多的。

代销商是完全独立的商人,与制造商之间的关系是买者和卖者的关系。与经销商不同,代销商的经营并不受给予其分销权的企业和个人的约束,可以为许多制造商分销产品。代销商的业务是自有业务,因此在是否接受分销合同的限制时,所需考虑的是自己的商业利益。分销商建成当年年末开始缴纳所在市场相应的维护费。每年第一周期确定了分销商的产品和市场后,当年不得再做变更。公司可以在年末解除与分销商(经销商、代销商)的合作关系,但需支付 5K 的解除费。

4.6.2 分销商销售

分销商销售以市场供需平衡体现,市场售价受该市场的产品供应量和需求量的影响。产品售价的计算公式为：

产品售价 = [1 + (市场需求量 - 市场供应量)/市场需求量] × 市场需求价格 + (公司品牌价值 - 3)

需要说明的是,各公司产品售价各有不同,产品售价最高为该产品最高限价,最低为该产品最高限价的 1/3。

代销商销售收入 = 交货数量 × 产品售价

代销商销售收入直接进入总经费,无账期影响。

$$让利额 = 代销商销售收入 \times 20\%$$

经销商进货费即为经销商销售收入。其中,进货费总额的20%作为订金在第一周期支付,余款在第四周期支付,进货费直接进入总经费。

每个分销商在各市场对各产品的销售量是有限制的。各类分销商在各市场产品的最高销售量如表4-17所示。

表4-17 各类分销商在各市场产品的最高销售量

分销商类型	一星分销商						
市场类型	M1		M2			M3	
产品类型	P1	P2	P1	P2	P3	P3	P4
最高销售量	15	6	7	13	12	5	10
分销商类型	二星分销商						
市场类型	M1		M2			M3	
产品类型	P1	P2	P1	P2	P3	P3	P4
最高销售量	16	6	7	15	13	6	11
分销商类型	三星分销商						
市场类型	M1		M2			M3	
产品类型	P1	P2	P1	P2	P3	P3	P4
最高销售量	18	7	8	16	14	7	12
分销商类型	四星分销商						
市场类型	M1		M2			M3	
产品类型	P1	P2	P1	P2	P3	P3	P4
最高销售量	20	8	10	18	16	8	14

分销商在各市场产品的最高限价如表4-18所示。

表4-18 分销商在各市场产品的最高限价

分销商	市场类型	M1		M2			M3	
	产品类型	P1	P2	P1	P2	P3	P3	P4
	产品最高限价(K/件)	12	16	13	17	18	19	24

4.7 订货及产品生产

4.7.1 订货

每年第一周期公司接受经销商的订货需求。

4.7.2 产品生产

产品生产每周期都可以进行,但其生产数量是有限的,每周期产品的最大生产数量与该周期销售点的数量有关,具体情况如表 4-19 所示。

表 4-19 生产数量

销售点(个)	1-2	3-4	5-6	7-9
产品最大生产量(件)	10	15	20	25

公司在进行产品生产的过程中存在着一定的规模效应,每周期产品的生产成本与数量的关系如表 4-20 所示。

表 4-20 生产成本

产品类型	数量 X(件)	$X \leq 10$	$10 < X \leq 15$	$15 < X \leq 20$	$20 < X \leq 25$
P1	单位成本(K/件)	3	2.8	2.7	2.6
P2	单位成本(K/件)	3.8	3.6	3.5	3.4
P3	单位成本(K/件)	4	3.8	3.7	3.6
P4	单位成本(K/件)	5	4.8	4.7	4.6

规则说明:

规模效应又称规模经济,即因规模增大带来的经济效益的提高。但是规模过大可能产生信息传递速度慢且造成信息失真、管理官僚化等弊端,反而产生"规模不经济"。规模效应是经济学上的一个研究课题,是指生产要达到或超过盈亏平衡点,即规模效应。经济学中的规模效应是根据边际成本递减推导出来的。就是说,企业的成本包括固定成本和变动成本,混合成本则可以分解为这两种成本,在生产规模扩大后,变动成本同比例增加而固定成本不增加,所以单位产品成本下降,企业的销售利润率则上升。

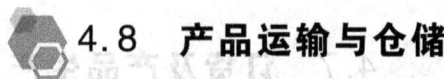
4.8 产品运输与仓储

4.8.1 产品运输

在 M1、M2、M3 市场的直销部和分销商都需要公司采用物流方式将其产品运输到相应市场,相关运输费如表 4-21 所示。

表 4-21 产品运输费

物流方式	水路运输	铁路运输	公路运输	航空运输
对应产品	P1	P2	P3	P4
运费(K/期·个)	$1 \times N$	$1 \times N$	$2 \times N$	$3 \times N$

注:"N"为运输产品数量,且公司生产当期必须将产品运出,公司生产厂区不可存储产品。

4.8.2 产品仓储

公司生产产品后,当期未交付成功,产品需做仓储处理,并支付仓储费,相关仓储费如表 4-22 所示。

表 4-22 产品仓储费

产品类型	P1	P2	P3	P4
仓储费(K/期·个)	0.5	0.5	1	2

4.8.3 市场间调货

公司目的地市场间出现存货不均,当市场需求无法得到有效满足时,可通过市场间调货实现平衡,调货费为 $1 \times N$("N"为调货数量)。

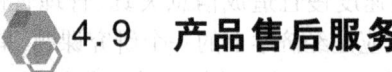
4.9 产品售后服务

作为市场营销的重要部分,产品售后服务至关重要。公司在完成产品销售后需要投入部分费用进行产品售后服务,各类产品售后服务费如表 4-23

所示。

表 4-23 产品售后服务费

产品类型	P1	P2 或 P3	P4
费用(K/期·个)	0.4	0.6	0.8

客服员在产品销售开始后即进行产品售后服务。

4.10 公司品牌价值评定

公司品牌价值初始值为3,满足两个条件则公司品牌价值加1;反之,两个条件都未满足则减1,两个条件如下:

(1)当年产品销售收入高于市场平均产品销售收入。

(2)销售点数量高于市场平均销售点数量。

公司品牌价值最低为3,若公司品牌价值为3,即使出现应减1的情况,公司品牌价值也仍为3。

4.11 其他规则

4.11.1 应收款贴现

在有应收款订单时,可以随时进行贴现,但在贴现的过程中会产生一定的贴现费损失,贴现费损失为贴现额的14%。

4.11.2 产品库存处理

年末不可有库存,如有未销售产品,统一以 P1 为 3.6K,P2 为 4.6K,P3 为 6.2K,P4 为 7.8K 的成本价进行处理,库存处理收入计入销售收入,处理的产品仍需进行售后服务。

4.11.3 公司管理费

公司前三个周期每期支付基础管理费2K,但第四周期支付的管理费总额要求为:

管理费用总额≥2×(1+销售点数量)

需要说明的是,销售点数量是指当年已建成的最大销售点数量,即包括经销商流失与分销商合作关系解除的销售点。

4.11.4 违约金

公司因产品交付数量不足,不能按时按量交货将视为违约,表现为经销商订货未满足与直销部订单未满足的情况。如出现违约,公司需承担相应的违约责任,即所违约产品订货价或竞标价相应作价格上浮,违约金浮动额如表4-24所示。

表4-24 违约金浮动额

违约产品数量	$X \leq 5$	$6 \leq X \leq 10$	$11 \leq X$
赔偿价格上浮(%)	10	15	25

违约金 = 违约产品数×[订货价或竞标价×(1+赔偿价格上浮)]

4.11.5 退换货损失额

公司销售的产品会有一定数量的退换货,产生退换货损失,退换货损失额的计算公式为:

退换货损失额 = 总销售额×5%

4.11.6 取整原则

沙盘模拟中贴现费、产品仓储费、售后服务费、经销商订金(第一期)、退换货损失额均向上取整,其他未作详细规定的数额均向上取整。

4.11.7 总评分

总评分的计算公式为:

净利润×[1+市场占有率+市场规模占有率+促销有效率+(公司品牌价值-3)]

净利润的计算公式为:

净利润 = 销售收入 - 生产成本 - ISO体系认证费 - 销售损失 - 让利额 - 违约金 - 公司管理费用 - 年度市场营销成本

销售收入的计算公式为:

销售收入 = 直销部收入 + 经销商进货费 + 代销商销售收入

年度市场营销成本的计算公式为：

年度市场营销成本 = 经费损失额 + 市场调研费 + 招聘培训费用 + 转换费 + 建设费 + 促销费 + 销售点维护费 + 员工薪酬 + 售后服务费 + 辞退费 + 退换货损失额

市场占有率的计算公式为：

$$市场占有率 = \frac{公司总销售量}{市场总销售量}$$

式中，公司总销售量是指公司某一年度在各市场所有产品销售数量的总和；市场总销售量是指某一年度各市场上所有公司产品销售数量的总和。

市场规模占有率的计算公式为：

$$市场规模占有率 = \frac{公司总销售点}{市场总销售点}$$

式中，公司总销售点是指公司某一运营年确认结束之后，所剩余的销售点之和，销售点包括直销部、经销商和代销商；市场总销售点是指市场上所有公司在某一运营年确认结束之后，所有销售点的总和，销售点包括直销部、经销商和代销商。

促销回报率的计算公式为：

$$促销回报率 = \frac{公司总的有效促销额}{公司总促销成本}$$

4.12 市场营销能力评价指标

4.12.1 企业盈利能力分析

4.12.1.1 企业盈利能力分析概述

盈利能力是指企业获取利润的能力。利润是企业内外有关各方都关注的核心问题，是投资者取得投资收益、债权人收取本息的资金来源，是企业经营业绩和管理效能的集中表现，也是职工集体福利设施不断完善的重要保障。

盈利能力分析是财务分析中的一项重要内容，主要是运用企业资金利润率、销售利润率和成本费用利润率评价企业的盈利能力。

4.12.1.2 盈利能力分析的目的

盈利能力的强弱是一个相对的概念，用利润率表示，即利润相对于一定的投入资源而言。利润率越高,盈利能力越强;利润率越低,盈利能力越弱。企业经营业绩的优劣最终可通过企业的盈利能力反映出来。无论是企业的经理人、债权人,还是股东(投资人)都非常关心企业的盈利能力,并重视对企业利润率及其变动趋势的分析与预测。

从企业的角度看,企业从事经营活动,其直接目的是最大程度地赚取利润并维持企业持续、稳定地经营和发展。持续、稳定地经营和发展是企业获取利润的基础;最大程度地获取利润又是企业持续、稳定发展的目标和保证,只有在不断获取利润的基础上,企业才可能发展。盈利能力较强的企业比盈利能力较弱的企业具有更大的活力和更好的发展前景,因此,盈利能力是企业经营人员最重要的业绩衡量标准和发现问题、改进企业管理的突破口。对企业经理人员来说,进行企业盈利能力分析的目的具体表现在以下两个方面。

(1) 利用盈利能力的有关指标反映和衡量企业的经营业绩。企业经理人员的根本任务,就是通过自己的努力使企业赚取更多的利润。各项收益数据反映着企业的盈利能力,也体现了经理人员工作业绩的水平。用已达到的盈利能力指标与标准、基期、同行业平均水平和其他企业相比较,可以衡量经理人员工作业绩的水平。

(2) 通过盈利能力分析发现企业经营管理中存在的问题。盈利能力是企业各环节经营活动的具体表现,企业经营的水平都会通过盈利能力表现出来。通过对盈利能力的深入分析,可以发现企业经营管理中的重大问题,进而采取措施解决问题,提高企业收益水平。

从债权人的角度看,利润是企业偿债的重要来源,特别是对长期债务而言。盈利能力的强弱直接影响企业的偿债能力。企业举债时,债权人势必审查企业的偿债能力。因此,分析企业的盈利能力对债权人也是非常重要的。

从股东(投资人)的角度看,企业盈利能力的强弱更是至关重要的。在市场经济中,股东往往认为企业的盈利能力比财务状况、营运能力更重要。股东们的直接目的就是获得更多的利润。对于信用相同或相近的企业,人们总是将资金投向盈利能力强的企业;股东们关心企业赚取利润的多少并重视对利润率的分析,是因为他们的股息与企业的盈利能力是紧密相关的。此外,企业盈利能力增强还会使股票价格上升,从而使股东们获得资本收益。

4.12.1.3 盈利能力分析的内容

盈利能力的分析是企业财务分析的重点,包括财务结构分析、偿债能力分析等,其根本目的是通过分析及时发现问题,改善企业财务结构,提高企业偿债能力和经营能力,最终提高企业的盈利能力,促进企业持续、稳定地发展。对企业盈利能力的分析主要是对利润率的分析。尽管利润额可以说明企业财务成果的增减变动状况及其原因,为改善企业经营管理指明了方向,但是,由于利润额受企业规模或投入总量的影响较大,一方面使不同规模的企业之间不便于对比;另一方面它也不能准确地反映企业的盈利能力和盈利水平。因此,仅进行利润额分析一般不能满足各方面人员对财务信息的要求,还必须对利润率进行分析。

利润率指标从不同角度或从不同的分析目的看有多种形式,在不同的所有制企业中,反映企业盈利能力的指标形式也不同。在市场营销沙盘模拟中我们对企业盈利能力的分析将从以下四方面进行。

(1)销售利润率。销售利润率是指在一定时期的销售利润总额与销售收入总额的比率。它表明单位销售收入获得的利润,反映销售收入和利润的关系。销售利润率被广泛用于评估企业营运效益的比率,是企业利润总额与净销售收入的比率。销售利润率是衡量企业销售收入收益水平的指标,属于盈利能力类指标。影响销售利润率的因素是销售额和销售成本。销售额高而销售成本低,则销售利润率高;反之,销售额低而销售成本高,则销售利润率低。其计算公式为:

$$销售利润率 = (净利润/销售收入) \times 100\%$$

(2)成本费用净利率。成本费用净利率是指企业净利润与成本费用总额的比率。它反映企业生产经营过程中产生的耗费与获得的收益之间的关系。这一比率越高,说明企业为获取收益而付出的代价越小,企业的获利能力越强。因此,通过这个比率不仅可以评价企业获利能力的强弱,也可以评价企业对成本费用的控制能力和经营管理水平。市场营销沙盘模拟中的成本费用总额包括年度公司运营成本和年度市场营销成本。其计算公式为:

$$成本收益率 = (净利润/成本费用总额) \times 100\%$$

(3)净利润增长率。净利润是指利润总额减所得税后的余额,是当年实现的供投入者和经营者可分配的净收益,也称为税后利润。它是企业经营的最终成果,净利润多,企业的经营效益就好;反之,净利润少,企业的经营效益就差。它是衡量企业经营效益的重要指标。

净利润的多少取决于两个因素:一是利润总额;二是所得税。企业所得税等于当期应纳税所得额乘以企业所得税税率。我国现行的企业所得税税率为25%,符合国家政策规定条件的企业,可享受企业所得税优惠,如高科技企业所得税税率为15%(在市场营销沙盘模拟中取消了企业所得税)。净利润增长率表明企业当期净利润比上期净利润的增长幅度,指标值越大,表明企业盈利能力越强。其计算公式为:

$$净利润增长率 = (本年度净利润/上年度净利润) \times 100\% - 1$$

(4)销售额增长率。销售额增长率是指产品市场销售额在比较期内的增长比率。产品在不同的生命周期阶段其市场销售额增长率表现出不同的特点。

在产品的成长阶段,产品具有巨大的增长潜力,市场销售额增长率保持较高水平。这一阶段是企业争取新顾客、扩大市场占有率的最佳时期,可以为下一阶段取得较多稳定的利润创造条件。企业也只有通过提高销售增长率和扩大市场占有率,增加产品销售和降低成本实现规模效益。

在产品的成熟阶段,产品市场规模趋于稳定,市场增长率很低,此时顾客比较固定,企业很难再提高市场占有率,但必须注意保持其市场份额。为增强竞争能力,企业不仅要努力稳定销售收入,而且要加强生产环节的管理,致力于降低生产成本。

在产品的衰退阶段,产品市场规模逐渐缩小,市场增长率为负数,为此,产品的利润逐步下降到行业平均利润以下,此时,企业即便拥有较高的市场占有率,也应作出逐步退出该市场的决策。企业应尽早推出新产品,以争取新产品在市场上的占有率。

市场销售额的增长率也是衡量企业利润收益高低的重要指标之一。其计算公式为:

销售额增长率 = (本年度市场销售额/上年度市场销售额) × 100% − 1

4.12.2 产品成本竞争力

企业产品价格的竞争力不仅建立在规模实力的基础上,更重要的是建立在成本管理水平不断提高的基础上。因此,成本管理规范化是提升企业产品价格竞争力的有效途径。

企业是一个有机整体,成本控制不能盯住局部算小账。只有通过规范化管理的实施,才能避免局部算小账、整体发生大浪费的事情发生。只有通过成本管理规范化的系统思考,才能保障企业从整体和统一的思路上实施成本控制,以保证成本管理不流于任何形式上的顾此失彼。成本管理规范化,并不是寻求单独一个岗位或者一个环节投入的最小化,而是要保证企业在整体效益最大化的前提下,实现成本控制的优化,使每一个岗位上的每一个环节都能实现投入最小化。

从战略原则上进行分析,要求跳出成本进行成本管理,立足于未来的业绩,立足于持续稳定发展的目标,从企业发展的中期和长期目标实施的战略高度进行成本管理,避免节省小的、丢失大的,节省现在的、丢失未来的。这就需要强化成本管理的前瞻性控制,通过完善投入预算,对企业组织运行的所有活动,无论大小都全面实现预算控制,把成本控制置于每一项活动开始之前,从一开始

就形成严格的约束,杜绝可能的浪费。成本竞争力的计算公式为:

成本竞争力 = (生产成本 + 运输成本 + 仓储成本)/产品数量

4.12.3 分销渠道

越来越多的企业发现,在产品、价格乃至广告同质化趋势加剧的今天,单凭产品的独立优势赢得竞争已非常困难。正如整合营销传播理论创始人、美国学者舒尔茨所言:在产品同质化的背景下,唯有"渠道"和"传播"能产生差异化的竞争优势。当今,销售渠道已成为企业关注的重心,并日渐成为企业增强竞争力的重要因素。在市场经济日益发达、企业市场营销环境不断变化和竞争日益激烈的今天,重视分销渠道管理与创新是企业成功的重要条件。

对于一家公司来说,发现新的分销渠道是比较困难的。原因之一在于消费者的购物习惯在潜移默化地变化着,对一种新的分销渠道的接受是渐变的过程,厂商很难发现质变的一瞬间;原因之二在于厂商过分依赖中间商信息,与最终用户始终保持着距离,但中间商常常只向制造商传达有利于巩固自己地位的信息。同时,厂商常常具有沿用自己传统分销渠道的惯性,缺乏挖掘新渠道的积极性。一家公司可以在短期内调整产品价格、更换宣传广告、聘用或解雇市场调研机构、修改促销计划或者改变产品生产线,但管理者一旦建立起营销渠道系统,就很难、也不愿对其进行改变。

渠道创新的最大障碍往往在企业内部。首先,从管理上说,企业往往专注于对分销渠道的控制和管理(尽管它们并没有真正做到),忽视保持与消费者合理接触的重要性,不能及时、全面和准确地了解消费者的感受和意见,许多企业甚至不能准确地掌握消费者的购买习惯;其次,国内企业普遍使用外部渠道,与自己的最终用户很少有直接的接触,它们不得不依赖外部分销渠道来传递市场信息,这使得企业过度依赖分销商对于市场新兴渠道的敏感性,即寄希望于分销商发现和利用新渠道。

单就渠道而言,市场环境的日新月异和市场的不断细化,使原有的渠道已不能适应市场的变化和制造商对市场占有率及市场覆盖率的要求;同时,消费者的行为特征也发生了变化,他们的购买动机更趋于理性,方便、快捷、高性价比成为他们选购商品的判断依据。时变则势异,面对市场的新情况,制造商应冷静地分析现状,深入考察目标市场的变化,捕捉机遇,正确地认识自身渠道的优势和劣势,结合自身特点对已有渠道进行结构调整,尝试和探索新渠道。

对于一家希望发现和利用渠道机遇的企业,只有一种方法能够帮助其达到目的,这就是加强与最终用户的接触,发现他们的购买习惯。对于大多数企业来说,全面研究现有的及潜在的渠道,尽可能地跳出单一渠道的束缚,采用合理的多渠道策略,是有效提高市场占有率和销售业绩的重要手段。

市场是动态的,市场的变化必然要求企业对营销策略作出相应的调整。随着现代市场消费结构的不断变化,消费者的需求呈现多样性的发展,势必引起商品流通中各个环节的不断变化。与此相适应,企业的通路结构也在发生变化。从消费者方面看,消费者在购买商品、购买批量等候的时间、出行的距离以及对售后服务的要求等方面都发生了很大的变化。从渠道本身而言,它的目标就是要满足消费者的服务需求,服务需求发生了变化,渠道肯定也要进行变革。如今很多企业通过渠道创新已获得了新的竞争优势。为了适应市场需求的变化,整个渠道系统或部分销售渠道系统必须随时做出改进。体现渠道竞争力的主要指标有渠道占有率、渠道销售收入增长率和产品销售额市场占有率。

其一,渠道占有率。渠道占有率是指公司直销部、分销商销售点的总和在市场所有渠道中所占的比率。在企业有相应资金做支撑的情况下,渠道占有率越高,说明企业能够向市场销售的产品越多,指标越高越好。其计算公式为:

$$渠道占有率 = (公司销售点数量 / 市场销售点数量) \times 100\%$$

其二,渠道销售收入增长率。经营者的销售收入主要来自直销部、分销商。直销部与分销商因为销售方式不同,其销售收入增长率要分别计算。渠道销售收入增长率越高,说明渠道的销售收入越可观,指标越高越好。这项指标也能够使经营者对渠道的销售经营能力进行准确判断,如果发现该项指标越来越低,就应当对销售渠道及时做出调整。其计算公式为:

$$渠道销售收入增长率 = (当年销售收入 / 上年销售收入) \times 100\% - 1$$

其三,产品销售额市场占有率。产品销售额市场占有率是指企业的产品销售额相对于市场所有同类产品竞争者的销售额总和所占的百分比。这一指标可以说明企业分销渠道是否比竞争对手更有效率。销售额占有率越高,说明其产品在同一市场的销售额占有率越高,表明企业该类产品在该市场所有竞争者中占据领袖地位。其计算公式为:

$$产品销售额市场占有率 = (产品销售额 / 市场产品销售总额) \times 100\%$$

4.12.4 促销

促销是指企业利用各种有效的方法和手段,使消费者了解和关注企业的产品、激发消费者的购买欲望,并促使其最终做出购买行为。

在产品正式进入市场以前,企业必须及时向中间商和消费者传递有关的产品销售情报。通过信息的传递,使社会各方了解产品销售情况,引起他们对企业及其产品的关注和好感,建立起企业的良好声誉,从而为企业产品销售的成功创造前提条件。针对消费者的心理动机,通过灵活有效的促销活动,诱导或激发消费者某一方面的需求,才能扩大产品的销售量。并且,通过企业的促销活动促进消费需求,发现新的销售市场,从而使市场需求朝着有利于企业销售的方向发展。

企业通过促销活动,宣传本企业的产品较竞争对手产品的不同特点,以及为消费者带来的特殊利益,使消费者充分了解本企业产品的特色,引起他们的关注和消费欲望,进而扩大产品的销售,提高企业的市场竞争能力。通过有效的促销活动,使更多的消费者或用户了解、熟悉和信任本企业的产品,并通过消费者对促销活动的反馈,及时调整促销决策,使企业生产经营的产品适销对路,扩大企业的市场份额,巩固企业的市场地位,从而提高企业营销的经济效益。我们能从平均促销成本中看出企业市场单位产品的平均促销成本、促销回报率,进而可以看到企业促销之后所得到的经济效益。其计算公式分别为:

$$平均促销成本 = 本年促销成本/直销部订单量(订单交货量)$$
$$促销回报率 = 直销部销售收入/促销成本$$

需要说明的是,促销成本包括直销员的工资、业绩奖励和促销方案成本。

4.12.5 产品服务

所谓产品服务,是指为支持实物产品的销售而向消费者提供的附加服务。

如果用产品整体概念来解释,产品服务就是指整体产品中的附加产品、延伸产品部分,也称产品支持服务。其目的是保证消费者所购产品效用的充分发挥。随着科学技术的进步,产品技术越来越复杂,消费者对企业的依赖性越来越强。他们购买产品时,不仅购买产品本身,而且希望在购买产品后得到可靠而周到的服务。企业的质量保证、服务承诺、服务态度和服务效率已成为消费者判定产品质量、决定购买与否的一个重要条件。对于生产各种设备和耐用消费品的企业,做好产品服务工作显得尤为重要。产品服务工作可以提高企业的竞争能力,争取消费者重复购买的机会。市场营销中的产品服务包括合同履约率和单位产品服务费。

合同履约率也称合同完成百分比,是指实际交货额与合同订货额之比,它是用来反映合同履约情况的重要指标。在市场营销沙盘模拟中的合同履约情况主要体现在直销部的订单交货情况以及经销商的订货交货情况。合同履约

率的计算公式为:

合同履约率 = [(直销部交货数量 + 经销商交货数量)/产品订单总数量] × 100%

单位产品服务费是指售后对产品的服务成本,即企业在产品销售后为消费者提供的一定的服务而产生的费用。产品售后服务成本是企业对产品负责的一项成本,也是对消费者负责的一项成本,对产品扩大销路,增强竞争力,从某种意义上说有一定的促进作用,其计算公式为:

单位产品服务费 = 服务成本/产品销售数量

需要说明的是,产品服务成本包括客服人员的基本工资和业绩奖励。

5 市场营销沙盘模拟系统

5.1 系统概述

5.1.1 简介

市场营销沙盘模拟系统分为教师、学生、管理员三种角色子系统,采用 ASP.NET(C#)技术开发和分层结构开发的模式。系统后台数据设置灵活,教师可以根据需要设置各种模拟实验参数,以改变不同环境中的模拟要求。该系统的操作首先从教师设定市场环境入手,学生根据教师所设定的市场环境,从中选择出自己认为合适的市场,建设营销团队和销售渠道,设计促销方案,开展产品竞标等一系列的营销活动,最后由教师根据总评价系统得出学生的排名。本系统主要由环境分析、市场产品及资格认证、人员招聘及辞退、促销与竞标、产品生产与销售等功能模块组成。

5.1.2 设计思路

《市场营销沙盘模拟系统 V2.1》设计的基本思路是采用仿真模拟的方式让学生了解市场营销的相关知识。其核心追求不再是仅仅把教师掌握的现有知识技能传授给学生,而是让学生自己动手,主动进行市场环境的分析并进行相应策略的制订,以达到对市场营销知识比较全面的了解和运用。

鉴于市场营销的市场需求性分析,决定了高校必须加强对学生市场营销技能的培养,使之具备专业能力和实践能力。教师可以在本系统中预先设定各种不同的市场营销环境和各种参数,在市场营销教学中,让学生根据系统所提供的环境制定营销战略,在各公司总资金相同的情况下选择市场,对市场营销进行量化的经营与管理,以公司利润最大化为最终目标。最后,教师根据总评价判断学生最终的排名。本系统创造了能使学生充分发挥潜在能动性的模拟环境,调动了学生学习的积极性,有效地解决了传统教学中理论与实践脱节的问题。

本系统提供了当前典型的市场环境类型,让学生自主地进行产品生产、促销方案策略的制订与执行。量化数据、充满竞争性和互动性、后台控制灵活以及寓教于乐是本系统的最大特色。

5.1.3 系统安装要求

服务器端要求:Windows 2003 Server 及以上版本。

软件采用:SQL – Server 2000 及以上版本,IIS6.0。

客户端要求:Windows 各种操作系统,Internet Explorer 8.0 以上版本。

5.1.4 软件安装

(1)双击市场营销沙盘模拟系统文件安装包的"SETUP.EXE",进入安装程序,如图 5 – 1 所示,单击"下一步"。

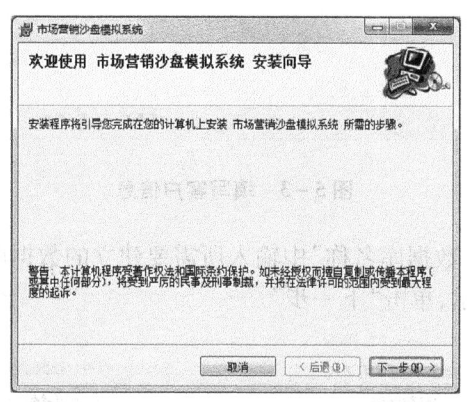

图 5 – 1 进入市场营销沙盘模拟系统安装向导

(2)如图 5 – 2 所示,阅读软件安装许可协议,选择"同意",单击"下一步"。

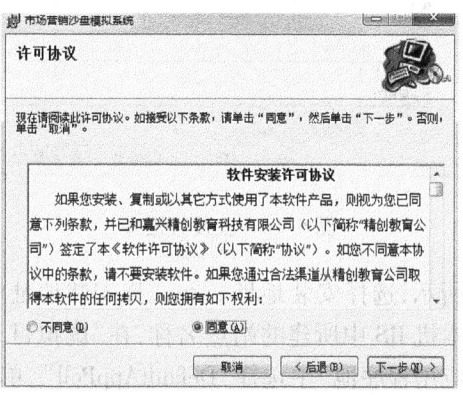

图 5 – 2 同意市场营销沙盘模拟系统安装许可协议

(3)如图 5 – 3 所示,在"客户信息"中输入相应的"姓名"和"单位",单击"下一步"。

(4)如图 5 – 4 所示,安装数据库。在服务器中输入本机相应的"服务器"名称,默认为"localhost",在"账号"和"密码"中输入相应服务器的账号和密码,账

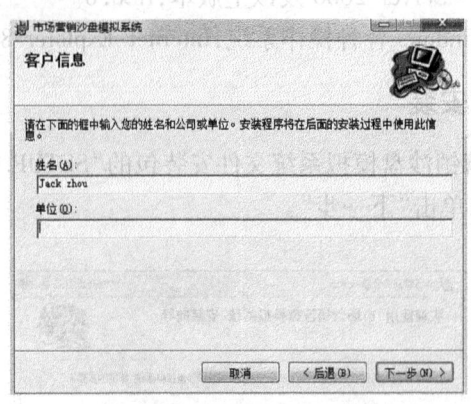

图 5-3　填写客户信息

号默认为"sa"。在"数据库名称"中输入所需要建立的数据库名称,所有输入完成后,如图 5-5 所示,单击"下一步"。

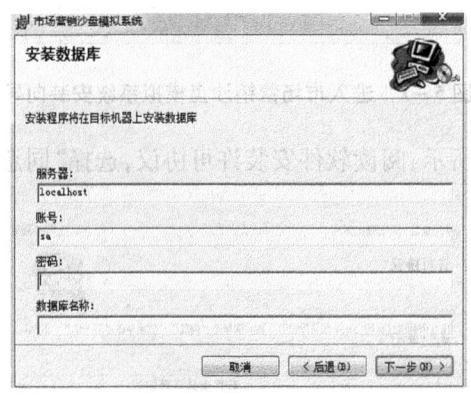

图 5-4　安装数据库

(5)如图 5-6 所示,选择安装地址。在选择安装地址前,应保证本机上已安装 IIS,在"站点"本机 IIS 中所建的站点名称,在"虚拟目录"中输入所需要建立的目标名称,在"应用程序池"中选择"DefaultAppPoll",单击"下一步"。

(6)如图 5-7 所示,完成以上各项安装配置后,需要确认安装,单击"下一步"。

(7)如图 5-8 所示,正在安装市场营销沙盘模拟系统。等待完成安装后,单击"关闭"。

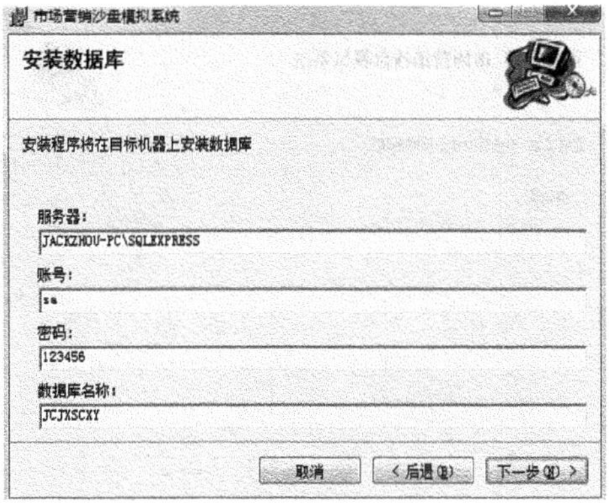

图 5-5　安装数据库信息填写完成

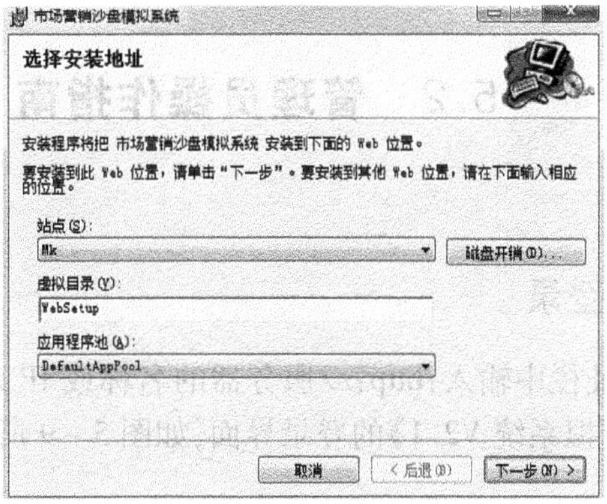

图 5-6　选择安装地址

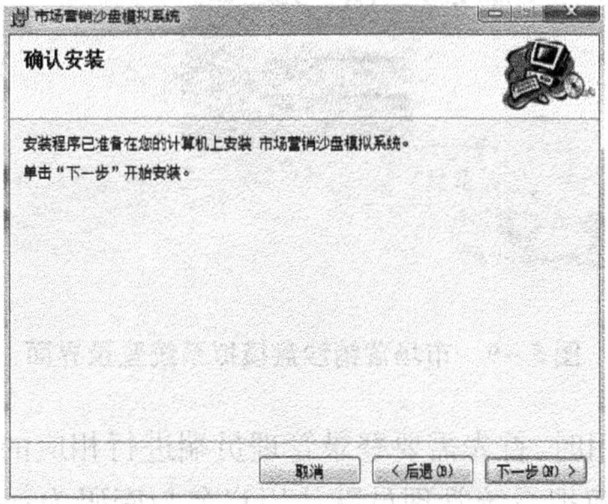

图 5-7　确认安装

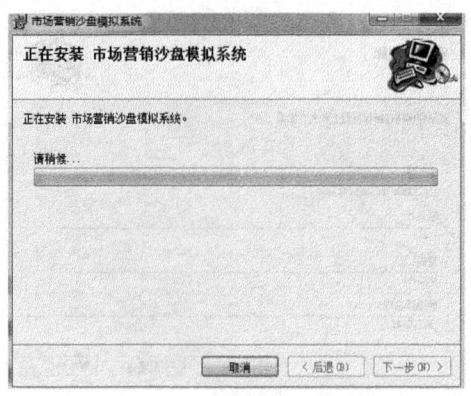

图 5-8 正在安装程序

5.2 管理员操作指南

5.2.1 系统登录

在浏览器的地址栏中输入：http://服务器的名称或 IP 地址，回车就可以进入《市场营销沙盘模拟系统 V2.1》的登录界面，如图 5-9 所示。

图 5-9 市场营销沙盘模拟系统登录界面

在系统初次使用时，首先需要登录管理员端进行相应的操作。

市场营销沙盘模拟系统管理员默认用户名与密码为：admin/admin，在右侧的角色类型中选择"管理员端"，单击"登录"。

5.2.2 管理员操作

登录管理员端后,如图 5-10 所示。

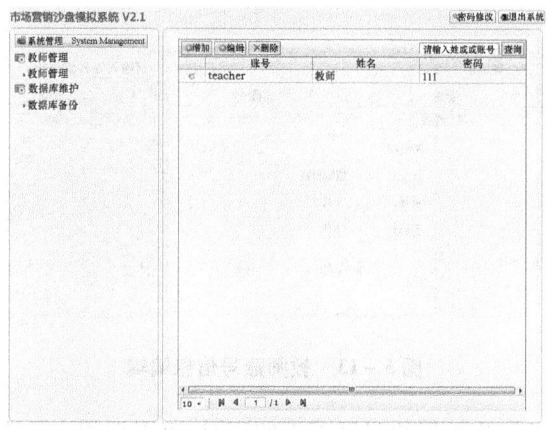

图 5-10　市场营销沙盘模拟系统管理员端

管理员端主要功能模块有"教师管理"与"数据库备份"。

5.2.2.1 教师管理

"教师管理"能够显示当前系统的所有教师账号信息,包括"姓名""账号"和"密码",如图 5-11 所示。

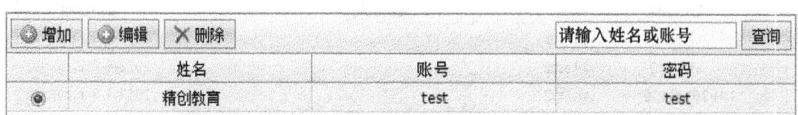

图 5-11　教师账号管理

(1)增加。可以根据教师授课的需要,由管理员增加教师使用账号的信息,单击"增加"后,如图 5-12 所示。添加相应的"姓名""账号"和"密码"后,单击"确定"。

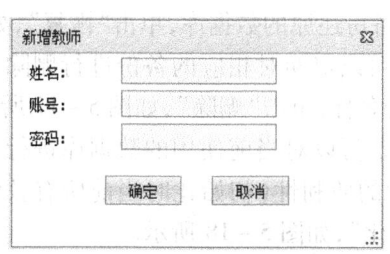

图 5-12　新增教师

(2)编辑。可以根据教师的需要对账号进行相应的信息修改,包括"姓名""账号"和"密码"信息的修改。选择相应的教师账号单击"编辑",如图5-13所示。

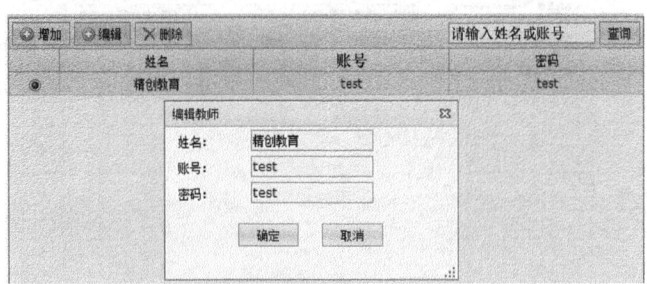

图5-13 教师账号信息编辑

(3)删除。当某些教师的账号不再使用时,可以把相应的账号信息删除。

5.2.2.2 数据库维护

数据库能够显示当前备份的信息,包括"备份名称""备份说明"和"备份日期",如图5-14所示。

图5-14 数据库维护

(1)备份。可以将当前正在运行的数据库系统进行备份。单击"备份",如图5-15所示,可以输入相应的"备份名称"及"说明"。

(2)恢复。可以根据需要恢复相应时间点的数据备份,对相应数据库的项目进行查询,选中相应备份还原的数据库,单击"恢复",如图5-16所示。

(3)删除。管理员可以定期对相应的备份进行删除,以便节省服务器磁盘空间。选中相应的备份名称,单击"删除",如图5-17所示。

(4)初始化。管理员可以对当前使用的数据库进行初始化,其功能主要是为了多个教师重复教学的便利性(初始化时当前所有教师的项目必须处于"完成"状态)。单击"初始化",如图5-18所示。

5　市场营销沙盘模拟系统

图 5-15　数据库备份

图 5-16　数据库恢复

图 5-17　数据库备份删除

图 5-18　数据库初始化

5.3 教师操作指南

5.3.1 系统登录

在浏览器的地址栏中输入：http://服务器的名称或 IP 地址，回车就可以进入《市场营销沙盘模拟系统 V2.1》的登录界面，如图 5-19 所示。

图 5-19 市场营销沙盘模拟系统登录界面

在系统初次使用时，首先需要登录教师账号进行后台操作。

市场营销沙盘模拟系统教师的默认用户名与密码为：teacher/teacher。在右侧角色类型中选择"教师端"，单击"登录"，如图 5-20 所示。

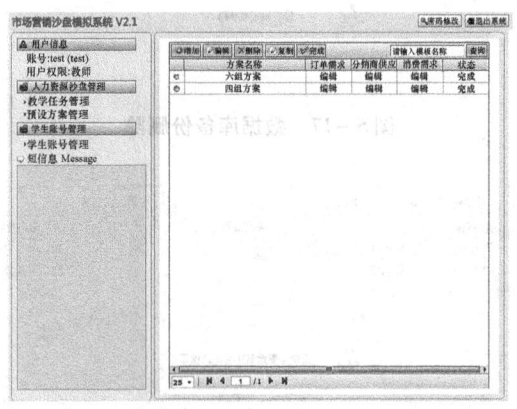

图 5-20 市场营销沙盘模拟系统中的教师主界面

5.3.2 教师操作

教师系统管理功能模块主要由学生管理、预设方案管理和教学任务管理三个部分组成。教师在建立教学任务时的操作流程如图 5－21 所示。

学生管理
预设方案管理
订单需求
分销商供应
消费需求
教学任务管理

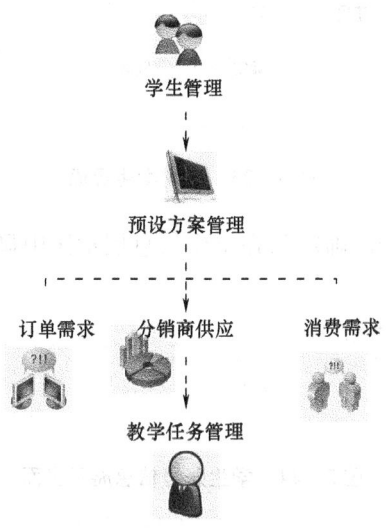

图 5－21 教师操作流程

5.3.2.1 学生账号管理

学生管理主要用于对学生账号信息的管理，包括账号名称、学生姓名及相应的密码。教师可以在此界面中进行相应的增加、编辑、删除的操作。单击“学生账号管理”，如图 5－22 所示。

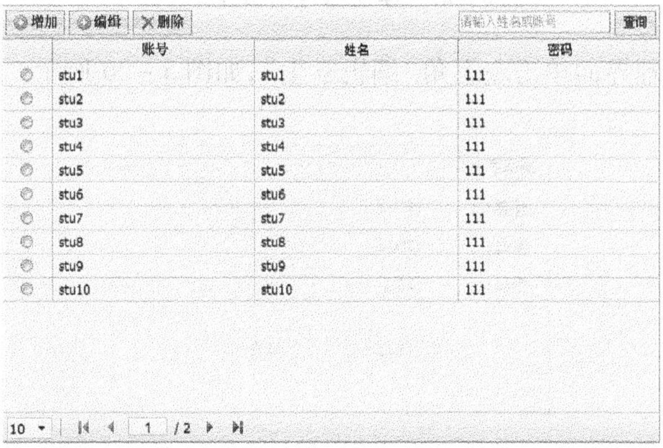

增加
编辑
删除
查询
账号
姓名
密码
stu1
stu1
111
stu2
stu2
111
stu3
stu3
111
stu4
stu4
111
stu5
stu5
111
stu6
stu6
111
stu7
stu7
111
stu8
stu8
111
stu9
stu9
111
stu10
stu10
111

图 5－22 学生账号管理界面

(1)增加学生账号。在学生管理界面单击"增加",如图 5-23 所示。

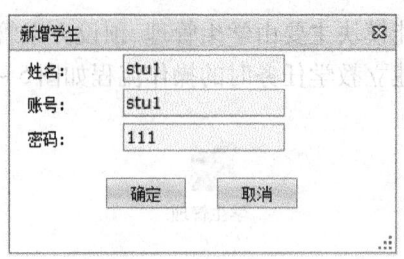

图 5-23　新增学生界面

输入完成之后,单击"确定",在学生信息展示区中显示,如图 5-24 所示。

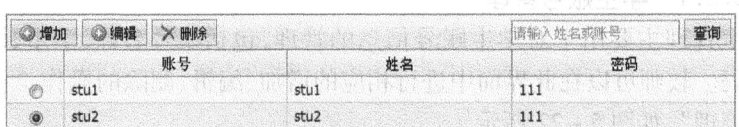

图 5-24　学生账号信息展示界面

(2)编辑学生账号。在学生信息展示区选择要编辑的学生账号,不能同时选择多个学生账号,如图 5-25 所示。

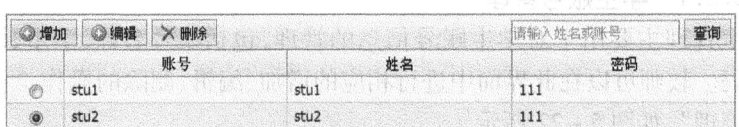

图 5-25　学生账号编辑选择界面

在学生管理界面单击左上角"编辑学生",如图 5-26 所示。

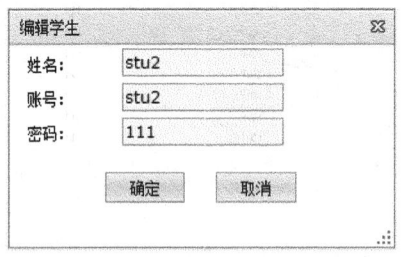

图 5-26　编辑学生界面

可以在编辑学生信息界面中修改学生姓名、账号及密码,如将学生"姓名"改为"张三",如图 5-27 所示。

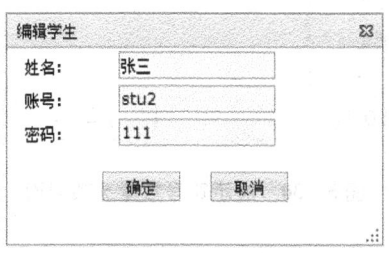

图 5-27　编辑学生信息界面

编辑完成后单击"确定",在学生信息展示区中显示,如图 5-28 所示。

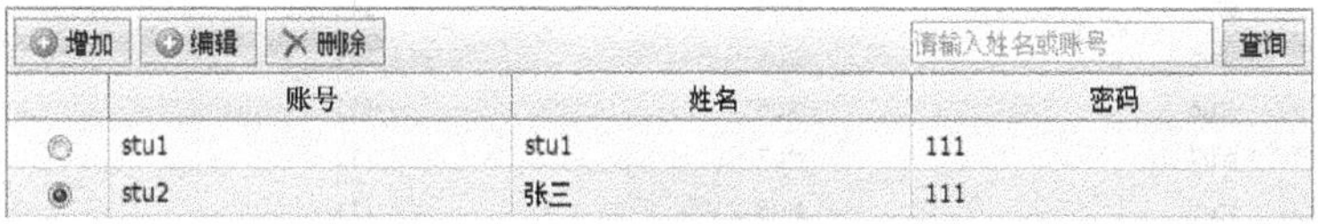

账号	姓名	密码
stu1	stu1	111
stu2	张三	111

图 5-28　学生信息修改展示界面

(3)删除学生账号。如有需要删除的学生账号,在学生信息展示区中选择相应的账号,单击"删除",系统将会提示相应的信息,需要教师再次确认,以免发生误删,如图 5-29 所示。

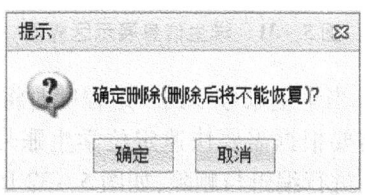

图 5-29　学生账号删除提示界面

如果确认需要删除该学生账号,单击"确定"后,该学生账号就会被删除,如果单击"取消",将会取消此次的删除操作。

(4)查看学生账号。在学生账号管理的右下角可以根据教师查看需要,选择 1 页展示区展示多名学生账号,如图 5-30 所示。

如果选择"20"之后,学生展示区就会在第 1 页显示前 20 名学生的账号信息,如图 5-31 所示。因为当前系统只有 12 名学生的账号,所以只显示 12 名学生账号的信息。

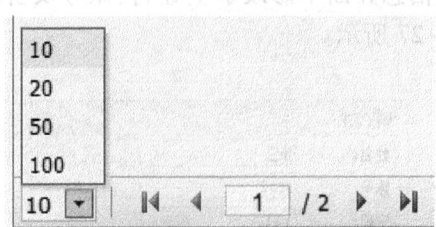

10
20
50
100
10
1
/2

图 5－30　展示账号数量选项界面

增加
编辑
删除
请输入姓名或账号
查询
账号
姓名
密码
stu1 stu1 111
stu2 stu2 111
stu3 stu3 111
stu4 stu4 111
stu5 stu5 111
stu6 stu6 111
stu7 stu7 111
stu8 stu8 111
stu9 stu9 111
stu10 stu10 111
stu11 stu11 111
stu12 stu13 111
20
1
/1

图 5－31　学生信息展示区界面

(5)查询学生账号。当学生账号多到一定程度时将为教师管理账号带来一定的麻烦,这时教师就需要根据需要快速定位学生账号,以最快的速度展示学生的账号信息,以便对其进行编辑与删除,如图 5－32 所示。

stu13
查询

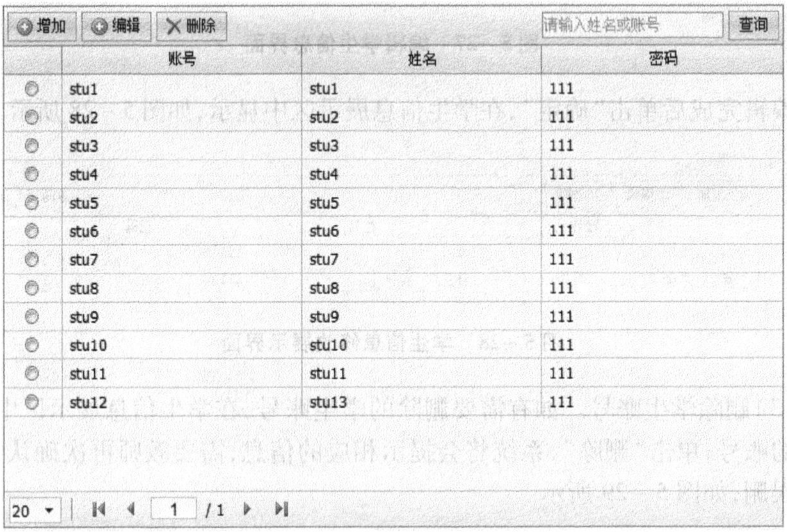

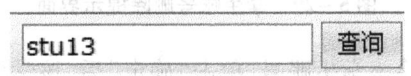

图 5－32　学生信息查询界面

在输入框中输入所需要查询的学生的账号或姓名,例如,查询姓名为“张三”的学生信息,在空白处输入“张三”,单击“查询”,如图 5－33 所示。

这时如果教师需要查询所有学生的账号信息,只需要删除查询输入框中的信息,单击“查询”,即可在学生信息展示区中显示所有学生的账号信息。

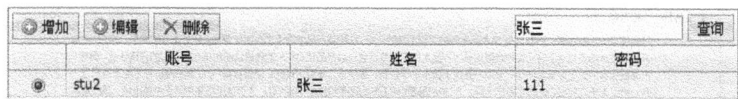

图 5-33　学生信息查询展示界面

5.3.2.2　预设方案管理

教师在授课前需要为学生进行相应的市场环境设置,首先需要定义相应的市场信息模板,单击"预设方案管理",如图 5-34 所示。

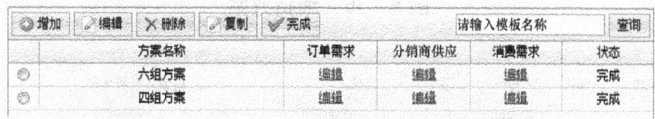

图 5-34　预设方案管理

(1)增加。单击"增加"后,如图 5-35 所示,教师需要输入相应的"模板名称"以及"说明"。其中,"说明"是对将要进行配置的方案的市场环境进行描述,这样的描述能够让学生更好地分析市场环境,进行相应的 6 年策略的制订。

图 5-35　增加方案

(2)编辑。选中一个已有的方案,单击"编辑",如图 5-36 所示。在这里,教师可以对已经建立的方案进行相应的改名以及对说明文档的编辑。

(3)删除。教师可以利用删除功能,删除不需要的方案。

(4)复制。为了方便教师在教学过程中快速建立相应的方案,可以选中相似的方案,单击"复制",如图 5-37 所示,单击"确定"后,如图 5-38 所示,教师可以对新复制的模板进行"编辑",修改相应的方案名称以及说明。

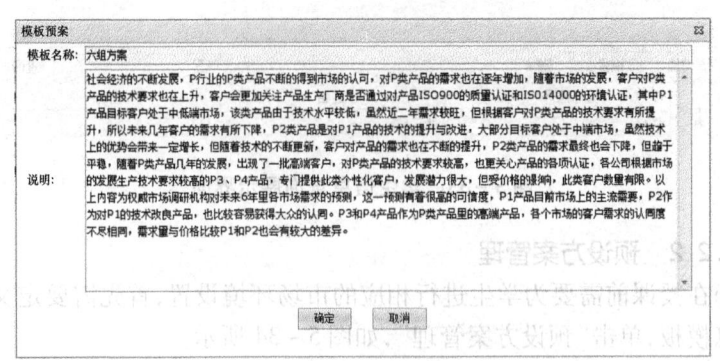

图 5-36　编辑方案

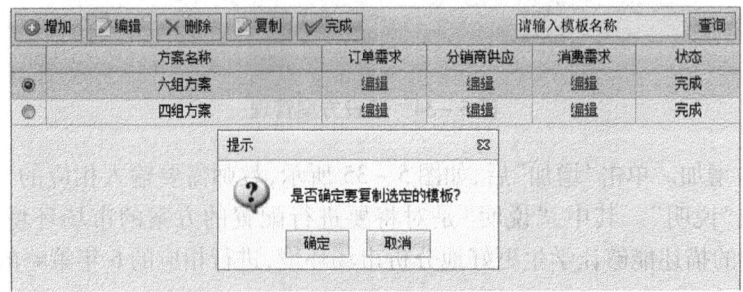

图 5-37　复制功能

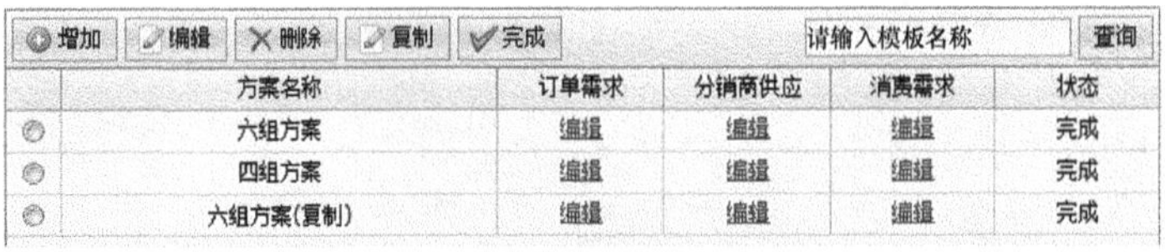

方案名称	订单需求	分销商供应	消费需求	状态
六组方案	编辑	编辑	编辑	完成
四组方案	编辑	编辑	编辑	完成
六组方案(复制)	编辑	编辑	编辑	完成

图 5-38　复制完成后

（5）编辑订单需求。单击"订单需求编辑"，如图 5-39 所示。教师可以选择相应的年度；然后单击"增加"，会出现新的记录；再选择相应的年份、市场、产品、需求量、订单编号以及回款账期。如果在"年份"中选择了第一年，而在下面的"年份"中输入了"2"，这样会使这条记录进入第二年。记录信息填写完成后需要单击"保存"。教师可以删除不需要的记录，单击"删除"即可，删除完成后不需要单击保存。

（6）编辑分销商供应。单击"分销商供应编辑"，如图 5-40 所示。教师可以在此处增加或删除某一年分销商招募时出现的分销商的年份、市场、星级及数量。

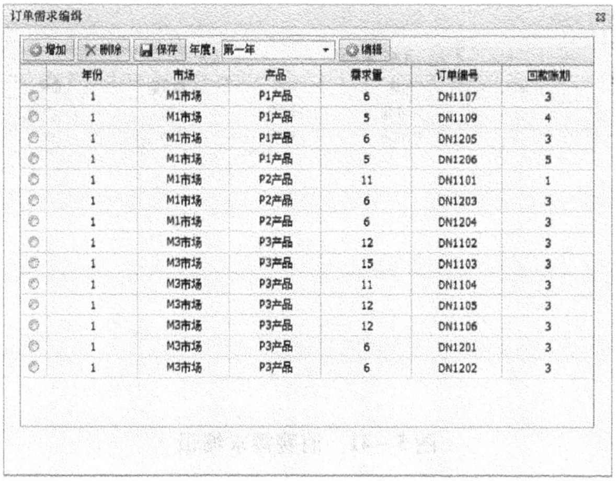

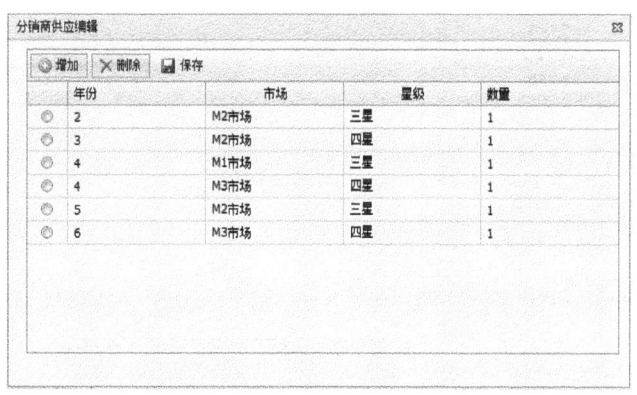

	年份	市场	产品	需求量	订单编号	回款账期
	1	M1市场	P1产品	6	DN1107	3
	1	M1市场	P1产品	5	DN1109	4
	1	M1市场	P1产品	6	DN1205	3
	1	M1市场	P1产品	5	DN1206	5
	1	M1市场	P2产品	11	DN1101	1
	1	M1市场	P2产品	6	DN1203	3
	1	M1市场	P2产品	6	DN1204	3
	1	M3市场	P3产品	12	DN1102	3
	1	M3市场	P3产品	15	DN1103	3
	1	M3市场	P3产品	11	DN1104	3
	1	M3市场	P3产品	12	DN1105	3
	1	M3市场	P3产品	12	DN1106	3
	1	M3市场	P3产品	6	DN1201	3
	1	M3市场	P3产品	6	DN1202	3

图 5－39　订单需求编辑

	年份	市场	星级	数量
	2	M2市场	三星	1
	3	M2市场	四星	1
	4	M1市场	三星	1
	4	M3市场	四星	1
	5	M2市场	三星	1
	6	M3市场	四星	1

图 5－40　分销商供应编辑

（7）编辑消费需求。单击“消费需求编辑”，如图 5－41 所示。教师可以选择相应的年份；然后单击“增加”，会出现新的记录；再选择相应的年份、市场、产品、需求量及价格。如果在“年份”中选择了第一年，而在下面的“年份”中输入了“2”，这样会使这条记录进入第二年。记录信息填写完成后，需要单击“保存”。教师可以删除不需要的记录，单击“删除”即可，删除完成后不需要单击保存。

5.3.2.3　教学任务管理

教学任务管理，其主要功能有项目的增加、删除、完成。单击“教学任务管理”，如图 5－42 所示，在此页面中还可以查看现有模拟系统的任务名称、沙盘类型、项目资金、创建日期、公司组数、状态和详细。教师在“详细”中可以查看各项目各组公司的运营状况及数据分析。

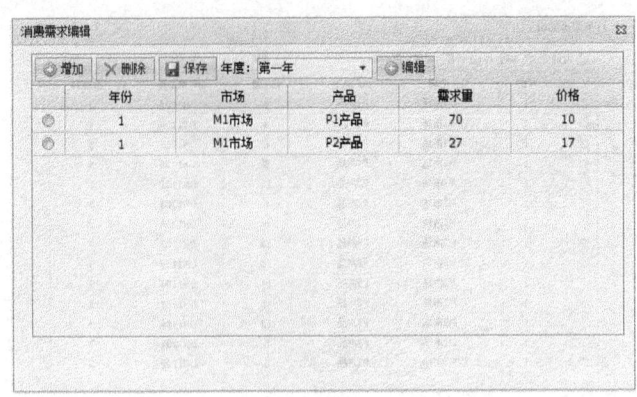

图 5-41　消费需求编辑

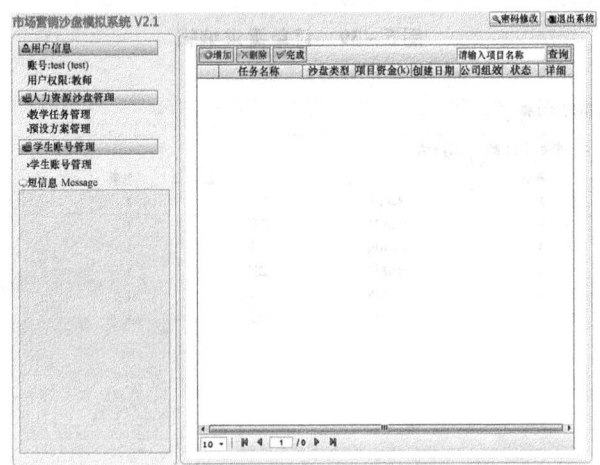

图 5-42　教学任务管理界面

(1)增加。在教学任务管理界面中,单击"增加",如图 5-43 所示。

图 5-43　新增任务

➢ 任务名称:教师可以在任务名称中输入相应的教学任务名称。
➢ 市场方案:教师可以在市场方案中选择相应的预设方案管理。
➢ 所属班级:教师可以输入相应的授课班级名称。
➢ 参赛组数:教师可以输入相应的参赛组数。
➢ 资金总数:教师可以设置相应的初始资金。
➢ 初始营销经费:初始营销经费为默认值,不能修改;初始营销经费从资金总额中扣除。
➢ 交互干预:如果选择"自动",是指分销商招募、直销部竞标、分销商交货、分销商星级这四项等待所有学生进入后自动同步;如果选择"手动",即教师必须进入系统后点"开始",才会进行同步交互,以便于教师进行控制。

设置完毕后,单击"确定",如图 5 – 44 所示。

任务名称	沙盘类型	项目资金(K)	创建日期	公司组数	状态	详细
第二组比赛	市场营销沙盘	300	2013-07-09 1…	2组	正在进行	详细

图 5 – 44 新增任务界面

(2)删除。如果当前任务状态处于"正在进行"状态,则不能删除,选中删除的任务,单击"完成",让任务处于"完成"状态,才能操作删除。

(3)完成。教师在同一时间只能进行一个任务,如果需要增加新的任务,必须完成当前正在进行中的任务。

5.3.2.4 任务详细

教师在教学的过程中可以实时地进行相应任务的查看以及管理。在"教学任务管理"中,在相应任务后,单击"详细",如图 5 – 45 所示。

任务详细中主要包括五项信息。

(1)项目信息。在项目信息中展示项目名称、初始资金、参赛组数和市场方案,如图 5 – 46 所示。

(2)公司信息与公司列表。在"公司列表"中选择相应的公司名称,在"公司信息"中会展示选中公司的名称、总经费、营销经费、运营时间和运营状态,如图 5 – 47 所示。

(3)基础信息。在"公司列表"中选择相应的公司,系统还会在右侧显示相应的基础信息及公司的综合数据查询。

基础信息包括较详细的公司信息、ISO 认证、产品数量、直销部建设情况、各市场的人员招聘情况、直销部相应产品的促销情况以及各市场分销商的建设情况,如图 5 – 48、图 5 – 49 所示。

在综合数据查询中教师可以查看学生各年总经费的使用情况、营销经费使用情况、品牌价值、利润表、总评分、订单记录和分销记录,如图 5 – 50 所示。

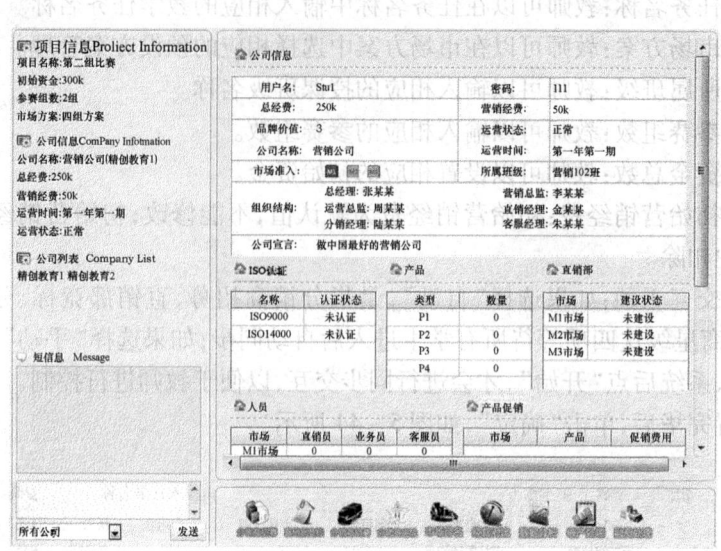

图 5-45 任务详细

图 5-46 项目信息

图 5-47 公司信息与公司列表

5 市场营销沙盘模拟系统

图 5-48 公司信息

图 5-49 其他信息

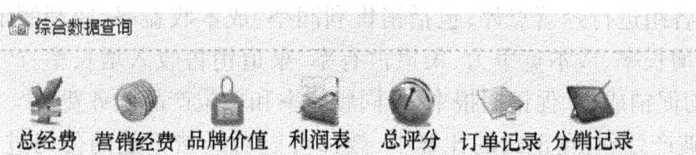

图 5-50 综合数据查询

（4）交互干预。在市场营销沙盘模拟系统中，交互干预的内容包括分销商招募、直销部竞标、分销商销售和分销商星级。例如，直销部竞标如图5-51所示。在教师创建项目时"交互干预"为"自动"，现在两家公司竞标处于"未提交"状态。如果"交互干预"为"自动"，两家公司提交后会自动进入选单操作；如果"交互干预"改为"手动"，两家公司提交后，教师需要单击"开始"，才可进入选单状态。只要某个"交互干预"改为"自动"或"手动"，其他需要交互干预的内容也会变成"自动"或"手动"。

图5-51 直销部竞标交互

（5）其他信息。

➢ 市场排名：教师可以查看各年份各公司的品牌价值、市场占有率、市场规模占有率、促销有效率、净利润和总评分等信息。

➢ 经营对比：教师能够按年份对比各家公司的总经费、营销经费、品牌价值、利润和总评分等信息。

➢ 数据分析：教师能够在各组比赛结束后，利用利润数据分析中的各项分析指标对各组进行经营点评，包括销售利润率、成本收益率、净利润增长率、市场销售额增长率、成本竞争力、渠道占有率、渠道销售收入增长率、产品市场占有率、平均促销成本、促销回报率、合同履约率和单位产品服务费。

➢ 破产处理：在正式的比赛中，教师可以对经费不足的公司进行破产处理，以便其他公司正常运营下去。

➢ 融资处理：在非正式的比赛中，教师可以根据实际情况对经费不足的公司进行融资处理。

5.4 学生操作指南

5.4.1 系统登录

在浏览器的地址栏中输入:http://服务器的名称或 IP 地址,回车就可以进入《市场营销沙盘模拟系统 V2.1》的登录界面,如图 5－52 所示。

图 5－52 市场营销沙盘模拟系统登录界面

市场营销仿真模拟系统学生的默认用户名与密码为:stu1—stuN/111,在左侧角色类型中选择"学生",单击"登录"。

5.4.2 学生界面介绍

5.4.2.1 学生端左侧信息栏内容(如图 5－53 所示)

(1)公司信息主要包括学生当前使用账号的公司名称、品牌价值、运营时间和运营状态。

(2)账务信息主要包括当前公司经费与营销经费;公司经费与营销经费会根据运营的操作而变化。

(3)市场信息主要包括 ISO 认证、市场准入与销售渠道建设情况;ISO 认证、市场准入、销售渠道建设情况会根据运营的操作而变化。

(4)库存信息主要展示各市场各类产品的库存数量,根据产品的生产、运输和调货而变化。

(5)员工信息主要包括企业各市场各类人员的信息;这些信息会根据人员的招聘、辞退操作而变化。

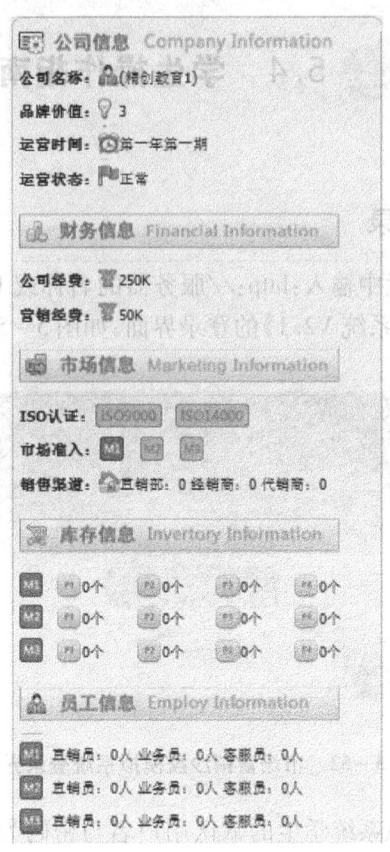

图 5-53　信息展示界面

5.4.2.2　营销活动操作区

营销活动操作区为操作的主要部分,下面将作详细介绍,如图 5-54 所示。

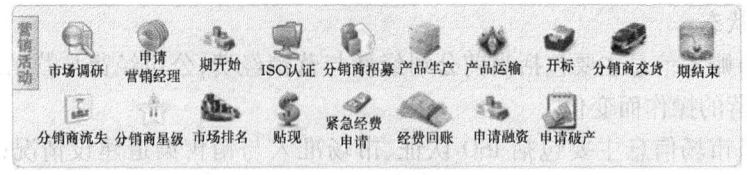

图 5-54　营销流程界面

5.4.2.3　渠道建设区域操作

渠道建设区域,为企业在运营过程中,针对不同的市场(M1、M2、M3 市场)进行渠道的建设,企业所建设的渠道包括直销部、分销商(经销商、代销商)。其中,针对该市场的操作也集成在渠道建设区域,包括相应市场的人员调整、制定工资、人员招聘、紧急招聘、产品调货、售后服务及支付薪酬,如图5-55所示。

图5-55 市场销售渠道建设

5.4.2.4 记录操作区

记录操作区主要用于记录企业在市场营销过程中的数据,以便能够详细地进行查询,如图5-56所示。

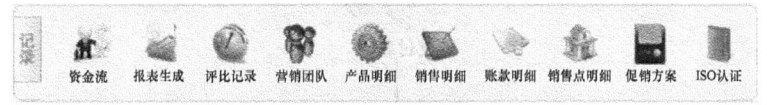

图5-56 记录操作区

5.4.3 学生端操作介绍

学生端模块功能流程主要包括市场调研、ISO体系认证、制定薪酬、人员调整、人员招聘、产品生产、产品运输、产品调货、直销部建设、直销部促销、直销部竞标、分销商建设、分销商订货、分销商交货、产品销售、售后服务和支付薪酬等主要流程,如图5-57所示。市场营销沙盘模拟系统的运营流程详细介绍如下。

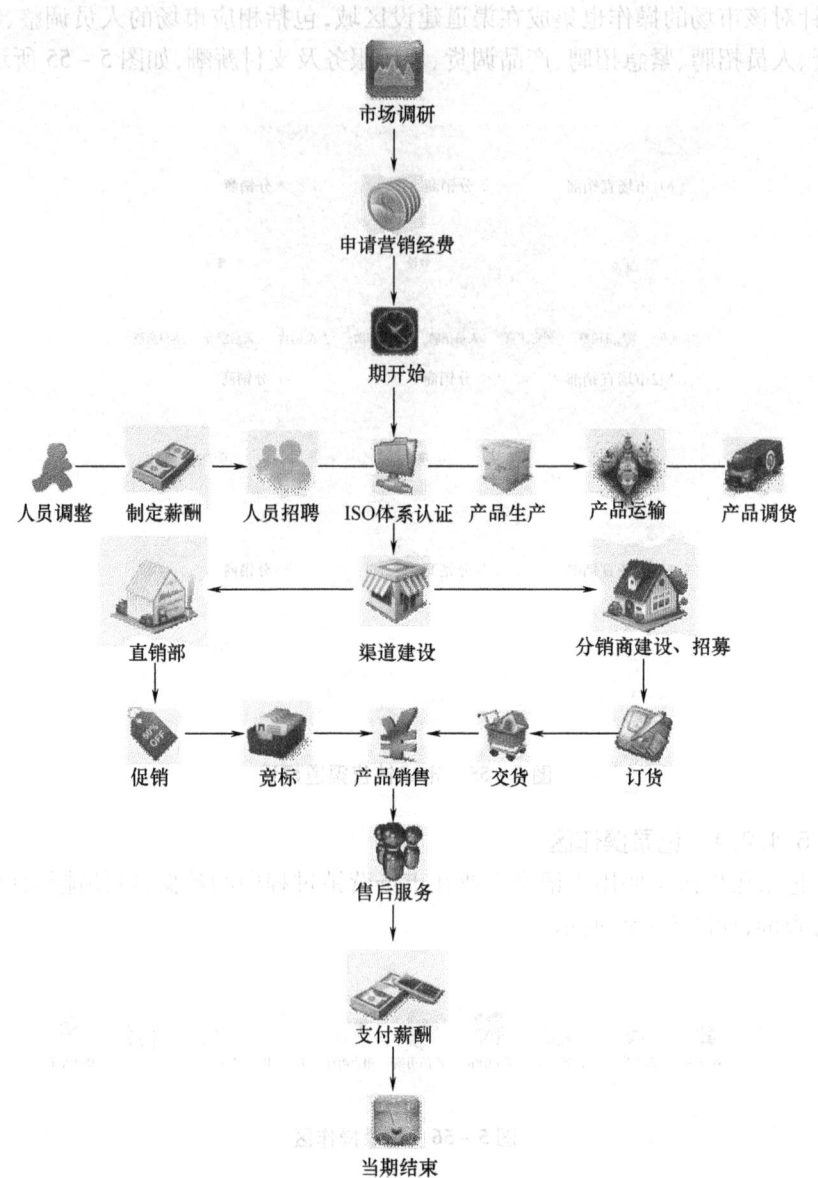

图 5-57 运营流程

5.4.3.1 市场调研

每年年初,各运营公司可以进行市场调研,了解当年的订单与客户需求信息,以便进行战略规划。单击"市场调研",如图 5-58 所示。

当支付相应的调研费用后,市场调研便可完成,可以单击屏幕右上角的"情报信息",如图 5-59 所示。

5 市场营销沙盘模拟系统

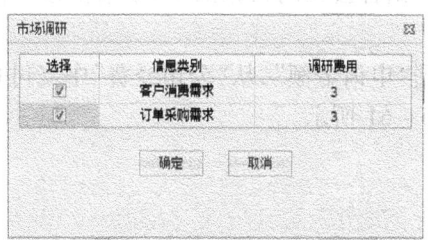

图 5-58　市场调研

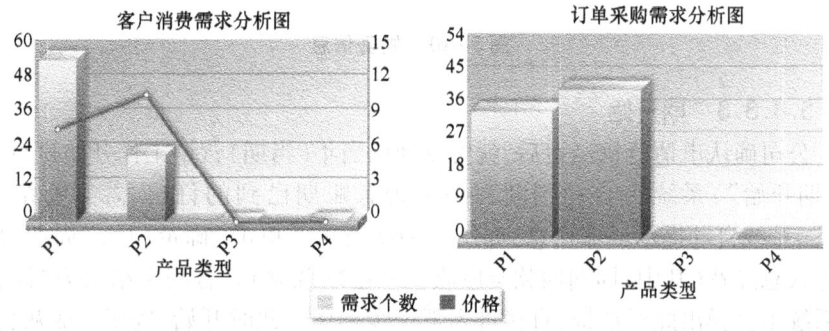

图 5-59　客户消费需求分析与订单采购需求分析

5.4.3.2　申请营销经费

单击"申请营销经费",如图 5-60 所示。

图 5-60　申请营销经费界面

（1）总经费。第一年的总经费为教师所设置的各公司的初始经费,各公司的经费总额相同;第二年至第六年的总经费随着各公司运营状况的变化而变化。

（2）剩余营销经费。第一年各公司默认的初始剩余营销经费为 50K;第二年到第六年的剩余营销经费根据各公司各年运营情况的变化而变化。

(3) 申请金额。根据各公司的营销战略,申请金额不能大于当前总经费的数额。

单击"申请",根据"申请金额",从"公司经费"中支付相应的"申请金额"至"营销经费"中,如图 5–61 所示。

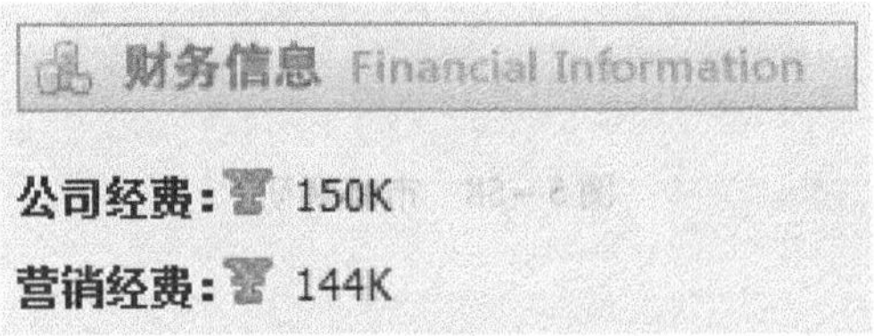

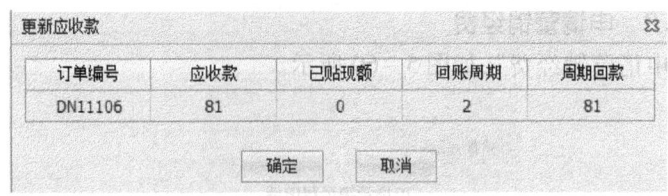

图 5–61　财务信息

5.4.3.3　期开始

公司确认申请营销经费后,就可以确认当年(当期)营销工作开始进行。单击"期开始",系统将自动判断当期是否有账期已到的订单,若判断结果为"有",系统自动提示回账信息,如图 5–62 所示。单击"确定"后,"周期回款"额进入总经费(其中,周期回款 = 应收款 – 已贴现额)。若判断结果为"没有",则系统不会弹出此对话框,直接进入下一步操作。此时开始,按钮变成灰色,表示当前不可用,必须等当期结束后才可以再次恢复可用状态。

订单编号	应收款	已贴现额	回账周期	周期回款
DN11106	81	0	2	81

图 5–62　更新应收款

5.4.3.4　市场操作

在确认运营开始后,可根据战略规划对各市场进行相应的人员调整、制定薪酬、人员招聘、紧急招聘、产品调货、售后服务和支付薪酬,如图 5–63 所示。如果不想看到这些按钮,只需单击"M1 市场",即可隐藏市场操作按钮。

图 5–63　市场操作按钮

(1)人员调整。在运营开始后,各企业可以对市场的各类人员进行相应的调整。人员调整在每年的第一周期都可以进行,单击"人员调整",如图5-64所示。

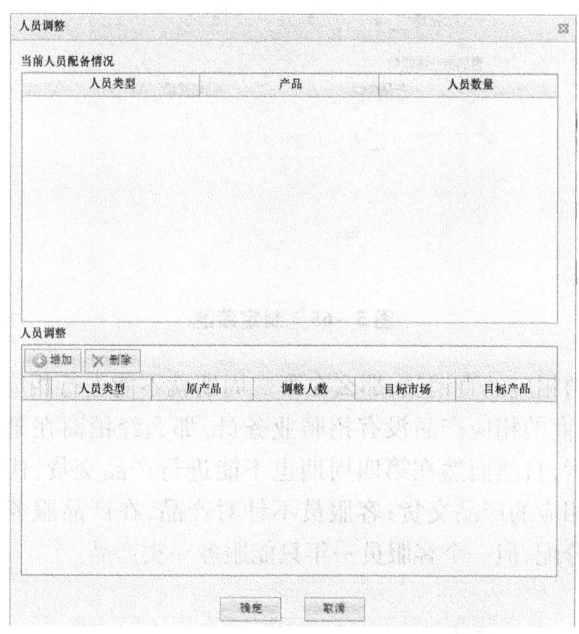

图5-64 人员调整

人员调整界面分为两个区域,即当前人员配置情况与人员调整。

其一,当前人员配置情况。显示当前市场的各类产品配置相应人员的情况。

其二,人员调整。企业可以根据需要单击"增加",进行相应的人员配置,直销员只能调整到其他市场继续做直销员的工作,业务员和客服员也是如此。

(2)制定薪酬。在每年初人员招聘前,企业必须对各类员工制定相应的薪酬,单击"制定薪酬",如图5-65所示。在这里,企业可以制定直销员、业务员和客服员的基本工资以及直销员的业绩奖励。业务员的业绩奖励根据分销商的销售情况确定;客服员的业绩奖励根据服务产品的数量确定。

(3)人员招聘(紧急招聘)。各市场的薪酬制定之后,就可以进行第一期人员招聘。每年正常的人员招聘每个市场只有一次机会,如果招聘策略失误,那么就可能要使用紧急招聘,紧急招聘的成本远远高于正常招聘。单击"人员招聘",如图5-66所示。其中,直销员和业务员根据产品进行相应的招聘,如果

图 5-65 制定薪酬

直销部没有招聘相应的直销员,那么在第二周期就不能进行相应的产品促销与竞标;如果分销商的相应产品没有招聘业务员,那么经销商在第一周期就不能进行产品的订货,自然而然在第四周期也不能进行产品交货,代销商在第四周期也不能进行相应的产品交货;客服员不针对产品,在产品服务时可以根据产品进行相应的分配,但一个客服员一年只能服务一类产品。

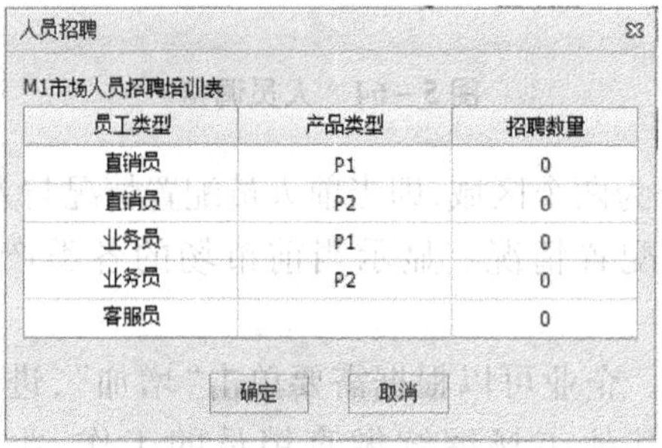

图 5-66 人员招聘

(4)产品调整。当各市场订单交付或分销商交付时,若发现该市场产品不足以满足相应的需求时,可以从其他市场进行产品调货。从调出的市场进行相应的操作,单击"产品调整",如图 5-67 所示。单击"增加",会添加相应的调货记录,选择相应的"产品"和"目标市场",输入相应的"调整个数",单击"确定",支付相应的调货成本即可。

(5)售后服务。第二周期与第四周期产品销售后,当期必须对销售的产品进行相应的售后服务,单击"售后服务",如图 5-68 所示,会根据相应的市场展示当期的产品销售情况,在"产品售后服务分配表"中单击"添加",会产生一条

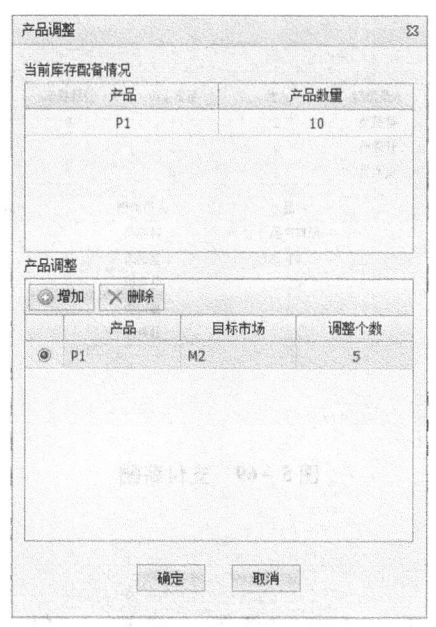

图 5-67　产品调整

新的服务记录,需要选择相应的"市场编号"和"产品编号",并分配"维护数量",单击"支付",支付相应的服务费用。

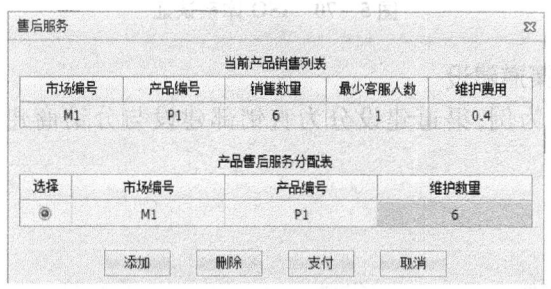

图 5-68　售后服务

(6)支付薪酬(人员辞退)。在每年年末企业需要支付所有员工的薪酬(基本工资与业绩奖励),在支付薪酬的同时也可以对企业的人员进行相应的辞退,如图 5-69 所示。

5.4.3.5　ISO 体系认证

在营销活动中,单击"ISO 体系认证",如图 5-70 所示。ISO 体系认证是进入高端市场建设的必要条件。ISO 体系认证包括 ISO9000 与 ISO14000,这两类认证所需要的认证周期不同。

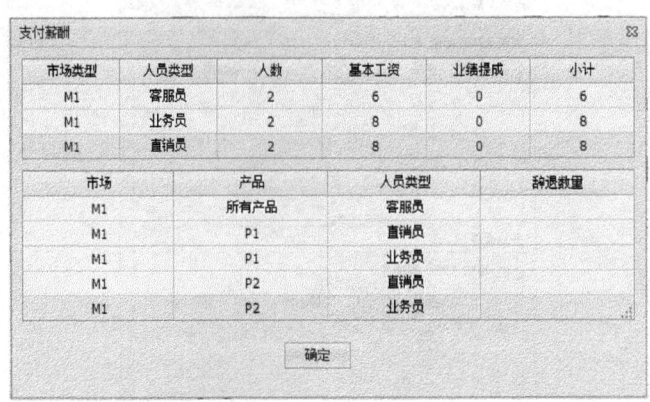

图 5-69　支付薪酬

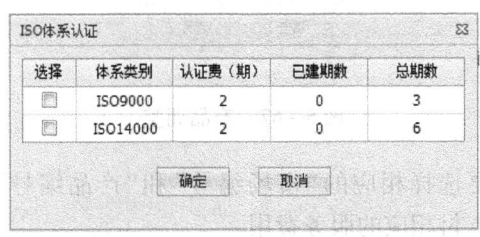

图 5-70　ISO 体系认证

5.4.3.6　渠道建设

以 M1 市场为例,渠道建设分为直销部建设与分销商建设,如图 5-71 所示。

图 5-71　M1 市场渠道

(1)直销部建设。在 M1 市场的直销部中,单击"建设",如图 5-72 所示,提示相应的建设周期与建设费(期)。

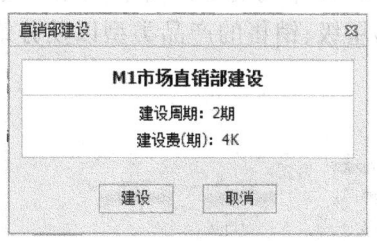

图5-72 直销部建设费用支出

单击"建设"后,如图5-73所示。进度条会提示用户当前直销部的建设进度,进行过一次建设,进度条提示"50%",说明需要二期才能建设完成。此时的"建设"按钮已变成灰色,当期不能再进行相应的操作,需要等到下一周期。

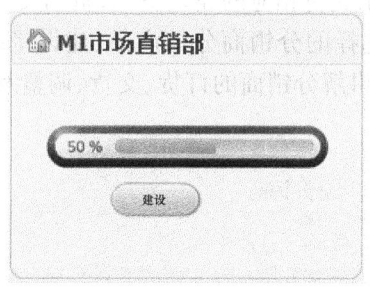

图5-73 直销部建设状态

进入下一周期后,"建设"按钮会再次亮起,单击"建设"并确认支付建设费用后,如图5-74所示,表示M1市场的直销部已经建设完成,将鼠标移动到相应的产品上会显示相应产品所配置的直销员的数量,以便企业在运作过程中实时了解公司人员的情况。

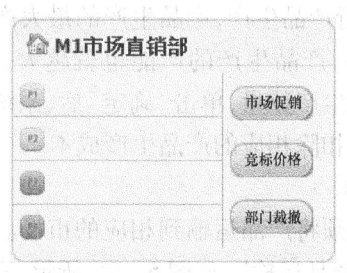

图5-74 建设完成的直销部

(2)分销商建设。在 M1 市场的分销商中,单击"建设",如图 5-75 所示,企业需要确定分销商的星级、销售的产品类型以及分销商类型(经销商、代销商)。

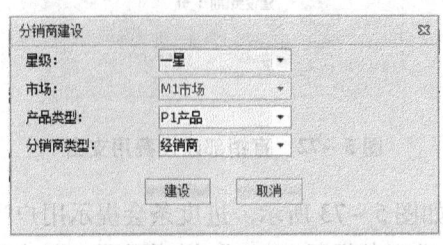

图 5-75　分销商建设

单击"建设"后,提示支付相应的建设费用,费用支付完成后,如图 5-76 所示,会展示出建设时所选择的分销商分销产品、建设星级、业务员数量、分销编号及分销类型。其后将讲解分销商的订货、交货、调整及解除。

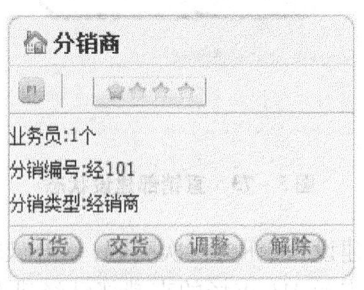

图 5-76　分销商状态

5.4.3.7　产品生产

企业在每期可以进行产品生产,产品生产的最大产能与企业当前所建成的渠道数量有关,渠道越多,产品生产的产能也就越大。单击"产品生产",如图 5-77所示。输入相应的生产数量,单击"确定"后,系统会根据生产数量自动判断相应的生产规模效应,扣除相应的产品生产成本。

5.4.3.8　产品运输

产品生产完成后,必须将产品运输到相应的市场。不同的产品所要求的运输方式有所不同,单击"产品运输",如图 5-78 所示,系统会展示当前产品的运输列表,然后,用户根据战略规划进行相应的产品运输分配,在运输分配中需要选择相应的市场编号、产品编号及运输数量。

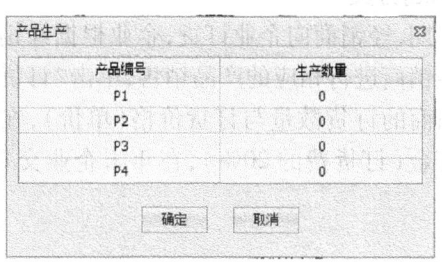

图 5-77 产品生产

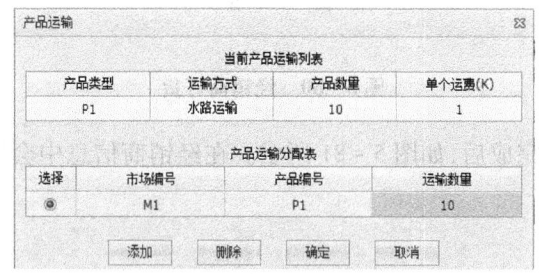

图 5-78 产品运输

5.4.3.9 分销商招募

从第二年开始，企业每年年初可以进行相应的分销商招募，根据企业的品牌价值进行相应的招募判断，如果可以招募，就可以选择相应的分销商进行合作模式及销售产品类型的定位，如图 5-79 所示。

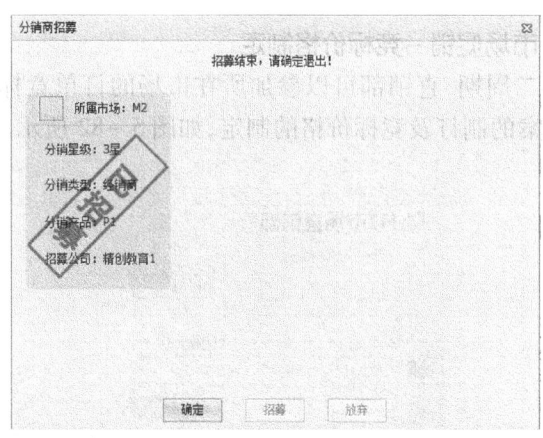

图 5-79 分销商招募

5.4.3.10 经销商订货

在每年的第一周期,经销商向企业订货,企业根据经销商订货的数量,在第四周期将产品交付经销商进行相应的产品销售,单击"订货",如图 5–80 所示。在这里可以确定经销商的订货数量与订货价格(单价),在经销商订货完成后,企业可以收入一笔订金(订货费的 20%),在年末企业交货时可以将剩余的订货费收回。

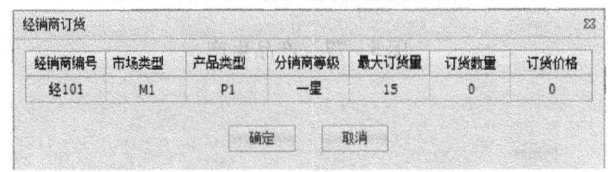

图 5–80 经销商订货

经销商订货完成后,如图 5–81 所示。在经销商信息中会展示相关的订货情况。

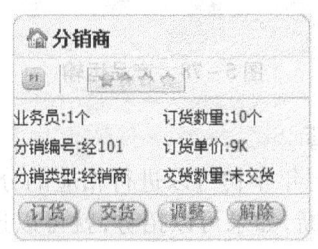

图 5–81 经销商订货情况

5.4.3.11 市场促销–竞标价格制定

在每年的第二周期,直销部可以参加所在市场的订单竞标,在订单竞标前必须进行促销方案的制订及竞标价格的制定,如图 5–82 所示。

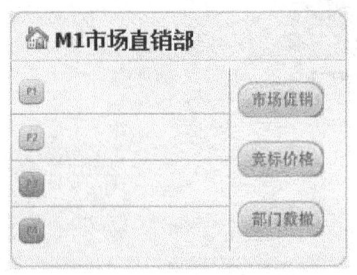

图 5–82 M1 市场直销部

单击"市场促销"。如图 5-83 所示,在相应的促销方案前的黄色星号表示为最佳促销组合,企业可以根据自身的情况进行相应的促销方案的制定。制定相应产品的促销方案必须配置相应的直销员才可以进行。

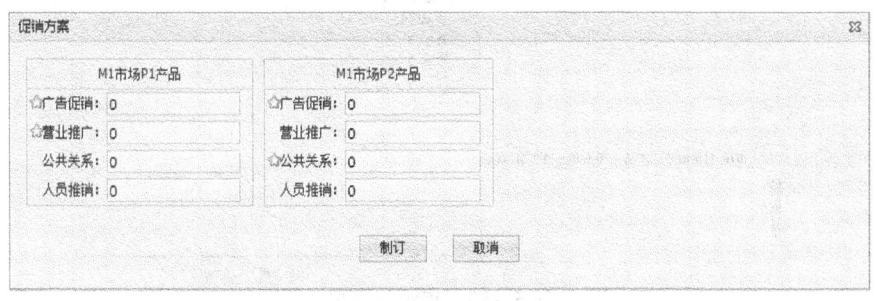

图 5-83 促销方案

促销方案制定完成后,单击"竞标价格",如图 5-84 所示,这里所展示的产品必须是企业进行过相应促销的产品,如果该类产品没有进行过促销则没有资格进行相应的竞标报价。

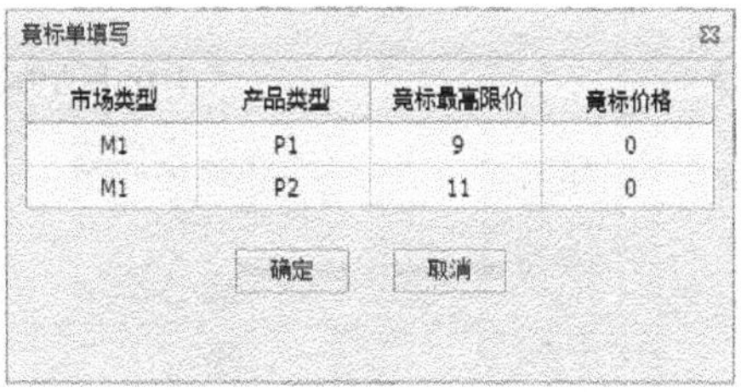

图 5-84 竞标单填写

5.4.3.12 选单

企业确认各市场促销方案及竞标价格后,单击"确定",系统将等待所有公司确认后自动同步,以教师先前设置的预设方案数据为基础,进行选单。

如图 5-85 所示,"精创教育 1"正在 M1 市场进行选单,在明细中会显示各公司的市场竞标额及选单倒计时(30 秒),当前状态分为"选单"和"等待",单击所需要选择的订单,左上方就会显示红色打钩状态,表示选中;然后,单击"选单"即可。如果竞单成功,则会在已获取的订单中显示获取订单的详细信息,等待所有公司选单完成。

5.4.3.13 直销部交货与分销商交货

(1)直销部交货。当各市场各产品竞单完成后,各企业就要进行订单的交货,如图 5-86 所示。订单号为"DN1107",订单的背景颜色为灰色,表示这张

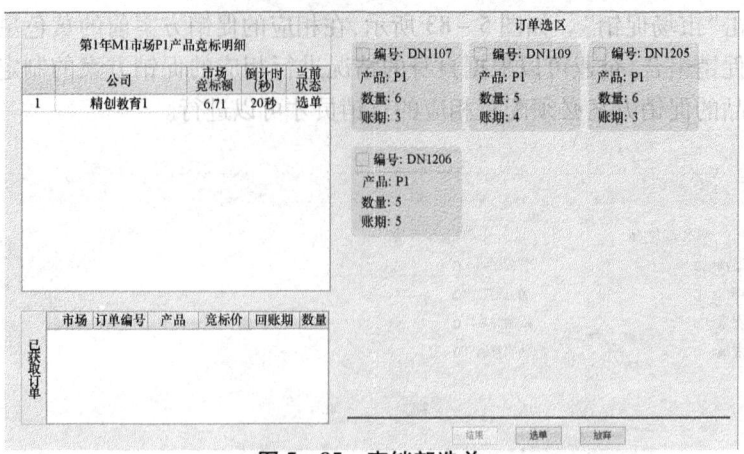

图5-85 直销部选单

订单还未交货;单击"订单",如图5-88所示,会展示本市场该订单所对应的产品的剩余数量以及相应订单的详细信息,用户只需在"实际交货数量"中输入相应的产品交货数量;如图5-87所示,订单交货完成并满足订单需求,订单的背景颜色变成蓝色,如果此订单处于违约状态,那么订单的背景颜色就会变成红色。

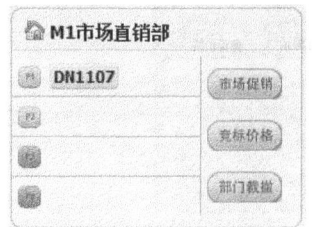   

图5-86 未交单   图5-87 已交单

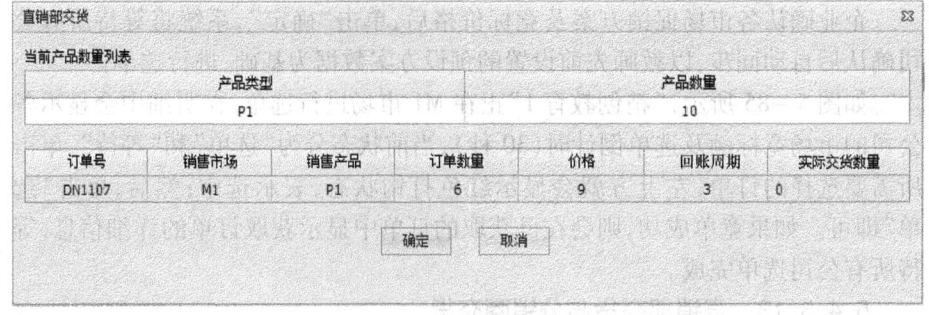

图5-88 订单交货

(2)分销商交货。在每年第四周期,分销商需要交货。分销商交货分为经销商交货与代销商交货。经销商是年初向企业订货的渠道商,其合作模式的特点是根据订货价格自负盈亏。如果经销商产生亏损,那么在年末时就会流失或降星,企业还需要补偿相应的销售损失;实行代销商合作模式,企业在年末时只需要交付相应的产品对代销商进行销售,销售完成后企业要将20%销售收入让利给代销商,如图5-89所示,表示当前该经销商可以交货,单击"交货";如图5-90所示,展示该分销商所在市场相应产品的剩余数量以及相应分销商的详细信息,在"实际交货数量"中输入相应的产品交货数量;交货完成后,如图5-91所示,"交货数量"就变成相应的实际交货数量,"交货"变成不可用。

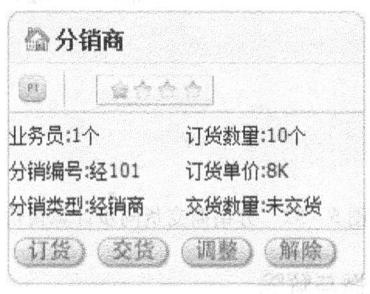

图 5-89　未交货

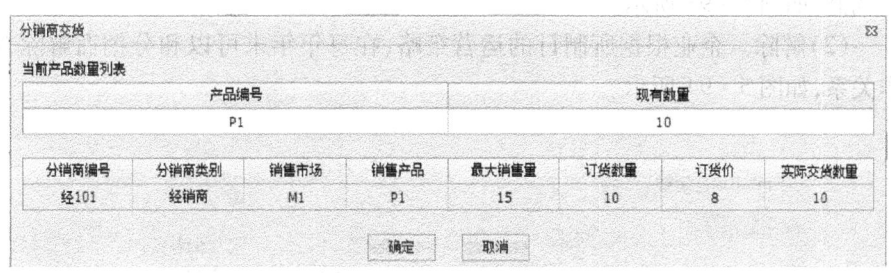

图 5-90　分销商交货

图 5-91　已交货

当企业所有的分销商交货完成后,单击"分销商交货",可以进行分销商交货销售的同步操作,并计算出相应的销售价格与销售收入,如图5-92所示。

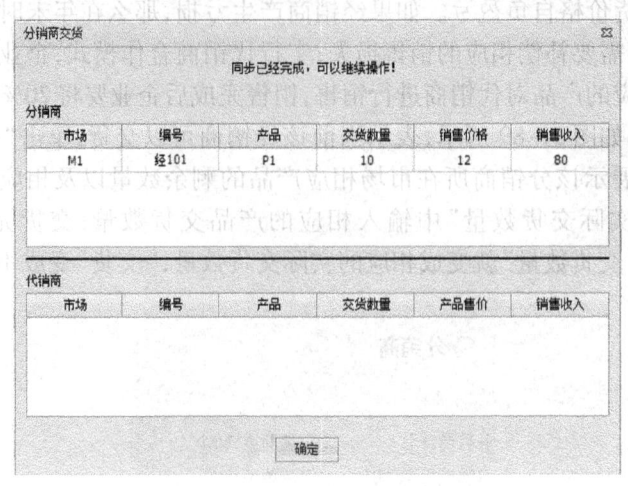

图5-92 分销商交货同步计算售价

5.4.3.14 部门裁撤与解除

(1)部门裁撤。企业根据所制订的运营策略,在每年年末可以对直销部进行裁撤,如图5-93所示。

(2)解除。企业根据所制订的运营策略,在每年年末可以和分销商解除合作关系,如图5-94所示。

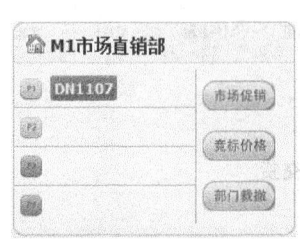

图5-93 直销部裁撤

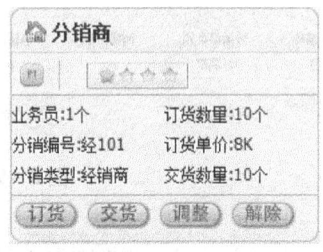

图5-94 分销商解除

5.4.3.15 期结束

在每一周期操作完成后都需要确认"期结束",在"期结束"时会扣除各种成本,如图5-95所示。

5.4.3.16 经销商流失

在每年结束后,企业需要判断当年经销商是否会因为利润过低而流失,如图5-96所示。

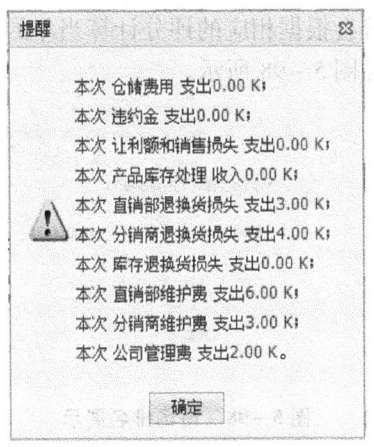

图 5-95　期结束

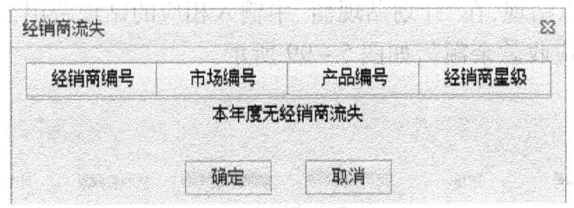

图 5-96　经销商流失

5.4.3.17　分销商星级评定

在每年结束后，企业会根据当年分销商的产品销售情况进行相应的分销商星级评定，包括升级与降星，如图 5-97 所示。

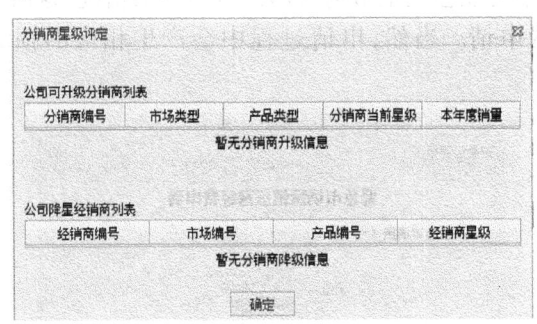

图 5-97　分销商星级评定

5.4.3.18 市场排名

在每年结束后,系统会根据相应的评分计算当年的市场排名以及企业当年品牌价值提升的情况,如图 5-98 所示。

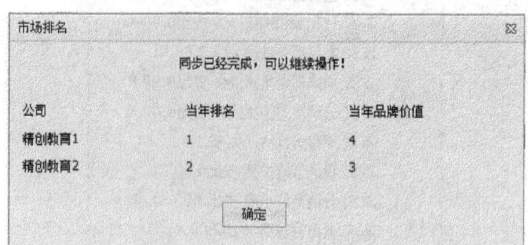

图 5-98 市场排名展示

5.4.3.19 贴现

企业在运营过程中可能会出现资金短缺的情况,这时就可以进行贴现,如果有应收款可以贴现,在"计划贴现额"中输入相应的贴现费用,当期"计划贴现额"不能超过"应收款余额",如图 5-99 所示。

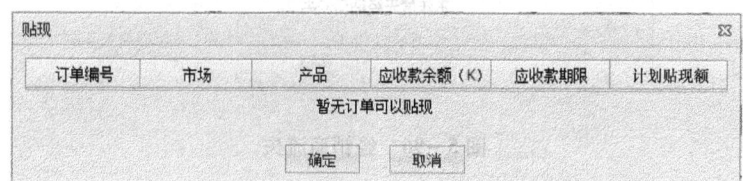

图 5-99 应收款贴现

5.4.3.20 紧急经费申请

企业在运营中可能会发生市场营销经费不足的情况,这时就需要从总经费中进行紧急经费申请。当然,申请过程中会产生相应的损失,如图 5-100 所示。

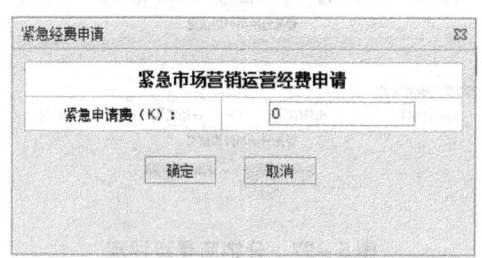

图 5-100 紧急经费申请

5.4.3.21 经费回账

企业在运营中可能会发生市场营销经费过多而总经费不足的情况,这时就需要从市场营销经费中回账一部分经费到总经费中。当然,申请过程中也会产生相应的损失,如图 5-101 所示。

图 5-101　市场营销经费回账

5.4.3.22 申请融资

在教学的过程中,各公司可能会因为经营不善,导致公司经费不足的情况出现,这时可以申请融资,如图 5-102 所示。

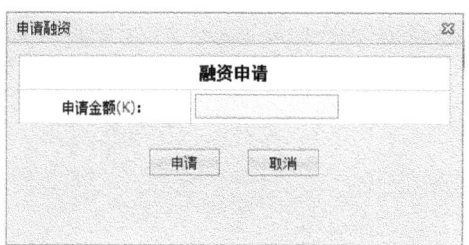

图 5-102　申请融资

5.4.3.23 申请破产

在教学的过程中,可能会因公司经营不善,导致经费不足,那就必须申请破产,如图 5-103 所示。

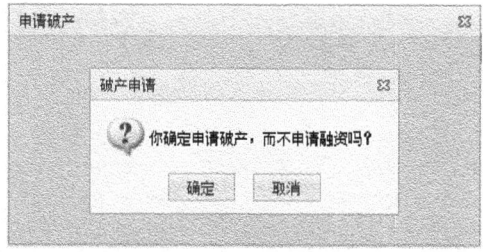

图 5-103　申请破产

6
市场营销沙盘模拟运营

市场营销沙盘运营模拟时应当严格按照运营规则与流程执行,包括市场营销过程的预测(市场环境分析)、决策(规划)、预算和计划。这些工作应当在每年经营结束后、下一年运营之前做好,主要是为了使公司的营销活动能够有效地开展。为了做好市场营销工作,作为营销部门的主要执行者,应当做好以下方面的工作。

其一,市场营销过程的控制,应根据预先制定的营销计划进行人员招聘、促销方案执行、渠道建设和产品生产等工作。

其二,市场营销过程的核算分析。核算分析主要是针对当年营销过程中得失的总结,并根据各营销部门的主要执行者的各种报表进行分析,将分析结果与预算进行比较,找出不符之处,并对这些不符之处进行再次分析,以便在以后的营销过程中更好地开展工作。

在市场营销沙盘运营模拟经营中,各公司营销部门按照市场营销运营流程表有序地开展工作。流程表(详见附录7)是公司市场营销的简化工作流程,也是市场营销竞争模拟中的主要工作流程,所以必须严格按照流程执行。流程主要分为年初工作、按周期执行的工作和年末工作。在模拟运营时,由总经理或者营销总监主持,指挥团队中各成员各司其职,按照年初战略规划及流程表执行。每执行完成一项流程,相应成员在自己的表单中进行详细的数据记录。

本章结合市场营销运营规则,解决学员初次接触沙盘时在运营过程中的操作问题。为了做好市场营销工作,首先介绍年初应该做什么工作,以及如何做;然后,按照流程表分别介绍在营销过程中如何进行规范化的操作,防止由于操作失误影响结果的情况出现;最后介绍年末的各项工作及营销结果对公司的评定。

6.1 年初工作

6.1.1 年初总经费与上年度剩余总经费

每年年初时,总经理需要对"公司的总经费与上年度剩余总经费"进行盘点。

(1)角色表格。

总经理:第一年运营时,由教师分配期初总经费金额,总经理在"总经费使用表"的"年初与上年度剩余总经费"一栏中填入相应的经费。在之后的运营年开始时,由总经理对上年度剩余的总经费进行盘点,在"年初与上年度剩余总经费"一栏中填入相应的经费,如表6-1所示。

表6-1 总经费使用表填写栏

年初与上年度剩余总经费	250

(2)角色盘面。

总经理:第一年运营时,领取教师分配的相应经费后,放在沙盘盘面所对应的"总经费"处。在其他运营年开始时,由总经理根据表中"年初与上年度剩余总经费"对盘面上的"总经费"进行核对,如图6-1所示。

(3)流程表。

营销总监:总经理在核对完毕后,需要发给营销总监,营销总监在流程表"年初与上年度剩余总经费"一栏中填入相应的经费,如表6-2所示。

图6-1 总经费放置处

表6-2 流程表填写栏

	操作流程	角色分工	填写表格	资金归口	记录(四个周期)			
					一	二	三	四
1	年初与上年度剩余总经费	总经理	1-1		250			

以下几个问题需要做出相关说明:

"操作流程"表示相应的操作内容,在相应内容前的数字表示相应的操作顺序。

"角色分工"表示相应的操作角色。

"填写表格"表示相应的操作角色所需要操作到的表格;如果出现"★"表示确认操作,只要在相应记录中打"√"即可。

"资金归口"表示相应所属的资金出入口,有"总经费"与"营销经费",没有资金流动时,资金归口变为"灰色底纹"。

"记录"表示相应的操作周期,"一、二、三、四"表示的是市场营销沙盘模拟中的四个运营周期。其中,"灰色底纹"表示相应周期不需要进行操作。

6.1.2 年初与上年度剩余市场营销经费

每年年初由营销总监确认"年初与上年度剩余市场营销经费"。

操作方法

(1) 角色表格。

营销总监:第一年是起始年,由教师分配"年初与上年度剩余市场营销经费",所以,营销总监在"市场营销经费使用表"中的"年初与上年度剩余市场营销经费"一栏内填入相应经费;在下一年运营年开始时,需要营销总监对"年初与上年度剩余市场营销经费"进行相应的盘点,并在"市场营销经费使用表"中的"年初与上年度剩余市场营销经费"一栏处填入相应的经费,如表6-3所示。

表6-3 市场营销经费使用表填写栏

年初/上年度剩余市场营销经费	50

图6-2 市场营销经费放置处

(2) 角色盘面。

营销总监:第一年运营时,领取教师分配的相应经费后,放在沙盘盘面所对应的"市场营销经费"处。在其他运营年开始时,由营销总监根据表中"年初与上年度剩余市场营销经费"对盘面上的"市场营销经费"进行核对,如图6-2所示。

(3) 流程表。

营销总监:营销总监核对"年初与上年度剩余市场营销经费"后,在流程表相应栏内填入相应的经费,如表6-4所示。

表6-4 流程表填写栏

	操作流程	角色分工	填写表格	资金归口	记录(四个周期)			
					一	二	三	四
2	年初与上年度剩余市场营销经费	营销总监	2-1		50			

6.1.3 市场信息与商业情报调研

在每年运营开始前,公司可以对市场进行相应的商业情报调研,从而了解市场上客户的产品需求和价格需求等信息,公司可以分析这些信息,并且制定相应的市场营销战略规划。

操作方法

（1）角色表格。

营销总监：合理的营销战略规划的制定基于对市场调研信息的科学分析，因此，在进行市场营销战略规划前，需要对市场信息进行调研。在"市场信息调研表"相应栏内投入费用，如表6-5所示，在第一年运营时只投入了"订单采购需求"的调研费用。此外还需要在"市场营销经费使用表"的相应栏内记录费用，如表6-6所示。在投入相应的经费后，将从裁判处得到相应的市场信息。其中，订单采购需求的信息包括所有市场P1、P2、P3、P4类产品的需求数量以及相应的市场分布百分比以及订单数量，客户消费需求的信息包括市场上P1、P2、P3、P4类产品在各市场的需求情况以及相应的需求价格，如图6-3、图6-4所示。

表6-5 市场信息调研表

信息种类	费用	总计
订单采购需求	3	3
客户消费需求	0	

表6-6 市场营销经费使用表填写栏

年初/上年度剩余市场营销经费	50	调研费	3	经费申请额	
周期	第一周期	第二周期	第三周期	第四周期	合计

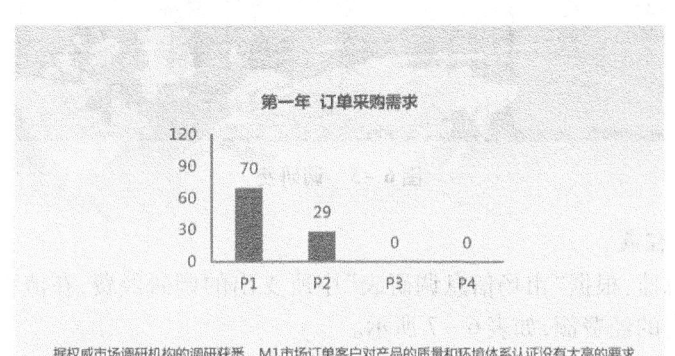

图6-3 直销部订单采购需求

据权威市场调研机构的调研获悉，P类产品投入市场后，通过公司的各种营销活动，赢得了市场客户对P类产品的认可，绝大部分市场客户倾向于P1产品，有一小部分客户倾向于技术含量较高的P2产品。然而该市场客户更加关心的是产品的市场销售定价。这部分客户当年都集中在M1市场，具体的需求量与需求价格如图所示。

M1市场，P1产品客户需求量占总市场的100%，产品需求参考价为12K；P2产品客户需求量占总市场的100%，产品需求参考价为13K。

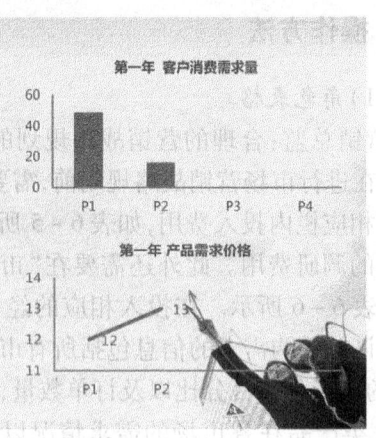

图6-4 分销商市场需求

(2) 角色盘面。

营销总监：营销总监根据"市场信息调研表"中所支出的经费，从盘面"市场营销经费"处支出相应的经费，放入盘面"调研费"中，如图6-5所示。

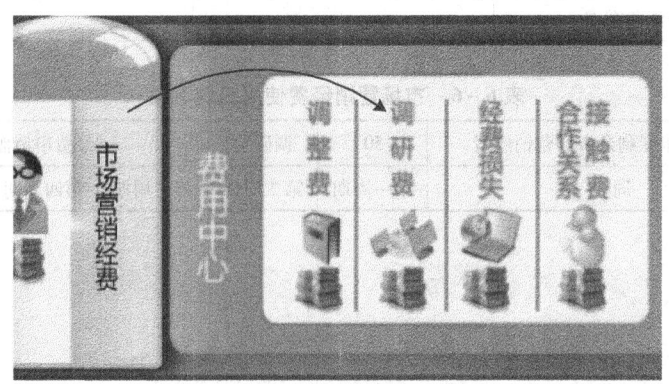

图6-5 调研费

(3) 流程表。

营销总监：根据"市场信息调研表"中所支出的调研经费，在流程表相应栏内填入相应的经费额，如表6-7所示。

表6-7 流程表填写栏

	操作流程	角色分工	填写表格	资金归口	记录（四个周期）			
					一	二	三	四
3	市场信息与商业情报调研	营销总监	2-2/2-1	营销经费	3			

146

6.1.4 公司市场营销战略规划

俗话说:"不谋万世者,不足谋一时;不谋全局者,不足谋一域。"在开始新的一年经营之前,由总经理与营销总监召集各职能经理召开公司新年度市场营销战略规划会议,根据市场调研的信息与公司的实际情况,初步提出公司在新一年的市场营销战略规划,其中包括市场开拓、体系认证开发、人员配置、促销方案、销售目标和生产规划等方面的内容。

公司市场营销战略规划涉及公司在新的一年如何开展各项营销活动。通过制定市场营销战略规划,可以使各职能经理在经营过程中做到胸有成竹,并能够知道自己在什么时候应当做什么、怎样做,可以有效地预防营销过程中决策的随意性和盲目性,减少营销策略的失误;同时,在制定市场营销战略规划时,各职能经理就各项决策达成共识,使各项营销活动有条不紊地进行,可以有效地提高团队的合作精神、鼓舞士气、提高团队的凝聚力、向心力和工作能力,使团队成员之间更加紧密地团结在一起。

操作方法

营销总监:公司提出新的一年的市场营销战略规划后,营销总监需要在流程表相应栏内打"√",如表6-8所示。

表6-8 流程表填写栏

操作流程		角色分工	填写表格	资金归口	记录(四个周期)			
					一	二	三	四
4	公司市场营销战略规划	总经理/营销总监	★		√			

6.1.5 申请市场营销经费

市场营销战略规划应当结合目前和未来的市场需求、竞争对手可能执行的策略及本公司目前的实际情况制定。在制定规划时,公司首先应当对市场进行准确的分析,包括分析各个市场产品的需求状况和价格定位;预测竞争对手可能的目标市场和产品定位情况;预测竞争对手在新的一年中的资金周转情况。在这些分析预测的基础上,各职能经理针对自己部门提出新年度市场营销战略规划的初步设想,经过大家讨论论证后,权衡各方利弊得失,做出公司新年度市场营销经费规划。在进行市场营销经费规划时应考虑营销队伍建设规划、销售渠道建设规划、促销方案规划、市场开拓规划和产品生产及售后服务。

(1)营销团队建设规划。营销团队主要包括直销员、业务员、客服员,进行市场开拓和销售渠道建设及产品销售时必须配置相应的营销人员。在这里,决策者需要考虑市场开拓情况及渠道建设情况,进行人员招聘,尽可能地避免进行紧急招聘。

(2)销售渠道建设规划。公司需根据市场调研信息分析制订营销策略,考虑竞争对手的情况,明确公司的目标市场及其相应的产品。公司应当结合现阶段的资金状况和产品生产状况,考虑能否在该市场抢到一席之地,还需要考虑渠道的建设周期、直销部竞标时间、分销商订货时间及交货时间等多方面的因素。

(3)促销方案规划。促销方案是以公司战略目标为前提,根据公司定位的市场及目标产品制定的,好的促销方案将直接影响到公司直销部在市场上的产品竞标结果。本沙盘中所提供的促销方式有广告促销、营业推广、公共关系和人员推广,且根据不同的产品设置了不同的最佳促销组合,以便公司投入合理的资金后能获得最优的促销效果。

公司根据整体的规划对市场营销活动做出经费预算,向总经理申请合理的运营经费,在申请营销经费时尽量申请得比较宽裕,但也不可过多申请,以避免公司经费不足的情况发生。

操作方法

(1)角色表格。

营销总监:根据年初规划,营销总监在"市场营销经费使用表"的"市场营销经费申请额"栏内填入申请经费额,如表 6-9 所示。

表 6-9　市场营销经费使用表填写栏

市场营销经费申请额	50

总经理:根据营销总监的经费申请额,在"总经费使用表"的"市场营销经费申请额"栏内填入营销总监的申请经费额,如表 6-10 所示。

表 6-10　总经费使用表填写栏

市场营销经费申请额	50

(2)角色盘面。

总经理:总经理根据营销总监所申请的"市场营销经费",在"总经费"处支出相应的金额,交给营销总监。

营销总监:营销总监在总经理处领取所申请的"市场营销经费",放置在"市场营销经费"处,如图6-6所示。

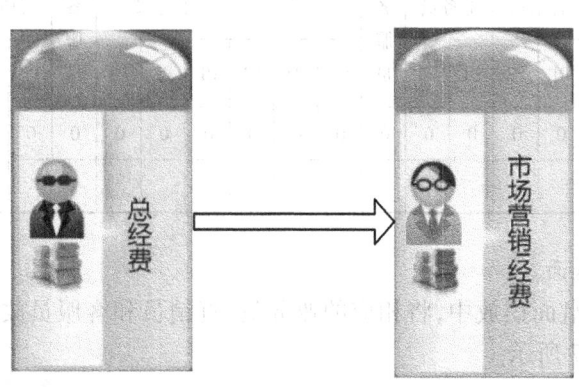

图6-6 "总经费"向"市场营销经费"拨款

(3)流程表。

营销总监:核对"市场营销经费申请额"及盘面上的"市场营销经费",在流程表相应栏内填入经费,如表6-11所示。

表6-11 流程表填写栏

	操作流程	角色分工	填写表格	资金归口	记录(四个周期)			
					一	二	三	四
5	申请市场营销经费	营销总监/总经理	2-1/1-1		50			

6.1.6 年初人员盘点

每年年初,营销总监要对上年剩余的人员进行盘点,包括直销员、业务员和客服员。

 操作方法

(1)角色表格。

营销总监:第一年为初始年,所以"人员变动表"中的"年初人数"都为"0",

在其他运营年开始时,"年初人数"即为上一年运营年的"年末人数",如表6-12所示。

表6-12 人员变动表

市场	M1					M2						M3			
人员	直销员		业务员		客服员	直销员			业务员			客服员	直销员		业务员		客服员
	P1	P2	P1	P2		P1	P2	P3	P1	P2	P3		P3	P4	P3	P4	
年初人数	0	0	0	0	0	0	0	0	0	0	0	0	0	0	0	0	0
年末人数																	

(2)角色盘面。

在人员的盘面摆放中,将相应的业务员、直销员和客服员放置在相应的文字处,如图6-7所示。

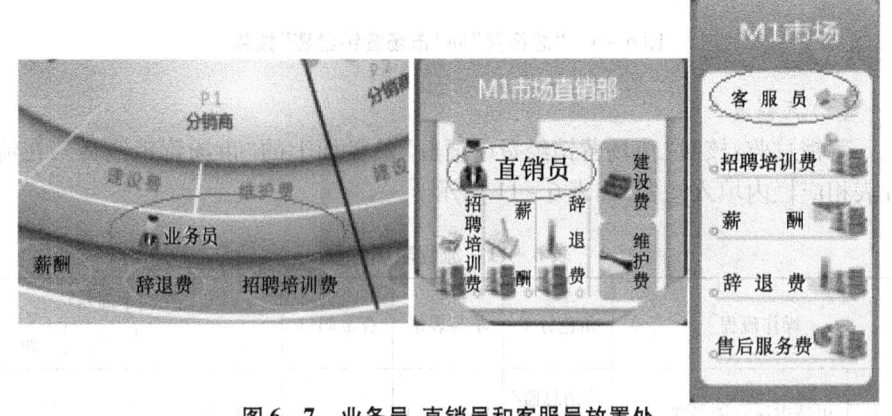

图6-7 业务员、直销员和客服员放置处

(3)流程表。

营销总监:核对"人员变动表"及盘面上分销商中的业务员、直销部中的直销员和客服部中的客服员,在流程表相应栏内打"√",如表6-13所示。

表6-13 流程表填写栏

	操作流程	角色分工	填写表格	资金归口	记录(四个周期)			
					一	二	三	四
6	年初人员盘点	营销总监	2-5		√			

6.2 营销流程

公司制定完成年度战略规划后,就可以按照运营规则和流程进行运营,这个流程表就是任务清单,任务清单反映了企业运营中的先后顺序。为了使读者对市场营销沙盘运营有一个详细的了解,我们按照流程的顺序,对营销运营中的各项操作方法进行介绍。

6.2.1 期初经费盘点(总经费、市场营销经费)

为了保证表单与盘面相符,公司应当在下期开始前对公司上期的资产进行盘点。盘点的项目主要有现金、应收账款、产品生产、产品库存、分销商建设费、直销部建设费和营销人员薪酬等。各职能角色对自己所在的沙盘盘面的资产进行逐一清点,确认沙盘盘面道具摆放,并确认相应的数据,然后将自己的操作表记录数据与总经理或营销总监进行核对,如有错误应及时向总经理或营销总监反馈并给予解决。期初经费即上期期末剩余的经费。

操作方法

(1)角色表格。

总经理:期初总经费为"年初与上年度剩余总经费"减去"市场营销运营经费申请额",将经费数额填入"总经费使用表"的"期初总经费"栏内,如表 6-14 所示。之后的第二周期、第三周期、第四周期的期初总经费为前期期初总经费减去当期公司相应的运营费用。

表 6-14 总经费使用表填写栏

年初与上年度剩余总经费	250		市场营销经费申请额		50
周期	第一周期	第二周期	第三周期	第四周期	合计
期初总经费	200	202	106	100	

营销总监:根据"上年度剩余市场营销经费"加上"市场营销经费申请额",将数额填入"市场营销经费使用表"的"期初市场营销经费"栏内,如表 6-15 所示。之后的第二周期、第三周期、第四周期的期初市场营销经费为减去上一周期市场营销的费用。

表6–15 市场营销经费使用表填写栏

年初与上年度市场营销经费	50	调研费	3	经费申请额	50
周期	第一周期	第二周期	第三周期	第四周期	合计
期初市场营销经费	97	70	33	33	

(2) 角色盘面。

根据"总经费使用表"和"市场营销经费使用表"中的"期初总经费"和"期初市场营销经费"确认盘面上的经费额,如图6–8所示。

图6–8 总经费、市场营销经费

(3) 流程表。

营销总监:核对"总经费使用表"和"市场营销经费使用表"及相应的盘面经费,在流程表相应栏内填入经费,如表6–16所示。

表6–16 流程表填写栏

	操作流程	角色分工	填写表格	资金归口	记录(四个周期)			
					一	二	三	四
7	期初总经费盘点	总经理	1–1		200			
8	期初市场营销经费	营销总监	2–1		97			

6.2.2 制定与调整人均基本工资

公司根据规划进行市场开拓前需要招聘相应的人员,在人员招聘前应根据市场的不同情况设置相应的年基本工资。

**操作方法**

(1) 角色表格。

营销总监:在"薪酬明细表"中,每个市场的每类人员都有基础的人均基本工资,企业可以根据前期规划修改每个市场每类人员的基本工资。基本工资设定完成之后,在本年度的运营过程中不可变更,直到下一年运营开始才可以重新设定。直销员的业绩奖励由直销经理设定,业务员的业绩奖励则根据产品销售情况而定,客服员的业绩奖励根据所分配的产品服务数量而定,如表 6–17 所示。

表 6–17 薪酬明细表

	M1				M2				M3				合计
	人数	人均基本工资	业绩奖励	薪酬小计	人数	人均基本工资	业绩奖励	薪酬小计	人数	人均基本工资	业绩奖励	薪酬小计	
直销员		4				5				6			
业务员		4				5				6			
客服员		3				4				5			
薪酬合计													

(2) 流程表。

营销总监:确认在"薪酬明细表"中对各市场各类人员基本工资设定完成,在流程表的相应栏内打"√",如表 6–18 所示。

表 6–18 流程表填写栏

	操作流程	角色分工	填写表格	资金归口	记录(四个周期)			
					一	二	三	四
9	制定与调整人均基本工资	营销总监	2–3		√			

6.2.3 制定直销员业绩奖励

直销部在市场竞标时,为了激励直销员进行市场促销与竞标,在每年年初时,由直销经理根据当年的战略规划部署设定每个市场每类产品直销员的业绩奖励。

 **操作方法**

(1) 角色表格。

直销经理:根据战略规划,在"直销员业绩奖励表"中确定各市场各类产品直销员的业绩奖励额。相应的,直销部必须在所在市场所负责的产品中抢到相应的订单才能获得业绩奖励。在竞标完成后,如果相应市场的直销员抢到订单,则在确认发放中打"√",并上报营销总监,在年末支付薪酬时需要额外支付相应的业绩奖励,如表6-19所示。

表6-19 直销员业绩奖励表

市场与产品	M1		M2			M3	
	P1	P2	P1	P2	P3	P3	P4
业绩奖励							
确认发放"√"							

(2) 流程表。

营销总监:直销经理将业绩奖励设定完成后,经营销总监审核完毕,在流程表相应栏内打"√",如表6-20所示。

表6-20 流程表填写栏

	操作流程	角色分工	填写表格	资金归口	记录(四个周期)			
					一	二	三	四
10	制定直销员业绩奖励	直销经理	4-1		√			

6.2.4 ISO体系认证

公司的ISO体系认证,直接影响到公司的市场开拓规划,但不是所有的市场都有ISO体系认证的要求。所以,公司应当对是否进行ISO体系认证进行决策。由前述已知,ISO体系认证分为ISO9000认证与ISO14000认证。如果要进行ISO体系认证,决策者除需要考虑进行何种认证以外,还应考虑认证的时间与经费。随着时间的推移,不同市场客户需求的出现,客户对产品的ISO体系认证也越来越重视,决策者应当学会把控市场开发进度。在资金允许的情况下,考虑提前开发市场。

操作方法

(1) 角色表格。

总经理:企业根据年初制定的市场开拓规划,分周期对相应的 ISO 体系进行认证,在"ISO 体系认证表"中投入相应的 ISO 体系认证经费,如表 6-21 所示。企业分别在第一年的第一周期至第二周期对 ISO9000 体系进行了相应的经费投入认证;随后还需要在"总经费使用表"相应栏内记录费用,如表 6-22 所示。

表 6-21　ISO 体系认证表

	第一周期	第二周期	第三周期	第四周期
ISO9000 认证费	2	2	2	0
ISO14000 认证费	0	0	0	0
合计	2	2	2	0

表 6-22　总经费使用表填写栏

周期	第一周期	第二周期	第三周期	第四周期	合计
ISO 体系认证费	2	2	2	2	8

(2) 角色盘面。

总经理:根据所填写的费用,从"总经费"中支出相应的费用,放在"ISO9000"或"ISO14000"的相应"费用"中;然后在裁判处取得相应的体系认证卡片。如果还未完成认证,则卡片反面向上,直至认证完成,如图 6-9 所示。

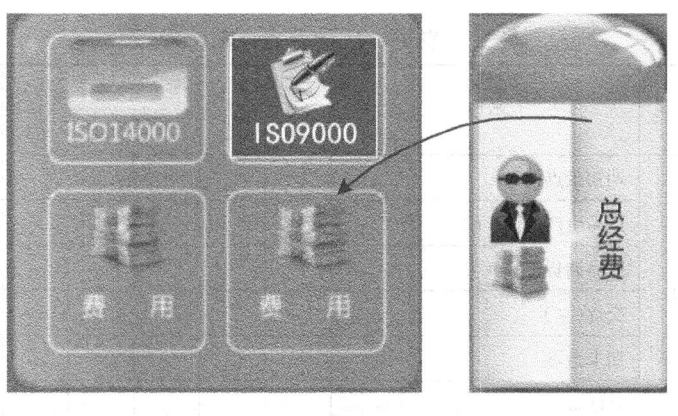

图 6-9　ISO 体系认证

(3) 流程表。

营销总监:根据总经理"总经费使用表"中所支出的"ISO 体系认证费"经费,在流程表相应栏内填入相应的经费额,如表 6-23 所示。

表 6-23 流程表填写栏

	操作流程	角色分工	填写表格	资金归口	记录(四个周期)			
					一	二	三	四
11	ISO 体系认证	总经理	1-2/1-1	总经费	2	2	2	2

6.2.5 期初产品库存盘点

产品库存盘点是为了了解公司产品库存的真实情况,执行盘点以便对生产产品的收发结存等活动进行有效控制,做到账实相符。公司每年年末不允许存在库存,因此,运营总监需根据公司几个交货的时间点,科学合理地控制生产进度,尽可能地减少库存的产生。如果不能有效地掌控产品的生产及库存的盘点,年末时可能将对公司造成较大的损失。

操作方法

(1) 角色表格。

运营总监:因为规则规定每年年末不允许有产品库存,所以在每年运营的第一周期不需要进行产品库存盘点,随后各期都要对上一周期剩余的产品进行盘点,在"产品库存表"的"期初盘点"中填入相应的数量,如表 6-24 所示。

表 6-24 产品库存表

周期	类型	M1		M2			M3	
		P1	P2	P1	P2	P3	P3	P4
第一周期	期初盘点							
	产品生产运输(+)							
	产品调货(-/+)							
	交货(-)							
	期末盘点							
	仓储费							

续表

周期	类型	M1		M2			M3	
		P1	P2	P1	P2	P3	P3	P4
第二周期	期初盘点							
	产品生产运输（+）	16	6					
	产品调货（-/+）							
	交货（-）	12	6					
	期末盘点	4	0	0	0	0	0	0
	仓储费	2						
第三周期	期初盘点	4						
	产品生产运输（+）							
	产品调货（-/+）							
	交货（-）							
	期末盘点	4						
	仓储费	2						
第四周期	期初盘点	4						
	产品生产运输（+）		6					
	产品调货（-/+）							
	交货（-）	4	6					
	期末盘点	0	0	0	0	0	0	0
	仓储费							

（2）角色盘面。

运营总监：每期期初对盘面"生产厂区"中的各类产品进行盘点，如图6-10所示。

图6-10 生产厂区

（3）流程表。

营销总监：根据运营总监"产品库存表"的库存情况，在流程表相应栏内打"√"，如表6-25所示。

表6-25 流程表填写栏

	操作流程	角色分工	填写表格	资金归口	记录（四个周期）			
					一	二	三	四
12	期初产品库存量盘点	运营总监	3-4			√	√	√

6.2.6 人员调整

每年年初，公司可以根据年初制定的战略规划，对直销员、业务员和客服人员进行市场（产品）的调整，以便更好地明确目标市场，执行相应的竞争策略。

操作方法

（1）角色表格。

营销总监：根据公司制定的人员调整策略，在"人员变动表"中根据市场（产品）进行相应的人员调整。直销员和业务员可以根据产品进行调整，客服员可以根据市场进行相应的调整，如表6-26所示。其中，"调整人数"为从该市场该类产品调出的人数，"人员调整（市场）"和"人员调整（产品）"为调整到相对应的市场及产品的人数，最后需要统计"调整后人数"，其中包括从其他市场调入的人数。

表6-26 人员变动表

市场	M1					M2							M3				
人员	直销员		业务员		客服员	直销员			业务员			客服员	直销员		业务员		客服员
	P1	P2	P1	P2		P1	P2	P3	P1	P2	P3		P3	P4	P3	P4	
年初人数																	
调整人数																	
人员调整（市场）																	
人员调整（产品）																	
调整后人数																	

(2) 角色盘面。

直销经理:对各市场各产品的直销员进行相应的调整。

分销经理:对各市场各产品的业务员进行相应的调整。

客服经理:对各市场的客服员进行相应的调整。

(3) 流程表。

营销总监:审核"人员变动表",确认调整完成后,在流程表相应栏内打"√",如表6-27所示。

表6-27 流程表填写栏

操作流程		角色分工	填写表格	资金归口	记录(四个周期)			
					一	二	三	四
13	人员调整	运营总监	2-5		√			

6.2.7 人员招聘培训-紧急招聘培训

人员招聘培训是营销团队建设的重要工作。营销人员主要有直销员、业务员和客服员,相对的职能部门有直销部、分销部和客户服务中心。每年年初将提供一次常规的招聘,这时各公司根据发展战略规划进行人员招聘。需要注意的是,招聘人员的数量一定要满足公司本年发展的需要,因为在常规招聘完成后再发现人员不够就必须进行紧急招聘培训,这时需支付额外的招聘培训费用。

 操作方法

(1) 角色表格。

营销总监:根据年初制定的市场开拓策略,对所需要的人员进行招聘。在"人员招聘培训表"中第一周期开始填写的"人数"为正常招聘,在正常招聘之后的招聘都填入"紧急招聘人数"中;第二周期至第四周期的招聘都属于紧急招聘,如表6-28所示。在"市场营销经费使用表"的"人员招聘培训-紧急招聘培训费"相应的栏内填入相应的经费额,如表6-29所示。

(2) 角色盘面。

营销总监:根据表6-28中填写的人数,从"市场营销经费"中支出,放置在各市场直销部、分销商、客户服务中心的"招聘培训费"处,然后将从裁判处得到的人员放在相应的人员处,如图6-11所示。

表6-28 人员招聘培训表

周期	市场 人员	M1 直销员		M1 业务员		M1 客服员	M2 直销员		M2 业务员			M2 客服员	M3 直销员		M3 业务员		M3 客服员	小计	招聘培训费合计
		P1	P2	P1	P2		P1	P2	P1	P2	P3		P3	P4	P3	P4			
第一周期	人数	1	2	1	1	2													
	单位招聘培训费	2	2	2	2	2	2	2	2	2	2	2	2	2	2	2	2		
	紧急招聘人数																		
	紧急招聘培训费	3	3	3	3	3	3	3	3	3	3	3	3	3	3	3	3		
	小计	2	4	2	2	4	0	0	0	0	0	0	0	0	0	0	0	14	
第二周期	紧急招聘人数																		14
	紧急招聘培训费	3	3	3	3	3	3	3	3	3	3	3	3	3	3	3	3		
	小计	0	0	0	0	0	0	0	0	0	0	0	0	0	0	0	0		
第三周期	紧急招聘人数																		
	紧急招聘培训费	3	3	3	3	3	3	3	3	3	3	3	3	3	3	3	3		
	小计	0	0	0	0	0	0	0	0	0	0	0	0	0	0	0	0		
第四周期	紧急招聘人数																		
	紧急招聘培训费	3	3	3	3	3	3	3	3	3	3	3	3	3	3	3	3		
	小计	0	0	0	0	0	0	0	0	0	0	0	0	0	0	0	0		

表6-29 市场营销经费使用表填写栏

周期	第一周期	第二周期	第三周期	第四周期	合计
人员招聘培训-紧急招聘培训费	14	0	0	0	14

(3)流程表。

营销总监:根据"市场营销经费使用表"中所支出的招聘经费,在流程表相应栏内填入相应的经费额,如表6-30所示。

表6-30 流程表填写栏

	操作流程	角色分工	填写表格	资金归口	记录(四个周期)			
					一	二	三	四
14	人员招聘培训-紧急招聘培训	营销总监	2-4/2-5	营销经费				

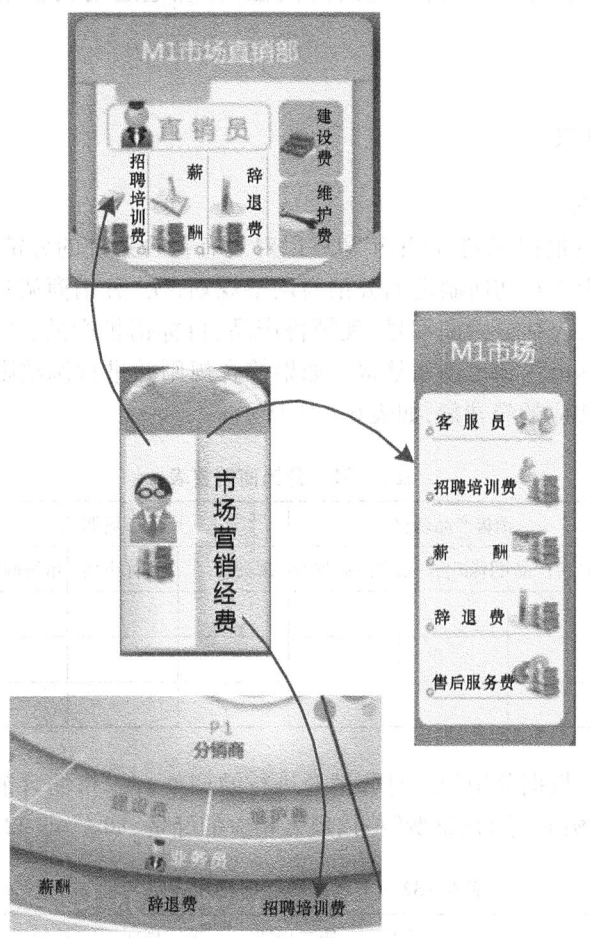

图 6-11 招聘培训费支出

6.2.8 分销商市场(产品)调整

对市场上分销商的调整会直接影响到公司在市场上的竞争力。一般公司在两种情况下会考虑对分销商进行调整:第一种情况是公司因上一年度在该市场同类产品的分销商过多,产生供大于求的现象,从而导致各公司或各分销商的利润过低。这种情况容易导致分销商(经销商)流失或降星,会给公司带来更大的损失。第二种情况是公司计划对另外一个市场(产品)进行开拓,但受制于建设时间的限制可能会导致本年度不能建设完成而且还会支出更多的成本。这时对现有的分销商及时进行调整,就能够保证在调整的当年进行产品的订货及销售,这是一个明智的选择。分销商调整也是一把"双刃剑",在调整的时候,一定要全面考虑,正确评估调整的两面性,合理地运用调整策略,避免盲目调整。

操作方法

(1)角色表格。

分销经理:根据规则,每年年初可以对现有符合条件的分销商进行产品或市场的调整,根据年初所制定的分销商调整规划,在"分销商调整表"中填入相应的调整数据,包括分销商编号、现销售产品、目标销售产品、产品调整费以及现处市场、目标市场和市场调整费。如果符合规则并进行调整则在"调整费合计"栏内填入相应的经费额,如表6-31所示。

表6-31 分销商调整表

分销商编号	销售产品调整			所处市场调整			调整费合计
	现销售产品	目标销售产品	产品调整费	现处市场	目标市场	市场调整费	

营销总监:根据分销经理对分销商进行的调整,在"市场营销经费使用表"的"分销商市场(产品)调整费"栏内填入相应的经费,如表6-32示。

表6-32 市场营销经费使用表填写栏

周期	第一周期	第二周期	第三周期	第四周期	合计
分销商市场(产品)调整费	0				0

(2)角色盘面。

营销总监:根据表6-31和表6-32内所填写的数额,从"市场营销经费"中支出相应的费用放在"调整费"处,如图6-12所示。

分销经理:根据表6-31记录的调整,对分销商进行移位,移动到目标产品或目标市场上。

(3)流程表。

营销总监:根据"市场营销经费使用表"中所支出的调整费,在流程表相应栏内填入相应的经费额,如表6-33示。

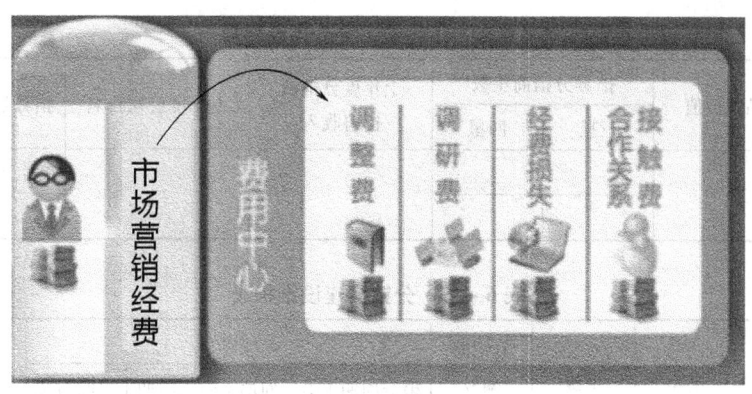

图 6-12 调整费支出

表 6-33 流程表填写栏

	操作流程	角色分工	填写表格	资金归口	记录(四个周期)			
					一	二	三	四
15	分销商市场(产品)调整	分销经理/营销总监	5-1/2-1	营销经费	0			

6.2.9 三星与四星分销商招募

随着社会的发展,有一定经营实力的分销商逐渐出现,这些分销商不仅对产品有一定的要求,而且对该公司在市场上的口碑(品牌价值)、在同类产品中的公司排名也有所要求。各公司需要对这类分销商进行竞争招募。因为招募的分销商也是需要一定周期建设和业务人员的配备,临时决定的招募还会导致为该市场进行紧急招聘业务员和客服员产生更高的成本。因此,各公司需要考虑当前的资金状况,按照实际情况提前做好招募准备,量力而行。

 操作方法

(1)角色表格。

分销经理:每年年初根据裁判公布的信息,各公司可以根据自身的情况进行三星和四星分销商的招募,在"三星和四星分销商招募表"中填入相应的公司信息交给裁判,裁判根据所有公司的数据及实际情况进行判定。如果判定招募成功,在"三星和四星分销商招募表"的"招募是否成功"栏内打"√",如表 6-34 所示。如果招募成功则必须立即将此分销商进行第一期的分销商建设,在"分销商建设维护表"中登记招募时所安排的该分销商的合作模式、产品类型、分销商星级及分销商编号,如表 6-35 所示。

表6-34　三星和四星分销商招募表

企业品牌价值	招募分销商星级		上年度分销商销售收入	上年度公司排名	招募是否成功
	三星	四星			
3					

表6-35　分销商建设维护表

合作模式	产品类型	分销商星级	分销商编号	建设费				年末维护费
				第一周期	第二周期	第三周期	第四周期	

（2）角色盘面。

分销经理：如果招募成功，则在裁判处得到相应星级分销商的卡片，将卡片放置在相应市场的相应产品处。因为三星和四星的分销商需要多期建设才能完成，所以在建设完成以前将分销商卡面反面向上，如图6-13所示的三星分销商建设完成状态。

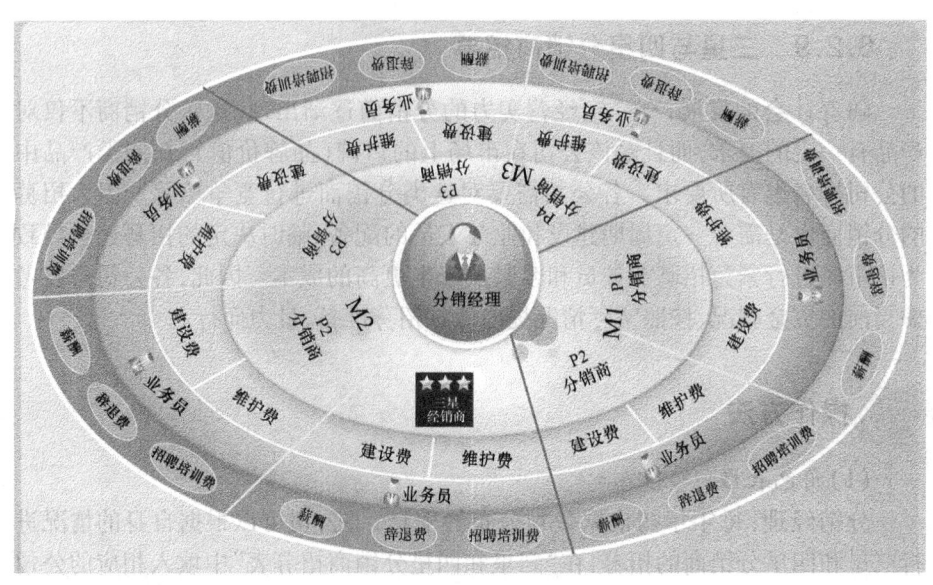

图6-13　分销商建设

（3）流程表。

营销总监：根据"三星和四星分销商招募表"的情况，如果招募成功，在流程表相应栏内打"√"；如果招募失败，在流程表相应栏内打"×"，如表6-36所示。

表 6-36 流程表填写栏

操作流程		角色分工	填写表格	资金归口	记录(四个周期)			
					一	二	三	四
16	三星和四星分销商招募	分销经理	5-3		×			

6.2.10 直销部与分销商建设

进行渠道(直销部与分销商)建设,各公司要考虑到渠道类型不同所需要的建设周期不同。各市场的直销部只有在第二周期竞标前建设完成才能参加市场的竞争;各市场的经销商只有在第一周期经销商订货前建设完成才能订货;各市场的代销商只有在第四周期分销商交货前建设完成才能交货。所以,各公司一定要把握好时间点进行直销部与分销商的建设。

操作方法

(1)角色表格。

分销经理:根据年初制定的分销商建设战略规划进行分销商建设(包括被招募的分销商),在"分销商建设维护表"中准确填写分销商所在的市场类型、合作模式、产品类型、分销商星级、分销商编号信息,在第一周期的建设费中投入相应的经费,在"小计"栏中填入相应的第一周期建设费小计。另外,根据分销商星级的不同,也有不同的建设周期与年末维护费。表6-37所示为一年的分销商建设情况。

表 6-37 分销商建设维护表

市场类型	合作模式	产品类型	分销商星级	分销商编号	建设费				年末维护费
					第一周期	第二周期	第三周期	第四周期	
M1	经销商	P1	一星经销商	经101	5	0	0	0	3
M1	代销商	P2	二星代销商	代201	4	4	0	0	4
			小计		9	4	0	0	7
			合计		13				

直销经理:根据年初制定的直销部建设战略规划进行直销部的建设,在"直销部建设维护表"中根据直销部所在的市场类型进行相应的建设。表6-38所示为一年的直销部建设情况。

表6-38 直销部建设维护表

市场类型	建设费				年末维护费	裁撤费
	第一周期	第二周期	第三周期	第四周期		
M1	4	4	0	0	6	
M2						
M3						
小计	4	4	0	0	6	
合计	8					

营销总监:根据分销商、直销部的"分销商建设维护表"、"直销部建设维护表"进行汇总,在"市场营销经费使用表"中填入相应的经费使用情况,如表6-39所示。

表6-39 市场营销经费使用表填写栏

	周期	第一周期	第二周期	第三周期	第四周期	合计
销售点建设费	分销商建设费	9	4	0	0	13
	直销部建设费	4	4	0	0	8

(2)角色盘面。

分销经理:根据"分销商建设维护表"中所投入的建设经费,在裁判处领取相应的星级卡片,将卡片放置在相应市场的相应产品处。如果当期不能建设完成,则将卡片反面向上,直至相应的建设周期完成,获得相应的产品销售资格,将卡片正面向上,如图6-14所示。

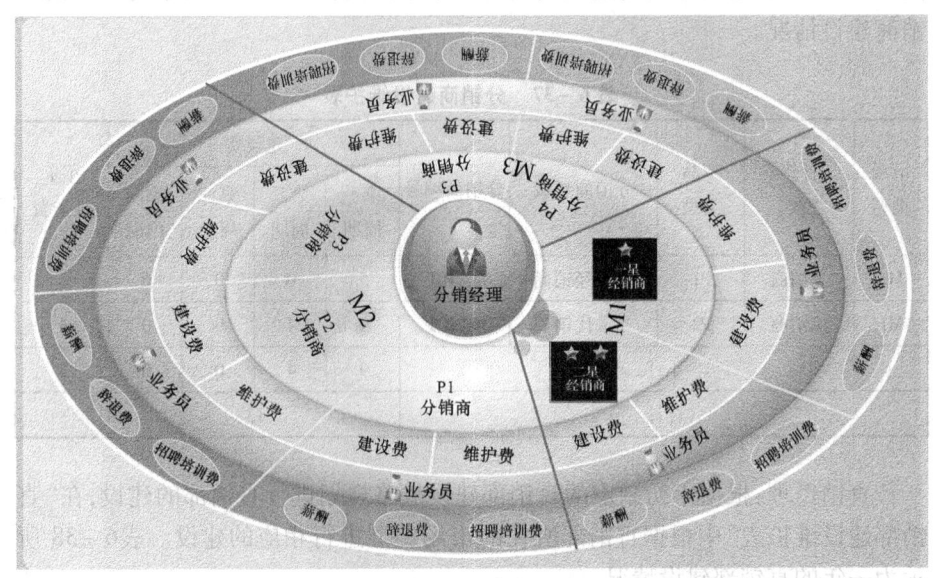

图6-14 分销商建设

直销经理：根据"直销部建设维护表"中所投入的建设经费，在裁判处领取相应的直销部建设卡片，放置在相应市场的直销部处。如果当期不能建设完成，则将卡片反面向上，直至相应的建设周期完成，获得相应的销售资格，将卡片正面向上，如图6-15所示。

图6-15　直销部建设

营销总监：每期根据分销商和直销部的建设情况，营销总监从"市场营销经费"中支出相应的"建设费"，放置在相应市场分销商的"建设费"与直销部"建设费"中，如图6-14和图6-15所示。

（3）流程表。

营销总监：根据"分销商建设维护表"中所支出的建设经费，在流程表相应栏内填入相应的经费额。表6-40所示为一年的分销商建设与直销部建设费用。

表6-40　流程表填写栏

操作流程		角色分工	填写表格	资金归口	记录（四个周期）			
					一	二	三	四
17	分销商与直销部建设	分销经理 直销经理 营销总监	5-2 4-1 2-1	营销经费	17	4	0	0

6.2.11　经销商订货

每年第一周期由分销经理确定各经销商的产品订货数量及订货价格。分销经理需要谨慎地考虑各经销商的订货量及订货价格，对市场需求量和需求价格判断失误会导致经销商流失或降星，对公司将造成重大的损失。例如，订货数量过多，年末产品的交货量无法满足经销商，从而导致经销商流失或降星；还有一种情况是错误地估算市场需求价格，从而导致经销商的订货价格过高，使经销商得不到预期的利润或者使经销商没有利润，也会导致经销商流失或降星。所以，经销商产品的订货数量及订货价格极为重要。

操作方法

(1) 角色表格。

分销经理:根据年初制订的销售计划,在"经销商订货表"中填入各经销商的数据以及相应产品的订货数量、订货单价及订货费。经销商在年初订货时需要支付20%的订金(从裁判处领取),其余80%在年末支付,如表6-41所示。

表6-41 经销商订货表

经销商编号	市场类型	产品		单位产品订货价格	订货费	经销商状态			业绩奖励	实际交货情况	
		订货类型	订货数量			产品售价	利润	销售损失		交货数量	违约金
经101	M1	P1	4	7	28						

总经理:分销商经理在裁判处领取20%的订金后交给总经理,总经理在"总经费使用表"的"经销收入"的第一周期中填入相应经销商的订金收入,在第四周期经销商交货时,收取剩余的80%。表6-42所示,为公司一年的经销商销售收入。

表6-42 总经费使用表填写栏

周期	第一周期	第二周期	第三周期	第四周期	合计
经销收入	6			22	28

(2) 角色盘面。

总经理:根据分销经理所报告的订金,到裁判处领取相应数额的订金,放入"总经费"处。

(3) 流程表。

营销总监:根据"经销商订货表"中可以收入的20%订金,在流程表相应栏内填入相应的经费额,如表6-43所示。

表6-43 流程表填写栏

	操作流程	角色分工	填写表格	资金归口	记录(四个周期)			
					一	二	三	四
18	经销商订货	分销经理 总经理	5-4 1-1	总经费	6			

6.2.12 更新应收款与应收款贴现

在公司订单销售的过程中,一般不会立即回款,需要经过几个周期才能进入总经费。更新应收款,是指直销部的订单在账期结束之后回到总经费中;应收款贴现,是指直销部的订单账期还未到期,但公司在运营过程中出现经费紧张的情况,需要从还未到期的订单中回款,在回款的过程中还会产生一定的贴现费(损失)。因此,回款需谨慎,尽量减少损失。

操作方法

(1)角色表格。

总经理:根据订单账期情况,在"应收款与贴现表"中的"应收款"栏内每期填入相应的数额,如有特殊情况需要申请应收款贴现,在当期的"申请贴现额"栏内填入相应的数额,并根据规则减去相应的"贴现息"金额,在"贴现净额"栏内填入实际回账的金额。在"周期回款"中填入相应订单账期正常到期的金额,实收款为"贴现净额"与"周期回款"的总额,如表6-44所示。根据"应收款与贴现表"中的相应数据,在"总经费使用表"中作相应的记录,如表6-45所示。

表6-44 应收款与贴现表

	第一周期	第二周期	第三周期	第四周期
应收款				
申请贴现额				
贴现息				
贴现净额				
周期回款				
实收款				

表6-45 总经费使用表填写栏

周期	第一周期	第二周期	第三周期	第四周期	合计
贴现额					
贴现费					

(2)角色盘面。

总经理:根据订单的账期及金额,总经理从裁判处领取相应的金额,放置在盘面"应收账款"相应的账期内。根据回款周期的进度,总经理把应收账款的周期向前推进,直至账期结束回到"总经费"中。如果通过贴现回到"总经费"中,则在"贴现费用"中放入相应的贴现金额,如图 6 – 16 所示。

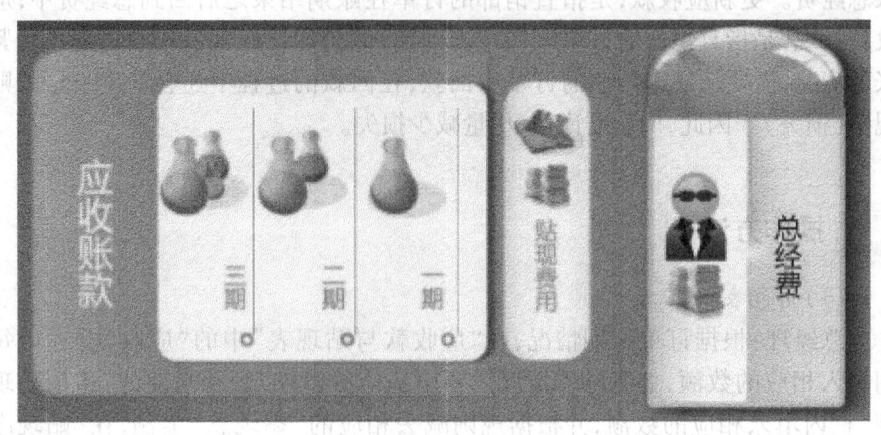

图 6 – 16　应收账款回款

(3)流程表。

营销总监:根据"应收款与贴现表"的回款,在流程表相应栏内填入相应的经费额,如表 6 – 46 所示。

表 6 – 46　流程表填写栏

	操作流程	角色分工	填写表格	资金归口	记录(四个周期)			
					一	二	三	四
19	更新应收款与应收款收现	总经理	1 – 3/1 – 1	总经费	0	0	0	0

6.2.13　销售点统计

每一期公司销售点的数量都会影响到公司综合产品的生产能力。所以,在产品生产前必须对销售点的数量进行统计。销售点包括直销部与分销商。

 操作方法

(1)角色表格。

客服经理:每一周期根据盘面销售点建设完成的情况进行相应的统计,在"销售点统计表"中每一周期的直销部、经销商、代销商中填入相应的销售点数量。表 6 – 47 所示为全年销售点的建设统计情况。

表6-47 销售点统计表

		直销部	经销商	代销商	小计
第一周期	销售点	1	1	0	2
第二周期	销售点	1	1	1	3
第三周期	销售点	1	1	1	3
第四周期	销售点	1	1	1	3
分销商关系解除			0	0	
经销商流失			1		
年末销售点总计			2		

(2)流程表。

营销总监:客服经理每期统计工作完成后,报给营销总监,营销总监在流程表相应栏内打"√",如表6-48所示。

表6-48 流程表填写栏

	操作流程	角色分工	填写表格	资金归口	记录(四个周期)			
					一	二	三	四
20	销售点统计	客服经理	6-1		√	√	√	√

6.2.14 产品生产——支付生产成本

公司根据年初制定的销售规划进行相应的产品生产,在规则中设置了产品生产存在"规模效应"。就是说,某类产品在生产规模扩大之后,变动成本同比例增加而固定成本不增加,使单位产品成本下降,从而带动企业销售利润率的上升。所以,公司产品生产一定要利用好"规模效应",节省产品的生产成本。

操作方法

(1)角色表格。

运营总监:运营总监根据企业的产品生产规则,每周期在"生产表"中记录产品生产的情况,包括生产数、单位成本和生产成本,在"合计"中记录每一周期产品的生产成本,如表6-49所示。

表6-49 生产表

产品类型		P1	P2	P3	P4	合计
第一周期	生产数					
	单位成本	0	0	0	0	
	生产成本	0	0	0	0	0
第二周期	生产数	16	6			
	单位成本	2.8	3.8	0	0	
	生产成本	45	23	0	0	68
第三周期	生产数					
	单位成本					
	生产成本					0
第四周期	生产数		6			
	单位成本		3.8			
	生产成本		23			23

总经理:在运营总监报告之后,在"总经费使用表"的"生产成本"栏计入相应的经费。表6-50所示为一年生产经费使用情况。

表6-50 总经费使用表填写栏

周期	第一周期	第二周期	第三周期	第四周期	合计
生产成本	0	68	0	23	91

(2)角色盘面。

总经理:在运营总监报告相应的产品生产成本后,总经理从"总经费"中支出相应的生产成本,交给运营总监。

运营总监:运营总监将总经理给予的费用放置在"产品生产成本"处;然后,在裁判处领取相应的产品,把产品相对应地放置在"生产厂区"中,如图6-17所示。

(3)流程表。

营销总监:根据"生产表"支出的生产成本,在流程表相应栏内填入相应的经费额,如表6-51所示。

图6-17 产品生产

表 6-51 流程表填写栏

	操作流程	角色分工	填写表格	资金归口	记录(四个周期)			
					一	二	三	四
21	产品生产-支付生产成本	运营总监/总经理	3-1/1-1		0	68	0	23

6.2.15 制定促销方案及促销

直销部在每年的第二周期将在所属市场参加产品的竞标,在参加产品竞标前必须制定竞标产品的促销方案,根据不同的产品运用最佳的促销组合,从而获取最好的促销效果。

 操作方法

(1)角色表格。

直销经理:在"促销方案表"中,根据不同市场、不同产品选择最佳的促销方式,在选择促销方式后填入"促销费"栏内,并根据规则计算出"有效促销额",如表6-52所示。将促销费的总额报告给营销总监。

表 6-52 促销方案表

市场类型	M1		M2						M3			
产品类型	P1		P2		P1		P2		P3		P3		P4	
促销方式	促销费	效果指数	促销费	效果指数	促销费	效果指数	促销费	效果指数	促销费	效果指数	促销费	效果指数	促销费	效果指数
广告促销	5	0.7	5	0.7		0.7		0.9		0.8		0.8		0.8
营业推广	5	0.9		0.5		0.8		0.8		0.7		0.6		0.5
公共关系		0.5	5	0.9		0.6		0.9		0.8		0.7		0.7
人员推销		0.5		0.6		0.6		0.7		0.7		0.7		0.8
有效促销额	9.6		9.6		0		0		0		0		0	
公司总有效促销额	19.2													
促销费小计	10		10		0		0		0		0		0	
公司总促销成本	20													
促销有效率(公司总有效促销额/公司总促销成本)	96%													

营销总监:营销总监得到直销经理所报告的促销费总额后,在"市场营销经费使用表"中填入相应的经费,如表6-53所示。

表6-53 市场营销经费使用表填写栏

周期	第一周期	第二周期	第三周期	第四周期	合计
促销费		20			20

(2)角色盘面。

营销总监:营销总监得到直销经理所报告的促销费总额后,从"市场营销经费"中支出相应的费用,交给直销经理。

直销经理:直销经理得到经费后,根据已制定的促销方案,将经费分别用于不同的促销方式,如图6-18所示。

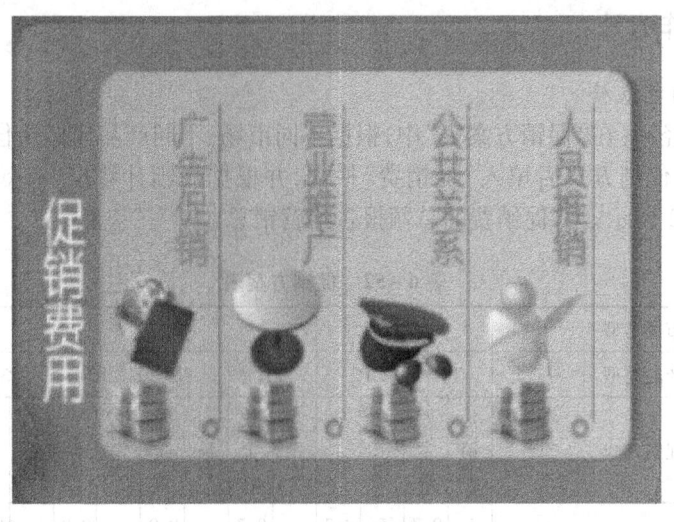

图6-18 直销部促销

(3)流程表。

营销总监:根据"促销方案表"中所支出的促销费,在流程表相应栏内填入相应的经费额,如表6-54所示。

表6-54 流程表填写栏

	操作流程	角色分工	填写表格	资金归口	记录(四个周期)			
					一	二	三	四
22	制定促销方案及促销	直销经理/营销总监	4-3/2-1	营销经费		20		

6.2.16 竞标单填写

当直销经理执行完成促销方案之后,就要在各市场参加各类产品的竞标。竞标单填写时最主要考虑的数据就是"竞标价"。"竞标价"也就是产品最后在市场上的成交价格,它直接影响到企业的销售收入。在定价时要考虑到各类产品的生产成本,包括运输成本、促销成本和人员成本等综合因素,制定出最优的竞标价。

 操作方法

(1)角色表格。

直销经理:在"竞标单"中填写有效促销额、薪酬激励、企业品牌价值加成及企业制定的产品的最终竞标价,最后得出某个市场某类产品的市场竞标额。把各市场各类产品的"市场竞标额"填写在"交互表"(见附录8)中并交给裁判,如表6-55所示。

表6-55 竞标单

市场类型	M1		M2			M3	
产品类型	P1	P2	P1	P2	P3	P3	P4
竞标价	8	10					
有效促销额	9.6	9.6					
薪酬激励		12					
企业品牌价值加成	0						
市场竞标额	4.36	5.96					
竞标成功订单号	DN11101	DN11201					
订单数量	12	6					
订单账期	3	2					

(2)流程表。

营销总监:当直销部经理竞标完成后,报给营销总监。填写流程表时在相应栏内打"√",如表6-56所示。

表 6-56 流程表填写栏

操作流程		角色分工	填写表格	资金归口	记录(四个周期)			
					一	二	三	四
23	竞标单填写	直销经理	4-3			√		

6.2.17 市场竞标-开标

待各公司竞标单填写完成,并把"交互表"交给裁判后,裁判根据各公司提交的"交互表",对各市场各类产品的市场竞标额由低到高进行排名;然后,各公司根据规则进行选单。在选单时需要考虑公司的实际生产能力,尽量避免选择会造成公司违约的订单。

操作方法

营销总监:在市场竞标-开标完成后,营销总监需要在流程表相应栏内打"√",如表6-57所示。

表 6-57 流程表填写栏

操作流程		角色分工	填写表格	资金归口	记录(四个周期)			
					一	二	三	四
24	市场竞标-开标	直销经理	★			√		

6.2.18 产品运输

运营总监在完成产品生产后,要对所生产的产品进行运输。根据规则,不同产品有不同的运输要求,所需要的单位成本也不相同;各期都是在产品生产之后立即运输。

操作方法

(1)角色表格。

运营总监:在完成产品生产后,运营总监需要根据年初的战略规划将产品运输到相应的市场,在"产品运输表"相应的周期中填入相应市场的相应产品运输总数及运输费,最后计算出"运输费合计",报给总经理,如表6-58所示。

表6-58 产品运输表

周期	产品类型	运输方式	运输总数 M1	运输总数 M2	运输总数 M3	运输费	运输费合计
第一周期	P1	水路运输					
	P2	铁路运输					
	P3	公路运输					
	P4	航空运输					
第二周期	P1	水路运输	16			16	22
	P2	铁路运输	6			6	
	P3	公路运输	0			0	
	P4	航空运输	0			0	
第三周期	P1	水路运输					
	P2	铁路运输					
	P3	公路运输					
	P4	航空运输					
第四周期	P1	水路运输				0	6
	P2	铁路运输				6	
	P3	公路运输				0	
	P4	航空运输				0	

总经理:根据运营总监报送的运输费,在"总经费使用表"中支出相应的经费,如表6-59所示。

表6-59 总经费使用表填写栏

周期	第一周期	第二周期	第三周期	第四周期	合计
运输费	0	22	0	6	28

(2)角色盘面。

总经理:根据运营总监报送的运输费,在"总经费"中支出相应的经费,交给运营总监。

运营总监:将从总经理处领取的费用,根据各产品运输方式的不同,在各运输方式上放置相应的费用,如图6-19所示。

(3)流程表。

营销总监:根据"总经费使用表"中所支出的运输费,在流程表相应栏内填

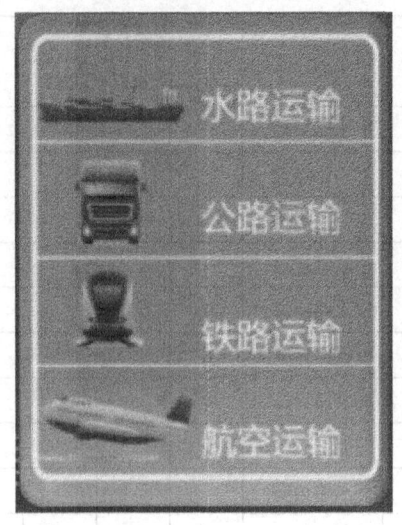

图 6-19 运输费用

写相应的经费额,如表 6-60 所示。

表 6-60 流程表填写栏

	操作流程	角色分工	填写表格	资金归口	记录(四个周期)			
					一	二	三	四
25	产品运输	运营总监/总经理	3-2/1-1	总经费	0	22	0	6

6.2.19 产品市场间调货

运营总监在完成产品生产后,根据年初制定的战略规划,将产品运输到相应的市场,进行产品的销售。但在运营过程中可能会发生一些变化,这时就需要运营总监在各市场间进行相应的产品调货,在产品调货的过程中会产生相应的成本。

 操作方法

(1)角色表格。

运营总监:根据"产品调整表",运营总监根据各市场间的需求进行产品调货,必须确认相应的调货起始地、调货目的地、产品类型及调货数量,最后确认

相应的调货费,报给总经理,如表 6-61 所示。

表 6-61 产品调整表

周期	调货起始地	调货目的地	产品类型	调货数量	调货费

总经理:根据运营总监报送的"调货费",在"总经费使用表"中支出相应的经费,如表 6-62 所示。

表 6-62 总经费使用表填写栏

周期	第一周期	第二周期	第三周期	第四周期	合计
调货费	0	0	0	0	0

(2)角色盘面。

总经理:根据运营总监报送的调货费,在"总经费"中支出相应的经费,交给运营总监。

运营总监:将从总经理处领取的费用,放置在"调货费"处,如图 6-20 所示。

图 6-20 产品调货费

(3)流程表。

营销总监:根据"总经费使用表"中所支出的调货费,在流程表相应栏内填入相应的经费额,如表 6-63 所示。

表 6-63 流程表填写栏

操作流程		角色分工	填写表格	资金归口	记录（四个周期）			
					一	二	三	四
26	产品市场间调货（随时）	运营总监/总经理	3-3/1-1	总经费	0	0	0	6

6.2.20 直销部交货

在每年第二周期直销部市场竞标选单完成之后，直销经理根据每张订单的产品数量需求信息，从运营总监处领取相应的产品数量，并计算出各订单的应收账款，交到裁判处领取相应的费用。

操作方法

（1）角色表格。

直销经理：根据市场竞标的情况，在"直销收入统计表"中填入各市场竞标成功的产品订单需求数量、销售数量（实际交货量）、竞标价，计算出相应的应收款，到裁判处领取相应的费用。如果实际交货量小于竞标单需求数量，则还要计算违约金，如表 6-64 所示。

表 6-64 直销收入统计表

市场类型	M1		M2			M3			全年总销售量
产品类型	P1	P2	P1	P2	P3	P3	P4		
订单编号	DN11101	DN11201							
订单需求数量	12	6							
销售数量	12	6							
竞标价	8	10							
应收款	96	60							
应收款合计				156					违约金合计
违约金									

总经理：根据直销经理报送的费用金额，在"应收款与贴现表"中相应的周期栏内填入相应的"应收款"金额。每张订单都有相应的账期，当订单账期到期时进入"周期回款"，如表 6-65 所示。

表 6-65 应收款与贴现表

	第一周期	第二周期	第三周期	第四周期
应收款	0	156	156	156
申请贴现额	0	0	0	0
贴现息	14%			
贴现净额	0	0	0	0
周期回款	0	0	0	60
实收款	0	0	0	60

(2) 角色盘面。

运营总监：根据直销经理报送的订单产品数量，运营总监将相应的产品交给直销经理，再由直销经理交给裁判，换取相应的销售收入，交给总经理。

总经理：直销经理将产品交给裁判后，领回销售收入。总经理根据各订单的账期，放置在盘面的"应收账款"相应的账期内，如图 6-21 所示。

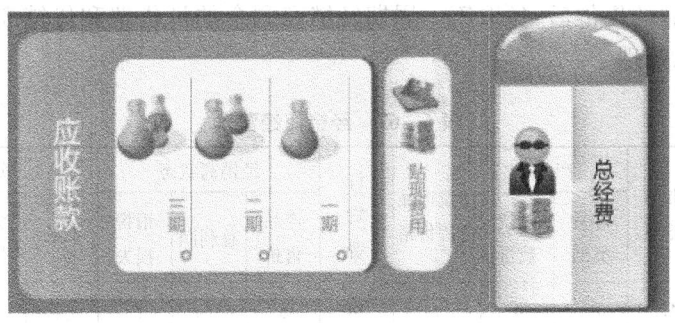

图 6-21 应收账款放置处

(3) 流程表。

营销总监：根据"直销收入统计表"中的应收款，在流程表相应栏内填写相应的数额，如表 6-66 所示。

表 6-66 流程表填写栏

	操作流程	角色分工	填写表格	资金归口	记录（四个周期）			
					一	二	三	四
27	直销部交货-结算-进入应收款	直销经理/总经理	4-4/1-3	总经费		156		

6.2.21 分销商交货—结算—进入公司总经费

在运营到第四周期时,分销经理要根据年初制定的经销商订货量进行产品交货,代销商也要按规定的交货数量交货;然后,填写"交互表"交给裁判;裁判根据各公司提交的各市场各类产品的交货数量,计算出各类产品在各市场的售价。

操作方法

(1) 角色表格。

分销经理:在"经销商经营表"的"实际交货情况"中"交货数量"栏内填写相应的产品数量,并同时计算经销商的总利润、销售损失、违约金以及业务员的业绩奖励,如表6-67所示;在"代销商交货单"中代销商的"交货数量"栏内填写相应的产品数量,并同时计算相应的销售收入、让利额以及对业务员的业绩奖励,如表6-68所示。填写"交互表"交给裁判,待裁判计算出各市场各产品的售价后,领取第一周期经销商剩余的订货费和代销商的销售收入,交给总经理。

表6-67 经销商经营表

经销商编号	市场类型	产品		单位产品订货价格	订货费	经销商状态			业绩奖励	实际交货情况	
		订货类型	订货数量			产品售价	总利润	销售损失		交货数量	违约金
经101	M1	P1	4	7	28	6	-4	2		4	
					0						
					0						
					0						
					0						
					0						
全年总订货量			4	订货费合计	28	销售损失合计			违约金合计		

表 6-68 代销商交货单

市场类型	M1		M2			M3		全年代销商交货数量总计
产品类型	P1	P2	P1	P2	P3	P3	P4	
代销商编号		代201						
交货数量		6						6
产品售价		13						全年代销商销售收入总计
销售收入	0	78	0	0	0	0	0	78
让利额	0	16	0	0	0	0	0	
业绩奖励		2						

总经理:根据分销经理报送的"销售收入",在"总经费使用表"相应栏内填入相应的销售收入,如表6-69所示。

表 6-69 总经费使用表填写栏

周期		第一周期	第二周期	第三周期	第四周期	合计
销售收入	销售收入	6			22	28
	代销收入				78	78

(2)角色盘面。

总经理:将分销经理上交的销售收入放入盘面"总经费"处。

(3)流程表。

营销总监:根据"总经费使用表"中的销售收入,在流程表相应栏内填入相应的经费额,如表6-70所示。

表 6-70 流程表填写栏

	操作流程	角色分工	填写表格	资金归口	记录(四个周期)			
					一	二	三	四
28	分销商交货-结算	分销经理/总经理	5-4/5-5/1-1	总经费				100

6.2.22 支付让利额与销售损失

根据代销商合作模式规则中的规定,公司需要在第四周期交货时支付代销商总销售收入的20%作为让利额;根据分销商合作模式规则中的规定,如果因为公司对分销的产品定价失误,导致分销商销售产品时产生销售损失(利润小于0),公司需要承担50%的销售损失。

 操作方法

(1)角色表格。

分销经理:分销经理得到"市场售价"后,"经销商经营表"和"代销商交货单"发生的销售损失、让利额,如表6-67、表6-68所示。

总经理:在"总经费使用表"相应栏填入支出的"销售损失"与"让利额",如表6-71所示。

表6-71 总经费使用表填写栏

周期	第一周期	第二周期	第三周期	第四周期	合计
销售损失				2	2
让利额				16	16

(2)角色盘面。

总经理:根据分销经理报送的"销售损失"和"让利额",从"总经费"中支付,放到盘面相应的"让利额"和"销售损失"处,如图6-22所示。

图6-22 支付让利额与销售损失

(3)流程表。

营销总监:根据"总经费使用表"中的销售损失与让利额,在流程表相应栏内填入相应的经费额,如表 6-72 所示。

表 6-72 流程表填写栏

	操作流程	角色分工	填写表格	资金归口	记录(四个周期)			
					一	二	三	四
29	支付销售损失与让利额	分销经理/总经理	5-4/5-5/1-1	总经费				18

6.2.23 支付违约金

企业每年在第二周期和第四周期都有交货。直销部在拿到订单后第二周期就要交货,如果交货的数量未满足订单需求量就会产生违约的情况;第四周期时,企业要根据经销商在第一周期的订货数量进行交货,如果交货的数量没有满足经销商的订货数量需求也会产生违约的情况。这两种情况均需根据规则分别支付相应的违约金。

操作方法

(1)角色表格。

直销经理:第二周期根据"直销收入统计表"中订单需求数量、销售数量、竞标价及实际交货数量计算出各市场产品的违约金,如表 6-64 所示。

分销经理:第四周期根据"经销商经营表"中的订货数量、实际交货情况及市场售价计算出各经销商的违约金,如表 6-67 所示。

总经理:在"总经费使用表"相应栏内填入相应的"违约金"支出额,如表 6-73 所示。

表 6-73 总经费使用表填写栏

周期	第一周期	第二周期	第三周期	第四周期	合计
违约金		0		0	0

(2)角色盘面。

总经理:根据直销经理和分销经理报送的"违约金",从"总经费"中支付,放到盘面的"违约金"处,如图 6-23 所示。

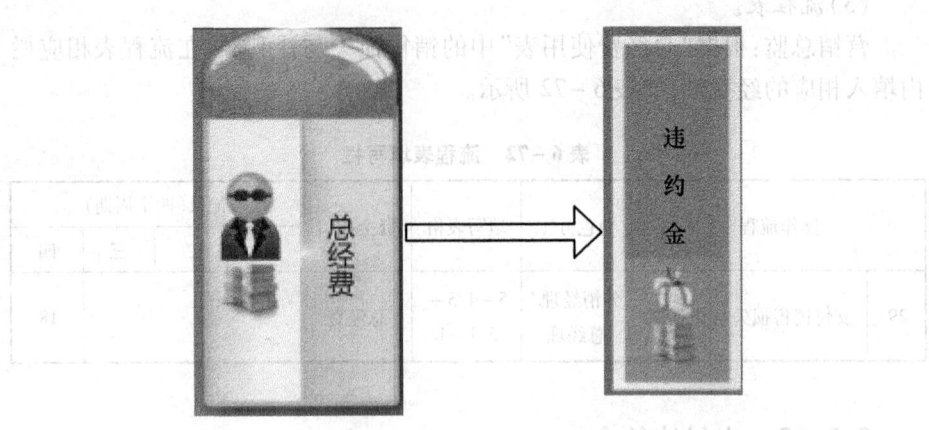

图6-23 支付违约金

(3)流程表。

营销总监:根据"总经费使用表"所支出的违约金,在流程表相应栏内填入相应的经费额,如表6-74所示。

表6-74 流程表填写栏

	操作流程	角色分工	填写表格	资金归口	记录(四个周期)			
					一	二	三	四
30	支付违约金	总经理	1-1	总经费	0			0

6.2.24 产品仓储

每周期企业根据当期产品的生产情况和销售情况对产品进行仓储。当期销售的产品不需要进行仓储费用的支付。

 操作方法

(1)角色表格。

运营总监:运营总监需要对每期未销售的产品进行产品仓储,根据当期实际的销售情况,在"产品库存表"中统计未销售的产品进行仓储,支付相应的仓储费。仓储费的支付需要向总经理申请,如表6-75所示。

表 6-75 产品库存表

周期	类型	M1		M2			M3	
		P1	P2	P1	P2	P3	P3	P4
第一周期	期初盘点	0	0	0	0	0	0	0
	产品生产运输(+)							
	产品调货(-/+)							
	交货(-)							
	期末盘点							
	仓储费							
第二周期	期初盘点							
	产品生产运输(+)	16	6					
	产品调货(-/+)							
	交货(-)	12	6					
	期末盘点	4	0	0	0	0	0	0
	仓储费	2						
第三周期	期初盘点	4						
	产品生产运输(+)							
	产品调货(-/+)							
	交货(-)							
	期末盘点	4						
	仓储费	2						
第四周期	期初盘点	4						
	产品生产运输(+)		6					
	产品调货(-/+)							
	交货(-)	4	6					
	期末盘点	0	0	0	0	0	0	0
	仓储费							

总经理:在"总经费使用表"相应栏内支付相应的仓储费,如表 6-76 所示。

表6-76 总经费使用表填写栏

周期	第一周期	第二周期	第三周期	第四周期	合计
仓储费	0	2	2	0	4

(2)角色盘面。

总经理:根据运营总监报送的费用,从"总经费"中支付相应的经费,交给运营总监。

运营总监:运营总监从总经理处领取相应的经费,放置在盘面的"仓储费"处,如图6-24所示。

图6-24 仓储费

(3)流程表。

营销总监:根据"总经费使用表"中支出的仓储费,在流程表相应栏内填入相应的经费额,如表6-77所示。

表6-77 流程表填写栏

	操作流程	角色分工	填写表格	资金归口	记录(四个周期)			
					一	二	三	四
31	产品仓储	总经理	1-1	总经费	0		0	

6.2.25 直销部与分销商维护

在每年第四周期末时,营销总监要督导直销经理和分销经理对当期所有的销售点(直销部与分销商)进行年末维护。

操作方法

(1)角色表格。

直销经理:根据本年度直销部的建设情况,对各市场的直销部进行相应的维护,在第四周期还未建设完成的直销部不需要进行维护。在"直销部建设维护表"中建成的直销部"年末维护费"栏内填入相应的数额,报送营销总监,如

表6-38所示。

分销经理:根据本年度分销商的建设情况,对各市场的分销商进行相应的维护,在第四周期还未建设完成的分销商不需要进行维护。在"分销商建设维护表"中建成的分销商"年末维护费"栏内填入相应的数额,报送营销总监,如表6-37所示。

营销总监:在"市场营销经费使用表"相应栏内支出相应的经费,如表6-78所示。

表6-78 市场营销经费使用表填写栏

周期		第一周期	第二周期	第三周期	第四周期	合计
销售点维护费	直销部维护费				6	6
	分销商维护费				7	7

(2)角色盘面。

营销总监:根据直销经理与分销经理报送的费用,从"市场营销经费"中支出相应的金额,分别交给直销经理与分销经理。

直销经理:根据营销总监分配的维护经费,放置在各市场直销部的"维护费"处,如图6-25所示。

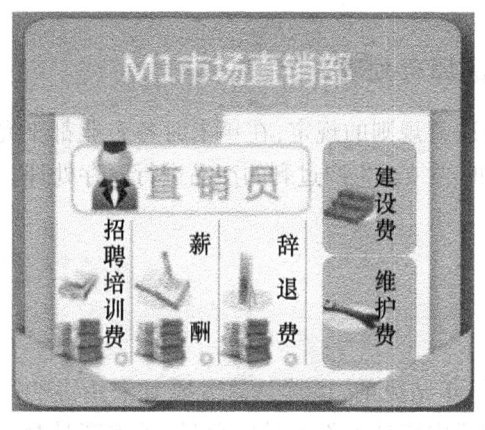

图6-25 直销部维护费

分销经理:根据营销总监分配的维护经费,放置在各市场分销商的"维护费"处,如图6-26所示。

(3)流程表。

营销总监:根据"市场营销经费使用表"中所支出的维护费,在流程表相应栏内填入相应的经费额,如表6-79所示。

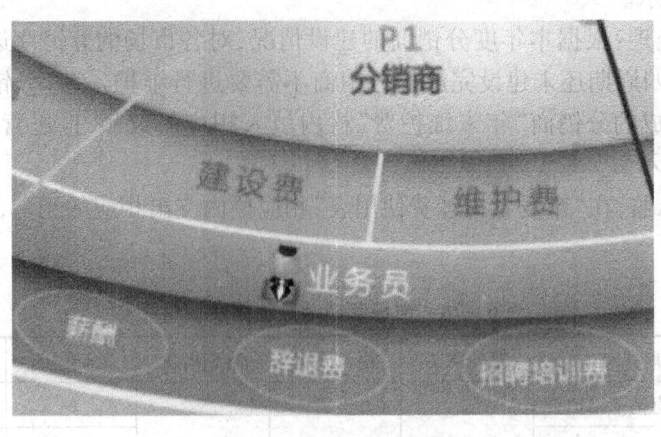

图 6-26 分销商维护费

表 6-79 流程表填写栏

操作流程		角色分工	填写表格	资金归口	记录(四个周期)			
					一	二	三	四
32	直销部与分销商维护	直销与分销经理/营销总监	4-1/5-2/2-1	营销经费				13

6.2.26 产品库存处理

根据市场营销运营规则的规定,在年末时各企业都不允许有库存的情况,所以在第四周期末时必须对生产过剩的产品进行库存处理。

 操作方法

(1)角色表格。

运营总监:在每年结束前,运营总监需要对未销售的产品进行清仓处理。在"产品库存处理表"中统计各类产品库存量,各类产品都有相应的处理单价,然后计算出相应的"产品处理总收入",如表 6-80 所示。

表 6-80 产品库存处理表

产品类型	P1	P2	P3	P4
产品库存量	0	0	0	0
产品处理单价	3.6	4.6	6.2	7.8

续表

产品类型	P1	P2	P3	P4
产品处理收入	0	0	0	0
产品处理总收入	0			

总经理：根据运营总监报送的产品库存处理收入，在"总经费使用表"相应栏内填入相应产品库存处理收入额，如表6－81所示。

表6－81　总经费使用表填写栏

周期		第一周期	第二周期	第三周期	第四周期	合计
销售收入	库存处理收入				0	0

（2）角色盘面。

总经理：运营总监根据需要将库存处理的产品计算出相应的库存处理收入交给裁判，并领取相应的处理收入交给总经理，放入"总经费"中。

（3）流程表。

营销总监：根据"总经费使用表"中的库存处理收入，在流程表相应栏内填入相应的收入额，如表6－82所示。

表6－82　流程表填写栏

	操作流程	角色分工	填写表格	资金归口	记录（四个周期）			
					一	二	三	四
33	产品库存处理	运营总监/总经理	3－4/1－1	总经费				0

6.2.27　产品售后服务

企业每年第二、第四周期在各市场进行产品销售，客服经理应主动从直销经理和分销经理处了解当期的销售情况，并在各市场安排客户服务人员进行产品售后服务。

 操作方法

（1）角色表格。

客服经理：在"产品维护表"中统计各期各市场产品的销售数量，并安排相应的客服人员，计算出售后服务费、所需客服员、多服务数量及业绩奖励，将最

后所需要的维护费用报给营销总监,如表6-83所示。

表6-83 产品维护表

市场类型		M1		M2			M3		小计
产品类型		P1	P2	P1	P2	P3	P3	P4	
第二周期	产品维护数量	12	6	0	0	0	0	0	
	售后服务费	5	4	0	0	0	0	0	9
	所需客服员	1	1	0	0	0	0	0	
	多服务数量	2	0	0	0	0	0	0	
	业绩奖励	0	0	0	0	0	0	0	0
第四周期	产品维护数量	4	6	0	0	0	0	0	
	售后服务费	2	4	0	0	0	0	0	6
	所需客服员	1	1	0	0	0	0	0	
	多服务数量	0	0	0	0	0	0	0	
	业绩奖励	0	0	0	0	0	0	0	0
库存处理产品		P1	P2	P3	P4		合计		
库存处理产品数量		0	0	0	0				
库存处理售后服务费		0					0		

营销总监:在"市场营销经费使用表"相应栏内填入相应的费用支出额,如表6-84所示。

表6-84 市场营销经费使用表填写栏

周期	第一周期	第二周期	第三周期	第四周期	合计
产品售后服务费		9		6	15

(2)角色盘面。

营销总监:根据客服经理报送的费用,从"市场营销经费"处拿出相应的经费交给客服经理。

客服经理:在营销总监处领取相应的费用后,根据"产品维护表"中各市场所需要的经费,分别放置于各市场客户服务的"售后服务费"处,如图6-27所示。

(3)流程表。

营销总监:根据"市场营销经费使用表"中所支出的产品售后服务费,在流程表相应栏内填入相应的经费额,如表6-85所示。

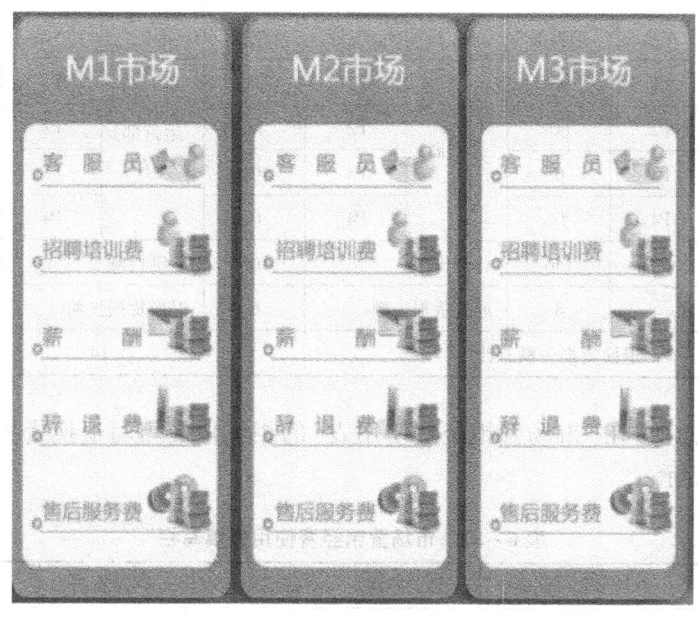

图 6-27 售后服务费

表 6-85 流程表填写栏

	操作流程	角色分工	填写表格	资金归口	记录（四个周期）			
					一	二	三	四
34	产品售后服务	客服经理/营销总监	6-2/2-1	营销经费	9			6

6.2.28 退换货损失

企业已销售的产品，不能保证100%没有问题，对出现问题的产品客户会要求相应的退换货。企业需要一定的人力及相应的产品补给，在这一过程中产生的费用为退换货损失，每年第四周期末时，由客服经理进行统计，并报送营销总监。

 操作方法

（1）角色表格。

客服经理：在"退换货损失额统计表"中统计各销售渠道销售产品的退换货情况，并将最后的"退换货损失额总计"报送营销总监，如表6-86所示。

表6-86 退换货损失额统计表

部门	产品	销售额	部门	产品	销售额	部门	产品	销售额
直销部	P1	96	分销商	P1	28	运营部（库存）	P1	0
	P2	60		P2	78		P2	0
	P3	0		P3	0		P3	0
	P4	0		P4	0		P4	0
总销售额		156	总销售额		106	总销售额		0
退换货损失额		8	退换货损失额		6	退换货损失额		0
退换货损失额总计								14

营销总监：在"市场营销经费使用表"的相应栏内填写退换货损失额，如表6-87所示。

表6-87 市场营销经费使用表填写栏

周期	第一周期	第二周期	第三周期	第四周期	合计
退换货损失额				14	14

（2）角色盘面。

营销总监：根据客服经理报送的费用，从"市场营销经费"处领取相应的费用交给客服经理。

客服经理：在营销总监处领取相应的费用后，将这笔费用放置在盘面"退换货损失额"处，如图6-28所示。

图6-28 退换货损失额

(3) 流程表。

营销总监:根据"市场营销经费使用表"中所支出的退换货损失额,在流程表相应栏内填入相应的经费额,如表 6-88 所示。

表 6-88 流程表填写栏

操作流程		角色分工	填写表格	资金归口	记录(四个周期)			
					一	二	三	四
35	退换货损失额	客服经理/营销总监	6-3/2-1	营销经费				14

6.2.29 经销商流失与分销商合作关系解除

每年第四周期期末,各经销商将根据本年度的销售净利润进行判断,是否下一年还会与企业进行合作。在销售的过程中,如果企业没有保证经销商的利益或者经销商未实现预期的利益,经销商在下一年开始前就会与企业自动解除合作关系;同样,各企业也会根据当年分销商的销售情况进行相应的判断,决定下一年是否继续合作。如果决定一下年不继续合作,这时企业就需支付一笔解除费,与分销商解除合作关系。

 **操作方法**

(1) 角色表格。

分销经理:在"经销商流失与分销商合作关系解除表"中填写各分销商的信息,主要信息有"需求是否满足"和"当年利润率"。根据这两项内容判断经销商"是否流失",如果流失,在"解除合作关系"栏内打"√",但不需要支付"合作关系解除费";如果分销商非主动流失,而是企业主动与其解除合作关系,那么就在"解除合作关系"栏内打"√",然后;在"合作关系解除费"栏内填写金额,并报送营销总监,如表 6-89 所示。

表 6-89 经销商流失与分销商合作关系解除表

分销商编号	需求是否满足	当年利润率	是否流失	解除合作关系	合作关系解除费
经101	满足	-16.67%	流失	√	0
代201					0
					0
合计					0

营销总监:在"市场营销经费使用表"中支出相应的合作关系解除费,如表 6-90 所示。

表 6-90 市场营销经费使用表填写栏

周期	第一周期	第二周期	第三周期	第四周期	合计
合作关系解除费				0	0

(2)角色盘面。

分销经理:根据"经销商流失与分销商合作关系解除表"中填写的记录,将流失的经销商与解除合作关系的分销商卡片交给裁判。

营销总监:根据分销经理报送的费用,从"市场营销经费使用表"中支出相应的经费,放置在"合作关系解除费"处,如图 6-29 所示。

图 6-29 合作关系解除费

(3)流程表。

营销总监:根据"市场营销经费使用表"中所支出的合作关系解除费,在流程表相应栏内填入相应的金额,如表 6-91 所示。

表 6-91 流程表填写栏

	操作流程	角色分工	填写表格	资金归口	记录(四个周期)			
					一	二	三	四
36	分销商合作关系解除费	分销经理/营销总监	5-7/2-1	营销经费				0

6.2.30 直销部裁撤

在公司运营的过程中,可以根据发展的需要把相对盈利能力差的直销部裁撤,从而节省资金,减轻公司的资金负担,也可以根据产品策略的调整进行直销部的裁撤。

(1) 角色表格。

直销经理:在"直销部裁撤表"的裁撤费中,放入相应的裁撤费即可。但相应裁撤的直销人员还是保留,需要独立辞退,也可以根据需要将该直销部的直销人员在下年初调整到其他市场的直销部,如表6-92所示。

表6-92 直销部裁撤表

市场类型	建设费				年末维护费	裁撤费
	第一周期	第二周期	第三周期	第四周期		
M1	4	4			6	
M2						
M3						
小计	4	4	0	0	6	
合计	8					

营销总监:在"市场营销经费使用表"中确认支付直销部的裁撤费,如表6-93所示。

表6-93 市场营销经费使用表填写栏

周期	第一周期	第二周期	第三周期	第四周期	合计
裁撤费				0	0

(2) 角色盘面。

直销经理:根据"直销部裁撤表"中填写的记录,把裁撤的直销部卡片交给裁判。

营销总监:根据直销经理报送的费用,从"市场营销经费"中支出相应的经费,放置在"裁撤费"处,如图6-30所示。

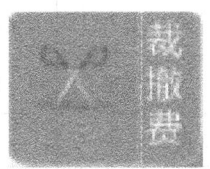

图6-30 裁撤费

(3) 流程表。

营销总监:根据"市场营销经费使用表"中所支出的"裁撤费",在流程表中填入相应的金额,如表6-94所示。

表6-94 流程表填写栏

	操作流程	角色分工	填写表格	资金归口	记录(四个周期)			
					一	二	三	四
37	直销部裁撤费	营销总监	4-2/2-1	营销经费				0

6.2.31 支付薪酬——辞退人员

企业在第四周期期末时需要支付员工薪酬。薪酬包括年初设定的基本工资以及年初设定的直销员业绩奖励、客服员产品维护业绩奖励和各分销商业务员业绩奖励。工资及奖励金额由营销总监统计。

在第四周期期末时,根据企业当时的情况,可以对富余人员进行辞退,并支付相应的辞退费用。

操作方法

(1)角色表格。

分销经理:根据"经销商经营表"和"代销商交货单表"计算出业务员的人数及业绩奖励额,并报送营销总监。

客服经理:根据"产品维护表"计算出客服人员的人数及业绩奖励,并报送营销总监。

营销总监:在"薪酬明细表"中计算各市场各类人员的年末薪酬,如表6-95所示;在"人员变动表"中可以根据需要辞退富余人员,如表6-96所示;在"市场营销经费使用表"中支出相应的经费,如表6-97所示。

表6-95 薪酬明细表

市场类型	M1					M2						M3				
人员	直销员		业务员		客服员	直销员			业务员			客服员	直销员		业务员		客服员
产品类型	P1	P2	P1	P2		P1	P2	P3	P1	P2	P3		P3	P4	P3	P4	
人数	1	2	1	1	2												
人均基本工资	4	4	4	4	3												
业绩奖励				2													
薪酬小计	4	8	4	6	6												
市场薪酬小计	28																
合计							28										

表6-96 人员变动表

市场类型	M1					M2						M3				
人员	直销员		业务员		客服员	直销员			业务员			客服员	直销员		业务员		客服员
产品类型	P1	P2	P1	P2		P1	P2	P3	P1	P2	P3		P3	P4	P3	P4	
年初人数	0	0	0	0	0												
调整人数																	
人员调整(市场)																	
人员调整(产品)																	
调整后人数																	
新招聘人数	1	2	1	1	2												
紧急招聘人数																	
在职人数	1	2	1	1	2												
辞退人数																	
单位辞退费用																	
辞退费用小计																	
年末人数	1	2	1	1	2												

表6-97 市场营销经费使用表填写栏

周期	第一周期	第二周期	第三周期	第四周期	合计
人员薪酬				28	28
辞退费				0	0

(2)角色盘面。

营销总监:根据"薪酬明细表"中计算的薪酬与"人员变动表"中计算的辞退费用,从"市场营销经费"中拿出相应的经费,分别交给三位职能经理。

分销经理:根据市场在盘面中分配各业务员的薪酬与辞退费,如果辞退则将其业务员的标志交给裁判。

直销经理:根据市场在盘面中分配各直销员的薪酬与辞退费,如果辞退则将其直销员的标志交给裁判。

客服经理:根据市场在盘面中分配各客服员的薪酬与辞退费,如果辞退则将其客服员的标志交给裁判。如图6-31所示。

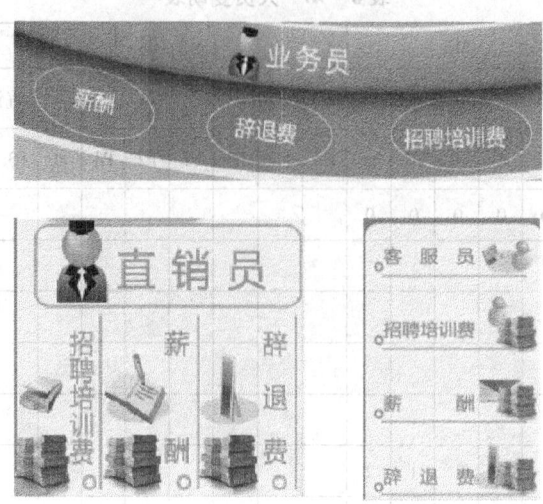

图 6-31　业务员、直销员、客服员薪酬、辞退费

(3) 流程表。

营销总监:根据"市场营销经费使用表"中所支出的人员薪酬及辞退费,在流程表相应栏内填入相应的经费额,如表 6-98 所示。

表 6-98　流程表填写栏

操作流程		角色分工	填写表格	资金归口	记录(四个周期)			
					一	二	三	四
38	支付薪酬-人员辞退	营销总监	2-3/2-5	营销经费				28

6.2.32　紧急市场营销经费申请(随时)

营销总监在经费使用的过程中,可能会产生市场营销经费不足的情况。这时需要向总经理紧急申请市场营销经费,进行这项操作会产生一定的紧急经费损失。所以,进行年初规划时应尽量把控好市场营销经费的申请额度,尽量避免不必要的损失。

 **操作方法**

(1) 角色表格。

营销总监:在"市场营销经费使用表"的"市场营销经费紧急申请额"栏内填入需要申请的经费额,在"紧急经费损失额"栏内填入所申请经费相应的损失

(10%),如表 6-99 所示。

表 6-99 市场营销经费使用表填写栏

周期	第一周期	第二周期	第三周期	第四周期	合计
市场营销经费紧急申请额	0	0	0	40	40
紧急经费损失额	0	0	0	4	4

总经理:在"总经费使用表"的"市场营销经费紧急申请额"栏内填入营销总监所申请的经费额,如表 6-100 所示。

表 6-100 总经费使用表填写栏

周期	第一周期	第二周期	第三周期	第四周期	合计
市场营销经费紧急申请额	0	0	0	40	40

(2)角色盘面。

总经理:根据营销总监申请的"市场营销经费紧急申请额",从盘面"总经费"中支出相应的费用,交给营销总监。

营销总监:从总经理处领取"市场营销经费",将其中的 10% 放置在"经费损失"处,如图 6-32 所示。

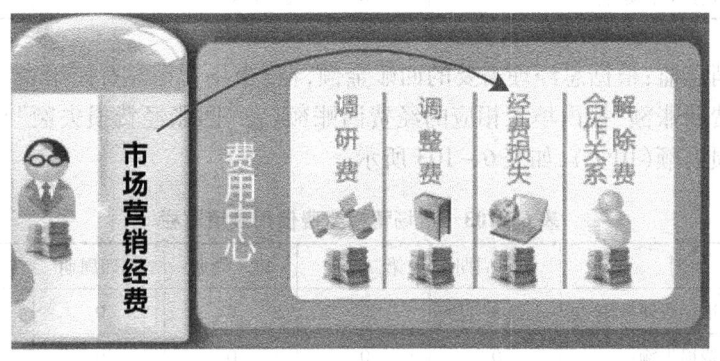

图 6-32 经费损失

(3)流程表。

营销总监:根据"市场营销经费使用表"中填入的申请额与损失额,在流程表的相应栏内填入相应的经费额,如表 6-101 所示。

表6-101　流程表填写栏

操作流程		角色分工	填写表格	资金归口	记录(四个周期)			
					一	二	三	四
39	市场营销经费紧急申请额	营销总监/总经理	2-2/1-1	总经费	0	0	0	40
40	紧急经费损失额	营销总监	2-1	营销经费	0	0	0	4

6.2.33　市场营销经费回账额(随时)

在年初时,可能会因为营销总监申请的市场营销经费过多,在企业运营的过程中会出现总经费不足的情况,这时就需要从市场营销经费中回账。在进行这项操作时也会产生一定的经费损失。

操作方法

(1)角色表格。

总经理:在"总经费使用表"的"市场营销经费回账额"栏内填入需要申请的回账额,如表6-102所示。

表6-102　总经费使用表填写栏

周期	第一周期	第二周期	第三周期	第四周期	合计
市场营销经费回账额	0	0	0	0	0

营销总监:根据总经理需要的回账金额,在"市场营销经费使用表"的"市场营销经费回账额"栏内填入相应的经费回账额,在"回账经费损失额"栏内填入相应的损失额(10%),如表6-103所示。

表6-103　市场营销经费使用表填写栏

周期	第一周期	第二周期	第三周期	第四周期	合计
市场营销经费回账额	0	0	0	0	0
回账经费损失额	0	0	0	0	0

(2)角色盘面。

营销总监:根据总经理需要的回账金额,从"市场营销经费"处取出相应的经费,将损失额放置在盘面"经费损失"处,将减掉损失额的"市场营销经费回账额"交给总经理,如图6-33所示。

总经理：将营销总监交回的"市场营销运营经费回账额"放置在盘面"总经费"中。

图 6-33　营销经费回账

（3）流程表。

营销总监：根据"市场营销经费使用表"中填写的经费回账额与损失额，在流程表的相应栏内填入相应的经费额，如表 6-104 所示。

表 6-104　流程表填写栏

	操作流程	角色分工	填写表格	资金归口	记录（四个周期）			
					一	二	三	四
41	市场营销经费回账额	营销总监/总经理	2-2/1-1	总经费	0	0	0	9
42	回账经费损失额	营销总监	2-1	营销经费	0	0	0	9

6.2.34　公司管理费

每年公司管理费的经费总额是根据公司所拥有的销售点的数量决定的，销售点包括直销部与分销商。在每期企业运营结束时，前三个周期需要支付 2K 的基础管理费，在第四周期结束时需要支付剩余的管理费。

（1）角色表格。

总经理：在"总经费使用表"相应栏内填写相应的管理费，如表 6-105 所示。

表 6-105　总经费使用表填写栏

周期	第一周期	第二周期	第三周期	第四周期	合计
公司管理费	2	2	2	2	8

(2)角色盘面。

总经费:从"总经费"中取出相应的经费放置在"公司管理费用"处,如图6-34所示。

图6-34 公司管理费用

(3)流程表。

营销总监:根据"总经费使用表"中填入的管理费,在流程表相应栏内填入相应的经费额,如表6-106所示。

表6-106 流程表填写栏

	操作流程	角色分工	填写表格	资金归口	记录(四个周期)			
					一	二	三	四
43	公司管理费	总经理	1-1	总经费	2	2	2	2

6.2.35 期末费用汇总

(1)角色表格。

总经理:根据"总经费使用表"中经费支出及收入的情况,对每一周期的经费成行汇总,如表6-107所示。

①第一周期期初总经费 = 年初总经费/上年度剩余总经费 - 营销运营经费申请额;

②期末总经费支出合计 = ISO体系认证费 + 贴现费 + 生产成本 + 运输费 + 让利额 + 销售损失 + 违约金 + 仓储费 + 市场营销经费紧急申请额

③期末剩余总经费 = 期初总经费 - 期末支出合计 + 销售收入

④年度公司运营成本 = ISO体系认证费 + 贴现费 + 生产成本 + 运输费 + 让利额 + 销售损失 + 违约金 + 仓储费 + 公司管理费 + 调货费

⑤年末剩余总经费 = 第四周期期末剩余总经费

表 6-107 总经费使用表填写栏

周期	第一周期	第二周期	第三周期	第四周期	合计
期末总经费支出合计	4	96	6	89	195
期末剩余总经费	202	106	100	111	
年度公司运营成本				155	
年末剩余总经费				111	

营销总监:根据"市场营销经费使用表"中支出和剩余的情况,对每一周期的经费成行汇总,如表 6-108 所示。

①第一周期期初市场营销经费 = 上年度剩余市场营销经费 + 市场营销经费申请额

②期末市场营销经费支出合计 = 市场营销信息调研费 + 招聘培训费 + 分销商市场(商品)调整费 + 销售点建设费 + 促销费 + 销售维护费 + 产品售后服务费 + 退换货损失额 + 合作关系解除费 + 员工薪酬 + 辞退费 + 紧急经费损失额 + 市场营销经费回账额 + 回账经费损失额

③期末剩余市场营销经费 = 期初市场营销经费 - 期末市场营销经费支出合计

表 6-108 市场营销经费使用表填写栏

周期	第一周期	第二周期	第三周期	第四周期	合计
期末市场营销经费支出合计	34	33	0	65	132
期末剩余市场营销经费	66	33	33	8	

(2)角色盘面。

总经理:对盘面总经费进行核对。

营销总监:对盘面营销经费进行核对。

(3)流程表。

营销总监:根据"总经费使用表"和"市场营销经费使用表"进行汇总统计,如表 6-109 所示。

表6-109 流程表填写栏

操作流程		角色分工	填写表格	资金归口	记录(四个周期)			
					一	二	三	四
44	期末市场营销经费支出合计	营销总监	2-1		34	33	0	65
45	期末剩余市场营销经费	营销总监	2-1		66	33	33	8
46	期末总经费支出合计	总经理	1-1		4	96	6	89
47	期末剩余总经费	总经理	1-1		202	106	100	111

6.3 年末工作

6.3.1 超额经费损失额

在每年年末,市场营销总监需要核算本年度剩余的市场营销经费是否过多,是否因为营销总监申请的经费过多,使企业的总资金没有得到合理、科学的使用,从而导致企业在市场上错失良机。

操作方法

(1)角色表格。

营销总监:在"市场营销经费使用表"栏内支付相应的超额经费损失额,如表6-110所示。

表6-110 市场营销经费使用表填写栏

周期	第一周期	第二周期	第三周期	第四周期	合计
超额经费损失额				0	0

(2)角色盘面。

营销总监:超额经费损失从"市场营销经费"中支出,放置在"经费损失"处,如图6-32所示。

(3) 流程表。

根据"市场营销经费使用表"中的经费损失额,在流程表的相应栏内填入相应的超额经费损失额,如表6-111所示。

表6-111 流程表填写栏

操作流程		角色分工	填写表格	资金归口	记录(四个周期)			
					一	二	三	四
48	超额经费损失额	营销总监	2-1	营销经费				0

6.3.2 年度市场营销成本

根据规定,营销总监计算本年度的市场营销成本,分别在"市场营销经费使用表"和"流程表"中填写相关数据,分别如表6-112和表6-113所示。

年度市场营销成本 = 市场营销信息调研费 + 招聘培训费 + 分销商市场(商品)调整费 + 销售点建设费 + 促销费 + 销售维护费 + 产品售后服务费 + 退换货损失额 + 合作关系解除费 + 员工薪酬 + 辞退费 + 紧急经费损失额 + 回账经费损失额 + 超额经费损失额

年末剩余市场营销经费 = 第四周期期末市场营销经费 - 超额经费损失额

表6-112 市场营销经费使用表填写栏

周期	第一周期	第二周期	第三周期	第四周期	合计
年度市场营销成本				132	
年末剩余市场营销经费				8	

表6-113 流程表填写栏

操作流程		角色分工	填写表格	资金归口	记录(四个周期)			
					一	二	三	四
49	年度市场营销成本	营销总监	2-1	营销经费				132

6.3.3 填写报表

当企业运营到这一步时,说明前面四个周期的市场经营已经顺利地完成了,此时利用填写报表的环节,可以总结这一年企业运营的成果与得失,为下一年的运营做好准备。

总经理所需填写的报表主要有利润表、评分数据统计表、公司品牌价值评定表、分销商星级评定表与总评分表。其中,评分数据统计表、公司品牌价值评定表与总评分表都要交给裁判进行最后的企业品牌价值评定。

分销经理所需填写的报表主要是分销商星级评定表,交给裁判进行公司分销商的星级评定,以便下一年提高分销商的销售能力。

(1)利润表。

表6-114 利润表

项目	金额
一、公司销售收入	262
ISO体系认证费	6
贴现费	0
生产成本	91
运输费	28
调货费	0
销售损失	2
仓储费	4
公司管理费	8
年度市场营销成本	132
二、营业利润	-9
三、营业外支出	
让利额	16
违约金	0
四、净利润	-25

表6-114主要通过公司的净利润计算,反映公司的运营状况。填写该表时应当注意以下几点:

①公司销售收入、ISO体系认证费、生产成本、销售损失、公司管理费、让利额、违约金为总经费使用表中相应项目的合计。

②年度市场营销成本参照市场营销经费使用表中的年度市场营销成本。

③营业利润=公司销售收入-(ISO体系认证费+贴现费+生产成本+运输费+调货费+销售损失+仓储费+公司管理费+年度市场营销成本)

④净利润=营业利润-(让利额+违约金)

(2)评分数据统计表。

表6-115 市场份额及渠道占有率统计表

统计大类	细分类别	详细数据
市场份额	公司总销售量	28
	市场总销售量	224
渠道占有率	公司总销售点	2
	市场总销售点	16

表6-115主要用于最后总评分时所需数据的统计与计算。填写该表时应当注意以下两点：

①市场份额=公司总销售量/市场总销售量

②渠道占有率=公司总销售点/市场总销售点

(3)公司品牌价值评定表。

表6-116 公司品牌价值评定表

项目	数值
本年度产品销售收入	
本年度市场平均产品销售收入	
本年度销售点数量	
本年度市场平均销售点数量	
上年度公司品牌价值	
本年度公司品牌价值	

表6-116用于判断公司品牌价值是否在经过一年的运营后有所变化。填写该表时应注意以下两点：

①本年度产品销售收入包括直销部销售收入、分销商销售收入和库存处理收入。

②本年度销售点数量包括直销部和分销商。

(4) 分销商星级评定表。

表6-117 分销商星级评定表

分销商编号	上年度分销商星级				上年度该市场同类产品的销售收入排名	本年度分销商星级
	一星	二星	三星	四星		

表6-117主要反映分销商星级的提升情况。当分销商上年度在某市场某产品的销售收入连续两次排名第一时,其星级可以上升一级,最高为四星。

(5) 总评分表。

表6-118 评分统计表

项目	数值
企业品牌价值加成	0
市场份额(%)	12.5
渠道占有率(%)	12.5
促销有效率(%)	96.0
净利润	-25
总评分	-30.25
年度公司排名	1

表6-118用于评定公司的运营状况,反映的是学生在市场营销中的决策能力和运营能力。填写该表时应注意以下几点:
①企业品牌价值加成=本年度企业品牌价值-3
②市场份额、渠道占有率参考评分数据统计表。
③净利润参考"利润表"。
④促销有效率=公司总的有效促销额/公司总促销成本
⑤总评分=净利润×[1+市场份额+渠道占有率+促销有效率+(企业品牌价值-3)]

7

市场营销沙盘模拟案例

7.1 市场环境介绍

7.1.1 直销市场环境分析

7.1.1.1 M1市场

M1 市场作为市场营销沙盘中的低端市场,该市场订单需求主要集中于 P1 与 P2 产品。

P1 产品的需求量随着时间的推移,在第二年与第三年达到了需求最旺盛的时期,在第四年,需求有较大幅度的下滑,在第五年,需求有小幅的上升,之后的第六年趋于平稳。

P2 产品在 M1 市场中的定位属于中端产品,相对于 P1 产品而言,需求量并不可观,只有第一年与第四年的需求量较大,第二年由于市场环境的影响,其需求量有所下滑,之后第三年至第六年的订单需求也趋于平稳,如图 7-1 所示。

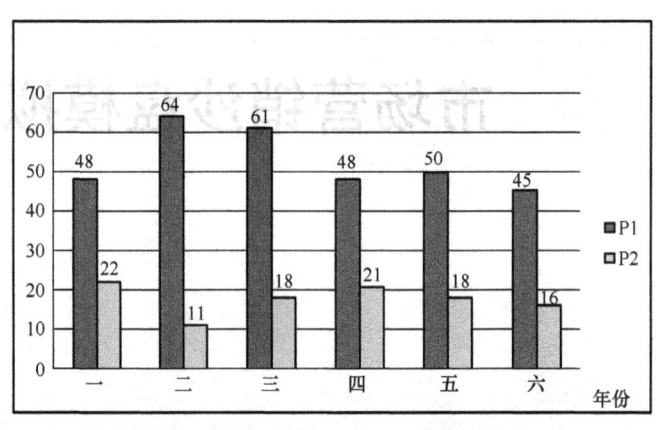

图 7-1 M1 市场直销部订单需求预测

7.1.1.2 M2市场

随着市场的发展,产品的成熟,以及企业产品质量体系 ISO9000 的完善,在第二年,M2 市场需求将会出现。M2 市场作为市场中的中端市场,该市场订单需求主要集中于 P1、P2、P3 产品。

P1 产品属于低端产品,在 M2 市场不太受欢迎,所以,订单需求量也相当少,P1 产品在 M2 市场中的需求一直处于萎靡的状态。

P2 产品在 M2 市场中属于主力型的需求产品,比较受欢迎,相应的订单需求量比较高，但也是处于比较稳定的状态，订单的需求在总量上没有出现大起大落的趋势。

P3 产品在 M2 市场中属于高端产品，在第二年会出现相应的订单需求，但需求量比较小，订单客户在试探性地使用 P3 产品。由于 P3 产品的高品质赢得了客户的青睐，在第三年时 P3 产品的需求出现了较大的提升。但由于 P3 产品属于高端产品，需求量也是有限的，第四年至第六年 P3 产品的需求表现为相当稳定，如图 7-2 所示。

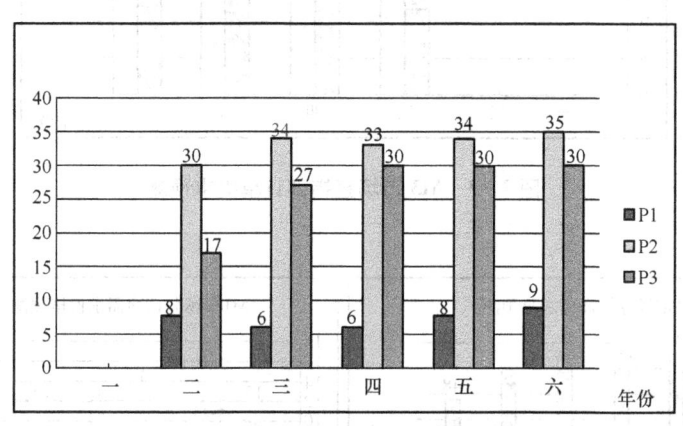

图 7-2　M2 市场直销部订单需求预测

7.1.1.3　M3 市场

随着市场的发展，企业的产品质量体系 ISO9000 与环境体系 ISO14000 逐步完善，在第三年时 M3 高端市场对 P 系列产品的认可使需求逐步出现。M3 市场的需求主要集中在 P3 与 P4 两类高端产品上，从市场的需求预测来看，M3 市场的订单需求都倾向于 P4 产品。

在第三年时 P3 与 P4 产品的需求还是比较少的，从第四年开始相应的订单需求量逐步增加，在第五年至第六年，P3 产品的需求量有所下滑，主要是因为 M3 市场更多的订单客户更加倾向于 P4 高端产品，因此，第六年时 P4 产品的需求达到了顶峰，如图 7-3 所示。

7.1.2　分销市场环境分析

7.1.2.1　M1 市场

随着市场的发展，分销市场对 P1 产品的需求每年都可能有所下滑，伴随着需求的下降，P1 产品的价格也将持续走低。P2 产品的需求在这 6 年中虽然没有大变化，但随着后续其他产品的出现，P2 产品的价格也将有所下降，如图 7-4 所示。

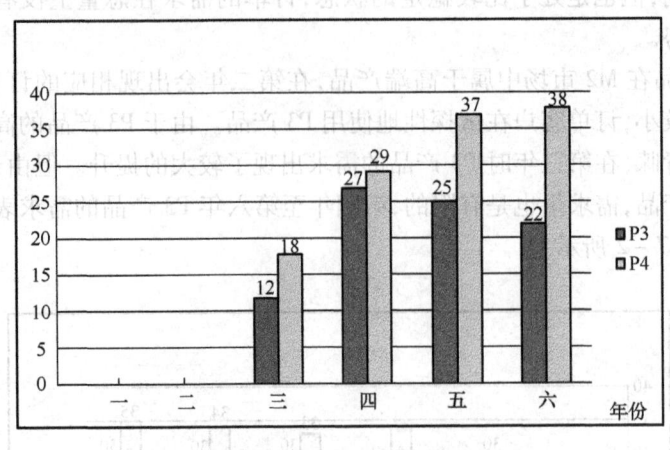

图 7-3 M3 市场直销部订单需求预测

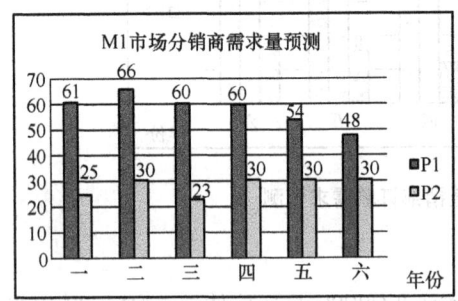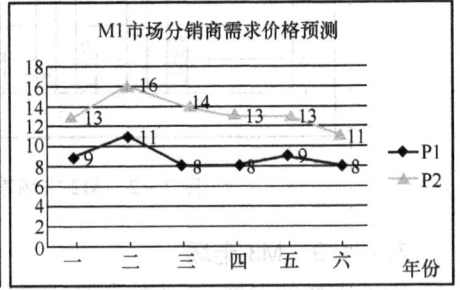

图 7-4 M1 市场分销商需求量与需求价格预测

7.1.2.2 M2 市场

在第二年时 M2 市场的产品需求出现,对 P1 产品的需求并不是很大,价格也和 M1 市场一样,处于持续走低的趋势;P2 产品在 M2 市场的需求量和需求价格也比较稳定;随着时间的推移,客户对 P3 产品的认可度越来越高,所产生的需求也越来越大,相应的,价格也显示出上扬的趋势,如图 7-5 所示。

7.1.2.3 M3 市场

M3 市场的客户可能更关注企业对产品质量体系 ISO9000 与环境体系 ISO14000 的认证,较少关注于价格。所以,在 M3 市场中 P3 与 P4 产品的价格比较高;从需求来看,对 P3 与 P4 产品的需求也相对比较稳定,如图 7-6 所示。

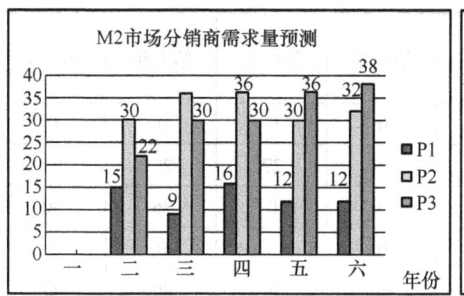
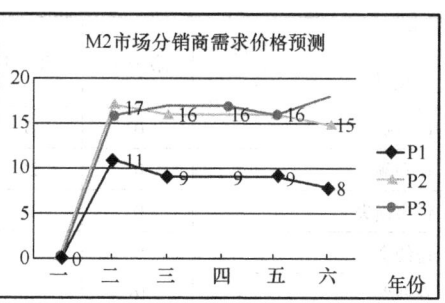

图 7－5　M2 市场分销商需求量与需求价格预测

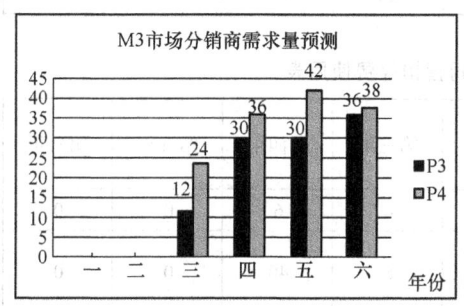
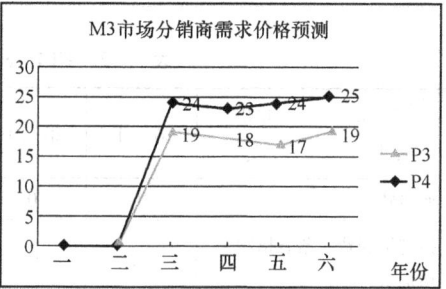

图 7－6　M3 市场分销商需求量与需求价格预测

7.2　各公司经营情况报表

7.2.1　G01 公司经营报表

表 7－1　G01 公司总经费使用表

年份 项目	第一年	第二年	第三年	第四年	第五年	第六年
ISO 体系认证费	14	4	0	40	0	0
贴现费	0	0	0	0	0	0
生产成本	108	111	214	231	163	341
运输费	33	63	141	119	116	134

续表

年份 项目	第一年	第二年	第三年	第四年	第五年	第六年
调货费	0	5	0	0	0	0
让利额	0	20	19	27	27	92
销售损失	0	0	0	0	26	30
违约金	0	0	0	0	0	0
仓储费	16	46	49	56	40	73
营销经费紧急申请额	0	0	0	0	0	0
公司管理费	8	8	14	16	16	20
期末总经费支出合计	179	257	437	449	388	690

表7-2 G01公司营销经费使用表

年份 项目	第一年	第二年	第三年	第四年	第五年	第六年
调研费	0	0	6	6	0	0
招聘培训费-紧急招聘培训费	18	18	8	40		
分销商市场(产品)调整费	0	0	2	0	0	0
直销部建设费	18	28	12	0	0	0
分销商建设费	10	15	7	6	0	28
促销费	30	30	21	52	73	72
直销部维护费	6	13	21	21	21	21
分销商维护费	6	6	17	18	18	28
裁撤费	0	0	0	0	0	0
产品售后服务费	17	19	41	43	46	56
退换货损失额	12	13	43	43	19	49
合作关系解除费	0	0	0	0	0	0
员工薪酬	36	59	104	112	102	105
辞退费	0	0	0	0	0	0
紧急经费损失额	0	0	0	0	0	0
回账经费损失额	0	0	0	0	0	0
超额经费损失额	18	6	0	1	7	0
年度市场营销成本	171	207	282	342	286	359

表7-3　G01公司利润表

年份 项目	第一年	第二年	第三年	第四年	第五年	第六年
一、公司销售收入	215	249	843	826	825	976
ISO体系认证费	14	4	0	0	0	0
贴现费	0	0	0	0	0	0
生产成本	108	111	214	231	163	341
运输费	33	63	141	119	116	134
调货费	0	5	0	0	0	0
销售损失	0	0	0	0	26	30
仓储费	16	46	49	56	40	73
公司管理费	8	8	14	16	16	20
年度市场营销成本	171	207	282	342	286	359
二、营业利润	-135	-195	143	62	178	19
三、营业外支出						
让利额	0	20	19	27	27	92
违约金	0	0	0	0	0	0
四、净利润	-135	-215	124	35	151	-73

7.2.2　G02公司经营报表

表7-4　G02公司总经费使用表

年份 项目	第一年	第二年	第三年	第四年	第五年	第六年
ISO体系认证费	14	4	0	0	0	0
贴现费	0	0	0	0	0	27
生产成本	81	151	172	249	183	314
运输费	34	59	67	105	111	156
调货费	0	0	0	0	0	0
让利额	16	49	30	42	44	59
销售损失	0	0	0	0	11	0
违约金	0	0	29	0	0	72

续表

年份 项目	第一年	第二年	第三年	第四年	第五年	第六年
仓储费	8	30	36	49	31	34
营销经费紧急申请额	0	0	0	0	0	70
公司管理费	8	10	6	6	16	20
期末总经费支出合计	161	303	340	451	396	752

表7-5 G02公司营销经费使用表

年份 项目	第一年	第二年	第三年	第四年	第五年	第六年
调研费	6	0	0	0	0	0
招聘培训费－紧急招聘培训费	16	14	4	0	0	2
分销商市场(产品)调整费	0	0	0	0	2	0
直销部建设费	18	28	12	0	0	0
分销商建设费	13	15	0	6	0	34
促销费	30	41	20	34	103	64
直销部维护费	6	13	21	21	21	21
分销商维护费	7	0	12	18	18	31
裁撤费	0	0	0	0	0	0
产品售后服务费	7	25	22	37	47	57
退换货损失额	13	22	22	34	22	46
合作关系解除费	0	0	0	0	0	0
员工薪酬	38	64	83	108	107	108
辞退费	0	0	0	0	0	0
紧急经费损失额	0	0	0	0	0	7
回账经费损失额	0	0	0	0	0	0
超额经费损失额	32	15	0	0	0	0
年度市场营销成本	186	237	196	258	320	370

表 7-6 G02 公司利润表

年份 项目	第一年	第二年	第三年	第四年	第五年	第六年
一、公司销售收入	250	416	416	646	748	895
ISO 体系认证费	14	4	0	0	0	0
贴现费	0	0	0	0	0	27
生产成本	81	151	172	249	183	314
运输费	34	59	67	105	111	156
调货费	0	0	0	0	0	0
销售损失	0	0	0	0	11	0
仓储费	8	30	36	49	31	34
公司管理费	8	10	6	6	16	20
年度市场营销成本	186	237	196	258	320	370
二、营业利润	-81	-75	-61	-21	76	-26
三、营业外支出						
让利额	16	49	30	42	44	59
违约金	0	0	29	0	0	72
四、净利润	-97	-124	-120	-63	32	-157

7.2.3 G03 公司经营报表

表 7-7 G03 公司总经费使用表

年份 项目	第一年	第二年	第三年	第四年	第五年	第六年
ISO 体系认证费	14	0	0	0	0	0
贴现费	0	0	0	40	0	0
生产成本	68	135	247	283	128	78
运输费	21	47	86	109	51	35
调货费	0	4	0	0	8	8
让利额	11	51	81	108	78	41
销售损失	8	0	0	0	0	0

续表

年份 \ 项目	第一年	第二年	第三年	第四年	第五年	第六年
违约金	0	0	0	0	0	0
仓储费	21	21	25	29	58	0
营销经费紧急申请额	0	0	0	150	110	20
公司管理费	8	14	14	20	20	20
期末总经费支出合计	151	272	453	739	453	202

表7-8 G03公司营销经费使用表

年份 \ 项目	第一年	第二年	第三年	第四年	第五年	第六年
调研费	6	6	6	3	3	0
招聘培训费-紧急招聘培训费	12	12	0	8	0	0
分销商市场(产品)调整费	0	0	0	0	0	0
直销部建设费	8	20	24	6	0	0
分销商建设费	13	28	0	24	0	0
促销费	12	24	55	64	60	0
直销部维护费	6	13	13	21	21	21
分销商维护费	7	17	20	30	30	30
裁撤费	0	0	0	0	0	0
产品售后服务费	10	25	41	48	21	12
退换货损失额	10	18	35	45	20	11
合作关系解除费	0	0	0	0	0	0
员工薪酬	25	59	83	100	84	80
辞退费	0	0	0	0	0	0
紧急经费损失额	0	0	0	15	11	2
回账经费损失额	0	0	0	0	15	0
超额经费损失额	35	0	0	0	0	0
年度市场营销成本	144	222	277	364	265	156

表 7-9 G03 公司利润表

年份 项目	第一年	第二年	第三年	第四年	第五年	第六年
一、公司销售收入	189	336	686	894	380	205
ISO 体系认证费	14	0	0	0	0	0
贴现费	0	0	0	40	0	0
生产成本	68	135	247	283	128	78
运输费	21	47	86	109	51	35
调货费	0	4	0	0	8	8
销售损失	8	0	0	0	0	0
仓储费	21	21	25	29	58	0
公司管理费	8	14	14	20	20	20
年度市场营销成本	144	222	277	364	400	156
二、营业利润	-95	-107	37	49	-285	-92
三、营业外支出						
让利额	11	51	81	108	78	41
违约金	0	0	0	0	0	0
四、净利润	-106	-158	-44	-59	-363	-133

7.2.4 G04 公司经营报表

表 7-10 G04 公司总经费使用表

年份 项目	第一年	第二年	第三年	第四年	第五年	第六年
ISO 体系认证费	14	4	0	0	0	0
贴现费	0	0	0	46	18	0
生产成本	89	157	267	311	341	384
运输费	34	51	103	119	151	176
调货费	0	1	1	0	0	0
让利额	10	52	81	119	168	134
销售损失	23	0	0	0	0	0
违约金	0	0	0	14	0	0

续表

年份 项目	第一年	第二年	第三年	第四年	第五年	第六年
仓储费	15	29	25	27	61	47
营销经费紧急申请额	0	0	0	150	100	170
公司管理费	8	14	14	20	20	20
期末总经费支出合计	193	308	491	806	859	931

表 7-11　G04 公司营销经费使用表

年份 项目	第一年	第二年	第三年	第四年	第五年	第六年
调研费	6	6	0	3	3	6
招聘培训费-紧急招聘培训费	18	6	0	8	2	0
分销商市场(产品)调整费	0	0	0	0	0	0
直销部建设费	18	10	24	6	0	0
分销商建设费	13	28	0	24	0	0
促销费	18	52	62	62	64	94
直销部维护费	6	13	13	21	21	21
分销商维护费	7	18	18	30	30	30
裁撤费	0	0	0	0	0	0
产品售后服务费	13	27	46	54	58	65
退换货损失额	14	19	30	51	66	67
合作关系解除费	0	0	0	0	0	0
员工薪酬	39	70	75	73	108	125
辞退费	0	0	0	0	0	0
紧急经费损失额	0	0	0	15	10	17
回账经费损失额	0	0	0	0	0	0
超额经费损失额	26	4	0	0	0	0
年度市场营销成本	178	253	268	347	362	425

表7-12 G04公司利润表

年份 项目	第一年	第二年	第三年	第四年	第五年	第六年
一、公司销售收入	246	361	744	993	1292	1338
ISO体系认证费	14	4	0	0	0	0
贴现费	0	0	0	46	18	0
生产成本	89	157	267	311	341	384
运输费	34	51	103	119	151	176
调货费	0	1	1	0	0	0
销售损失	23	0	0	0	0	0
仓储费	15	29	25	27	61	47
公司管理费	8	14	14	20	20	20
年度市场营销成本	178	253	268	347	362	425
二、营业利润	-115	-148	66	123	339	286
三、营业外支出						
让利额	10	52	81	119	168	134
违约金	0	0	0	14	0	0
四、净利润	-125	-200	-15	-10	171	152

7.2.5 G05公司经营报表

表7-13 G05公司总经费使用表

年份 项目	第一年	第二年	第三年	第四年	第五年	第六年
ISO体系认证费	14	4	0	0	0	0
贴现费	0	0	0	0	0	0
生产成本	120	310	299	368	300	359
运输费	38	119	122	168	150	182
调货费	0	0	0	0	10	9
让利额	10	87	150	156	178	130
销售损失	8	0	0	0	0	0
违约金	0	29	0	0	0	0

续表

年份\项目	第一年	第二年	第三年	第四年	第五年	第六年
仓储费	8	30	52	39	74	65
营销经费紧急申请额	0	0	0	30	0	0
经费回账额	0	0	0	0	0	0
公司管理费	8	16	18	20	20	20
期末总经费支出合计	206	595	641	781	732	765

表7-14 G05公司营销经费使用表

年份\项目	第一年	第二年	第三年	第四年	第五年	第六年
调研费	6	6	6	3	3	0
招聘培训费-紧急招聘培训费	16	16	6	2	0	0
分销商市场(产品)调整费	0	0	0	0	0	0
直销部建设费	18	10	24	12	0	0
分销商建设费	18	23	12	0	0	0
促销费	40	110	100	92	110	101
直销部维护费	6	13	13	21	21	0
分销商维护费	7	19	25	26	28	28
裁撤费	0	0	0	0	0	0
产品售后服务费	19	51	48	61	58	61
退换货损失额	17	51	53	66	65	60
合作关系解除费	0	0	0	0	0	0
员工薪酬	40	94	118	121	125	119
辞退费	0	0	0	1	0	0
紧急经费损失额	0	0	0	3	0	0
回账经费损失额	0	0	0	0	0	0
超额经费损失额	27	0	0	0	0	0
年度市场营销成本	214	393	405	408	410	369

表 7-15 G05 公司利润表

年份 项目	第一年	第二年	第三年	第四年	第五年	第六年
一、公司销售收入	318	933	1015	1297	1277	1177
ISO 体系认证费	14	4	0	0	0	0
贴现费	0	0	0	0	0	0
生产成本	120	310	299	368	300	359
运输费	38	119	122	168	150	182
调货费	0	0	0	0	10	9
销售损失	8	0	0	0	0	0
仓储费	8	30	52	39	74	65
公司管理费	8	16	18	20	20	20
年度市场营销成本	214	393	405	408	410	369
二、营业利润	-92	61	119	294	313	173
三、营业外支出						
让利额	10	87	150	156	178	130
违约金	0	29	0	0	0	0
四、净利润	-102	-55	-31	138	135	43

7.2.6 G06 公司经营报表

表 7-16 G06 公司总经费使用表

年份 项目	第一年	第二年	第三年	第四年	第五年	第六年
ISO 体系认证费	14	4	0	0	0	0
贴现费	0	0	0	0	0	0
生产成本	116	241	272	318	314	356
运输费	42	86	94	149	141	155
调货费	0	0	0	0	0	0
让利额	0	28	28	87	75	95
销售损失	0	0	0	0	0	20
违约金	0	0	25	0	25	0

续表

年份\项目	第一年	第二年	第三年	第四年	第五年	第六年
仓储费	9	27	33	65	61	77
营销经费紧急申请额	0	0	0	0	0	0
经费回账额	0	0	0	0	0	0
公司管理费	8	12	18	20	20	20
期末总经费支出合计	189	398	470	639	636	723

表7-17 G06公司营销经费使用表

年份\项目	第一年	第二年	第三年	第四年	第五年	第六年
调研费	6	6	0	3	3	0
招聘培训费-紧急招聘培训费	16	12	12	0	2	0
分销商市场(产品)调整费	0	0	0	0	0	0
直销部建设费	8	21	29	0	0	0
分销商建设费	10	20	19	26	0	0
促销费	32	32	64	60	52	63
直销部维护费	6	6	21	21	21	21
分销商维护费	6	16	24	31	33	33
裁撤费	0	0	0	0	0	0
产品售后服务费	18	34	44	54	51	60
退换货损失额	14	28	44	54	52	57
合作关系解除费	0	0	0	0	0	0
员工薪酬	40	64	87	96	115	117
辞退费	0	0	0	2	0	0
紧急经费损失额	0	0	0	0	0	0
回账经费损失额	0	0	0	0	0	0
超额经费损失额	55	8	0	0	0	0
年度市场营销成本	211	247	344	347	329	351

表 7-18　G06 公司利润表

年份 项目	第一年	第二年	第三年	第四年	第五年	第六年
一、公司销售收入	252	544	765	1063	1013	1120
ISO 体系认证费	14	4	0	0	0	0
贴现费	0	0	0	0	0	0
生产成本	116	241	272	318	314	356
运输费	42	86	94	149	141	155
调货费	0	0	0	0	0	0
销售损失	0	0	0	0	0	20
仓储费	9	27	33	65	61	77
公司管理费	8	12	18	20	20	20
年度市场营销成本	211	247	344	347	329	351
二、营业利润	-148	-73	4	164	148	141
三、营业外支出						
让利额	0	28	28	87	75	95
违约金	0	0	25	0	25	0
四、净利润	-148	-101	-49	77	48	46

7.3　各公司各年度市场排名统计表

表 7-19　G01 公司六年度排名表

年份 项目	第一年	第二年	第三年	第四年	第五年	第六年
企业品牌价值加成	1	0	0	0	0	0
市场份额(%)	17.46	14.00	13.35	12.88	15.48	18.54
渠道占有率(%)	23.07	6.90	13.16	14.00	12.50	15.38
促销有效率(%)	96.00	103.00	88.76	98.54	96.77	87.92
净利润	-135	-215	124	35	151	-73

续表

年份 项目	第一年	第二年	第三年	第四年	第五年	第六年
总评分	-454.32	-481.38	266.93	78.9	339.37	-161.94
年度公司排名	5	5	1	3	3	5
综合排名	第四名					

表 7-20 G02 公司六年度排名表

年份 项目	第一年	第二年	第三年	第四年	第五年	第六年
企业品牌价值加成	1	0	0	0	0	0
市场份额(%)	17.98	13.14	10.17	15.29	17.42	18.54
渠道占有率(%)	20.07	12.90	15.79	14.00	12.50	17.31
促销有效率(%)	97.00	102.15	102.80	101.18	99.15	88.66
净利润	-97	-124	-120	-63	32	-157
总评分	-325	-282.96	-274.51	-145.19	73.3	-352.47
年度公司排名	4	3	6	6	5	6
综合排名	第五名					

表 7-21 G03 公司六年度排名表

年份 项目	第一年	第二年	第三年	第四年	第五年	第六年
企业品牌价值加成	0	0	0	0	0	0
市场份额(%)	11.11	12.57	18.22	16.50	7.96	3.94
渠道占有率(%)	15.38	20.69	15.79	18.00	18.75	17.31
促销有效率(%)	96.00	96.00	100.15	99.75	98.00	0.00
净利润	-106	-158	-44	-59	-363	-133
总评分	-235.85	-362.23	-103.03	-138.21	-815.69	-161.27
年度公司排名	1	4	3	5	6	4
综合排名	第六名					

表7-22 G04公司六年度排名表

年份 项目	第一年	第二年	第三年	第四年	第五年	第六年
企业品牌价值加成	0	0	0	1	2	2
市场份额(%)	14.81	75.64	22.88	17.30	19.78	19.53
渠道占有率(%)	13.33	116.05	15.79	18.00	18.75	17.31
促销有效率(%)	96.00	99.69	99.87	99.87	97.50	96.13
净利润	-125	-200	-15	-10	171	152
总评分	-280.19	-782.77	-35.78	-33.52	745.62	658.1
年度公司排名	3	6	2	4	1	1
综合排名	第二名					

表7-23 G05公司六年度排名表

年份 项目	第一年	第二年	第三年	第四年	第五年	第六年
企业品牌价值加成	0	1	2	2	2	2
市场份额(%)	20.11	27.14	19.07	20.12	21.51	19.72
渠道占有率(%)	13.33	22.58	21.05	18.00	18.75	17.31
促销有效率(%)	106.80	100.04	102.60	101.09	100.80	98.14
净利润	-102	-55	-31	138	135	43
总评分	-245.04	-192.37	-137.24	606.11	595.42	187.12
年度公司排名	2	1	4	1	2	3
综合排名	第一名					

表7-24 G06公司六年度排名表

年份 项目	第一年	第二年	第三年	第四年	第五年	第六年
企业品牌价值加成	1	1	2	2	2	2
市场份额(%)	18.50	20.57	16.31	17.91	17.85	19.72
渠道占有率(%)	23.10	13.79	18.42	18.00	18.75	15.38
促销有效率(%)	106.00	106.50	104.25	100.60	99.23	100.38

续表

年份 项目	第一年	第二年	第三年	第四年	第五年	第六年
净利润	-148	-101	-49	77	48	46
总评分	-514.45	-243.27	-215.1	336.11	209.2	200.33
年度公司排名	6	2	5	2	4	2
综合排名	第三名					

7.4 各公司经营分析点评

以上两节中的经营数据实际上是各公司在模拟市场营销过程中使用不同的经营策略进行市场竞争所产生的结果,以下将对各个公司进行经营分析。

7.4.1 G01公司经营分析

G01公司在本次比赛中获得了第四名。从运营战略上分析,该公司前两年的运营相对比较保守,使前两年的运营相对困难。那么该公司之后是如何获得利润的,为何在第六年又有了亏损呢?

根据前述各表所提供的经营数据,可以对该公司的运营成本、营销成本、销售收入和净利润的变化情况进行具体分析,如图7-7所示。

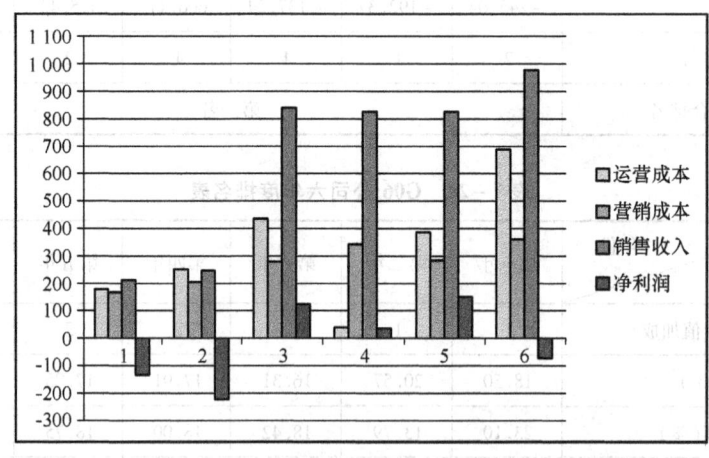

图7-7 G01公司运营成本、营销成本、销售收入和净利润的变化

从图 7-7 中可以明显地看出,该公司在第一、第二年刚开始发展时投入的运营成本和营销成本比较高;从销售收入中可以看出,成本接近收入的 2 倍,可想而知,当年肯定是处于亏损的状态。直到第三年、第四年、第五年有一些微薄的利润之后,第六年又发生了亏损。

根据已有的资料,对该公司的渠道建设、产品销售、产品定价策略进行分析,目的在于从该公司的经营过程中吸取成功的经验和失败的教训。

7.4.1.1 渠道建设

G01 公司一直把渠道建设作为运营策略的重中之重,这从该公司对渠道建设的投入可以看出来。

从直销部建设的角度看,该公司预测 M3 市场的订单需求会在第三年出现,并且由于 M3 市场作为高端市场,产品的售价也会高于其他市场的同类产品,抢占 M3 市场可以给公司带来比较可观的利润。该公司在第一年进行 ISO9000 认证的同时也在进行 ISO14000 的认证,在第二年年中完成了 ISO9000 的认证,即开始了 M3 市场直销部的建设。根据这样的策略,在第三年第二周期时能够在 M3 市场抢单。事实证明,该公司通过这样的直销部建设为公司带来了比较可观的收入。

从分销商的角度看,该公司一直坚持稳固坚守的经营策略,不随意扩充销售点,集中精力与财力主攻个别市场的重点产品。这样的策略虽然在前期能够为公司节省成本和稳定发展提供了相应的资金保障,但该公司经营到后期时,销售点与销售能力的不足开始显现,直接导致了因为渠道数量少而影响公司品牌价值的评定。由于分销渠道的缺陷难以在短时间内得以改变,待公司发现这一漏洞时,其经营业绩已迅速被其他竞争对手超越,这也是公司管理层漠视市场发展规律的后果。

7.4.1.2 产品销售

G01 公司的主要销售收入来源于直销部的竞标,分销渠道并没有为该公司带来更多的收入。由于该公司前两年的运营策略较为保守,在广告促销方面并没有太多的投入,从而导致订单数量的减少,甚至是第二年没有获得任何订单,第三年也是如此。该公司在第三年时利润有所上升,主要是因为该公司对市场分析比较准确,第三年时在 M3 市场份额独大的情况下,获得了令人满意的订单。但好景不长,在运营到第四年时,由于其他公司逐步进入 M3 市场展开产品订单的竞争,第四年该公司的净利润明显下降。到第五年时,该公司注意到了其他公司带来的威胁,在广告促销中投入较多,保住了一定的市场份额,从而使净利润所有上升,但该公司已无回天之力。因为缺少相应的资金积累,在第六年面对的经营压力相对较大,这时公司已经无力在 M3 市场与其他公司进行竞争了,如图 7-8 所示。

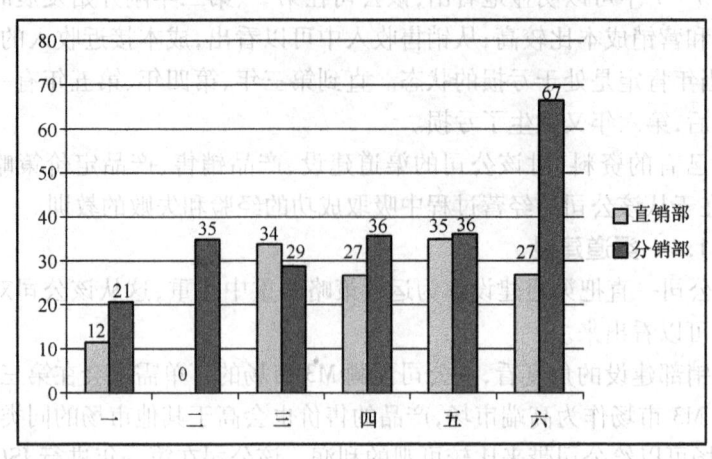

图 7-8　G01 公司 6 年产品销售量

7.4.1.3　产品定价

在市场运营的过程中,除了渠道建设、有效的促销策略外,对消费者更加有吸引力的还是实实在在的产品价格。虽然有时降低产品价格可以为公司带来比较可观的销售量,但同样也消耗公司流动资金、降低公司净利润。因此,利润与销售额之间的平衡是市场经营者必须重视的问题。

从 G01 公司直销部的定价角度看,公司的定价策略过于乐观,一心想着通过较高的售价来保证公司利润,乐观的定价和保守的促销,使公司在直销部的市场竞标中屡遭挫折,虽然在第三年获得了 M3 市场订单的有力支持,但也难以改变直销部在市场中的竞争地位。

从分销商的角度看,公司的策略又走了另外一个极端。经销商的订货价格由公司决定,公司考虑到过高的定价可能使经销商流失,因此制定了较低的经销商产品订货价格。这样,虽然保证了经销商的利润,甚至在个别年份经销商获利超过了企业的利润,但这种策略使企业承受了巨大的资金压力。

7.4.2　G02 公司经营分析

G02 公司的运营也可以说是步履蹒跚,销售收入一直徘徊不前,直到经营结束,公司仅仅在第五年时稍有微利。总体来说,G02 公司的经营状态一直处于艰难的境地,如图 7-9 所示。

从图 7-9 中可以看出,该公司的经营一直是处于高成本、低收入的状态,从而导致公司的净利润很少,并且前四年的利润一直是处于下降的状态。下面重点分析该公司在经营过程中出现的问题。

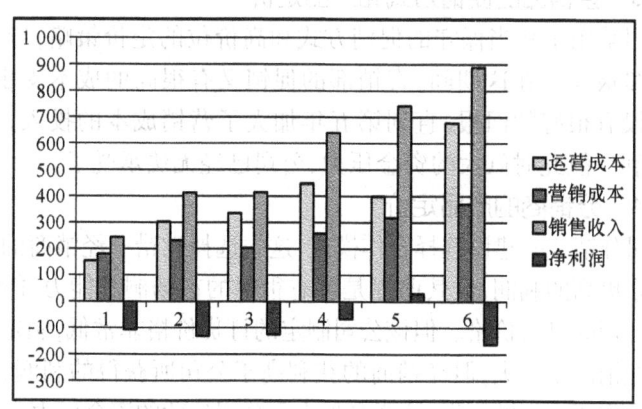

图 7-9　G02 公司运营成本、营销成本、销售收入和净利润的变化

7.4.2.1　直销部建设

G02 公司采用了比较激进的经营方式,在第三年时就完成了所有渠道的建设。但是,直销部在订单竞标中并没有获得很好的效果。如图 7-10 所示,公司在前三年时拿到的订单极少,这样就会产生一个问题,即高成本、低收入。成本包括直销部的建设、维护,直销人员的薪酬以及相应的促销成本,这些成本都对公司造成了很大的资金压力。

7.4.2.2　分销商建设

G02 公司在分销商建设方面采用了缓慢发展的方式,到第四年才完成了四个分销商销售点的建设,而且只在 M1 和 M2 市场发展,直到第六年才进入 M3 市场建设分销商。这样的做法直接导致了公司不能在分销商的销售方面获利,分销商的销售能力一直没有上升,如图 7-10 所示。

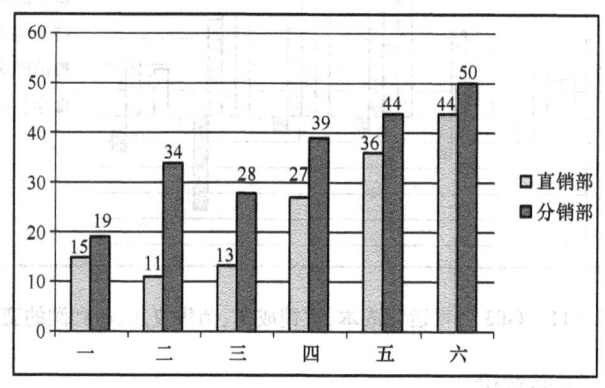

图 7-10　G02 公司 6 年产品销售量

7.4.2.3 直销部的促销方式和产品定价

G02 公司采用了相当保守的促销方式和高价位的定价策略,导致前三年拿到的订单数量极少。在这期间,直销部的促销又有很高的成本支出,而且这些成本的支出没有很好的回报,直到第五年加大了营销成本的投入,才使公司有了一定的盈利。但此时巨大的资金压力,公司已经无法承受了。

7.4.2.4 分销商的产品定价

G02 公司分销商的建设选择合作模式,这一选择没错。经销商的合作模式可以为企业带来更高的利润,但其前提是要有很好的市场洞悉能力,能够为产品制定比较科学合理的订货价格。但该公司制定的订货价格非常低,制定低的价格虽然能够保证经销商不流失,但经销商的获利高于公司所获得的利润,公司的成本高于经销商合作所产生的利润,这样又加大了公司运营的资金压力。

综合上述分析,该公司的运营过程一直是为自己施压的过程,从而导致公司运营步履蹒跚,销售收入一直没有提升。

7.4.3 G03 公司经营分析

G03 公司经营过程中一直在破产的边缘徘徊,甚至在其经营后期不是为了获取利润,而是想办法保住公司不破产,坚持"活"到第六年结束。该公司的净利润一直处于"负"状态,运营成本非常高,连年经营且连年亏损,经营资金始终是入不敷出,其业绩只能成为垫底的第六名,如图 7 – 11 所示。

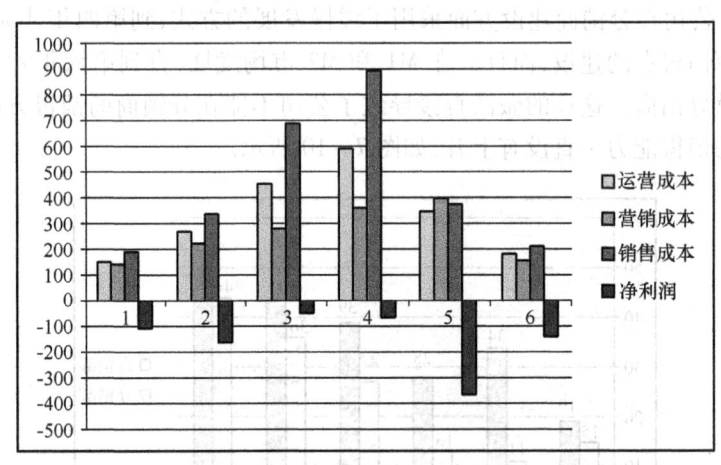

图 7 – 11 　G03 公司运营成本、营销成本、销售收入、净利润的变化

7.4.3.1 渠道建设

在直销部建设方面,G03 公司缺乏对长远利益的考虑,也没有仔细分析市

场环境,虽然公司在第一年第一周期时就开始了ISO9000的认证和ISO14000的认证,但没有发挥这两项认证的积极作用,加快开拓M2和M3的市场渠道的进程。从公司人员的储备方面可以看出,该公司没有考虑进行M2和M3市场的开拓,所以该公司在直销部渠道建设方面是滞后的。

G03公司在分销商建设方面也比较被动。第一年时各建设了一个经销商和代销商,但是在第一年年末,由于没有考虑到市场上大部分公司会以分销商最高的销售能力进行产品的销售,使得M1市场的产品售价过低,导致经销商没有获利而流失。最后,公司将分销商渠道全部建设成代销商,代销商虽然不会流失,但代销商获取的让利额相当可观,例如,第一年的M1市场P2产品的代销商交货6个,产品成本为23K,P2产品的市场售价是9K,代销商的销售收入为54K,获取20%的销售收入为11K,业务员的基本工资与业绩奖励为6K,代销商年末的维护费为4K。如果与这个代销商合作6年,建设费用分摊每年平均为1.3K,这样,该代销商第一年为公司带来的利润只有2.7K。

7.4.3.2 产品销售

因为G03公司直销部建设的失误,第二年和第三年错过了M2和M3市场直销部的竞标,也就是错过了使公司盈利的机会,如图7-12所示。然而,第一年M1市场订单竞争时,公司在P1和P2产品促销时使用了最高的竞标价,虽然也使用了最优的促销方式,但由于促销比较保守,投入费用相当少,从而使促销费用在市场上没有获得任何优势。第二年,由于其他公司都在努力争取M2市场的订单,对M1市场有所放松,使G03公司在M1市场加大促销费用投入后,勉强在M1市场拿到了一张P1产品的订单,但只是争取到了微薄的利润。由于直销部建设滞后的原因,直到第三年G03公司才可以在M2市场进行竞标,这个时候公司持续加大投入促销费用,并且提升了直销人员的业绩奖励,但是由于自身的资金压力较大,使得公司不能对M1和M2市场的全线产品进行竞标,

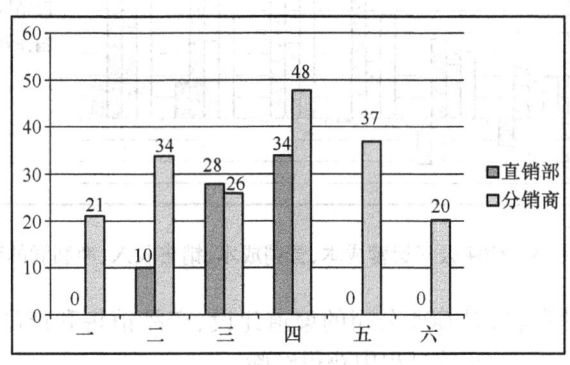

图7-12 G03公司6年产品销售量

只能选择成本相对较低的 P1 和 P2 产品竞争。因前两年的直销部建设策略的失误,到第四年时虽然完成了 M3 市场直销部的建设,但是由于资金压力,已无力在 M3 市场进行产品的竞标,只能继续第三年的促销策略,保证公司存活下去。到了第五年,其他公司都有了比较雄厚的资金,各公司都投入了较多的促销费用和比较高的薪酬激励,使 G03 公司在第五年没拿到一张订单,但是相应的促销成本已经投入,且收回无望,使公司濒临破产的边缘。到第六年,公司已经无力进行市场竞标,只是尽力保证公司能够存活下去。

7.4.3.3 产品定价

G03 公司致力于从直销部的竞标中使公司获得比较可观的利润,所以相对其他公司来说直销部竞标价格比较高。但由于保守的促销策略,较少的促销经费投入,使得公司在直销部竞标的过程中没有获得任何优势,最后导致直销部订单拿到的数量极少,终未能达到预期目标,这也是该公司濒临破产的原因之一。

7.4.4 G04 公司经营分析

G04 公司作为本次比赛的亚军,从统计表来看,其经营的前几年虽然也是一直处于亏损状态,但是上升的势头非常好,除了第二年的经营波动比较大以外,其他年份还算稳定,呈现出良好的发展态势。从第五年开始,公司逐步进入稳步发展的时期,如图 7-13 所示。

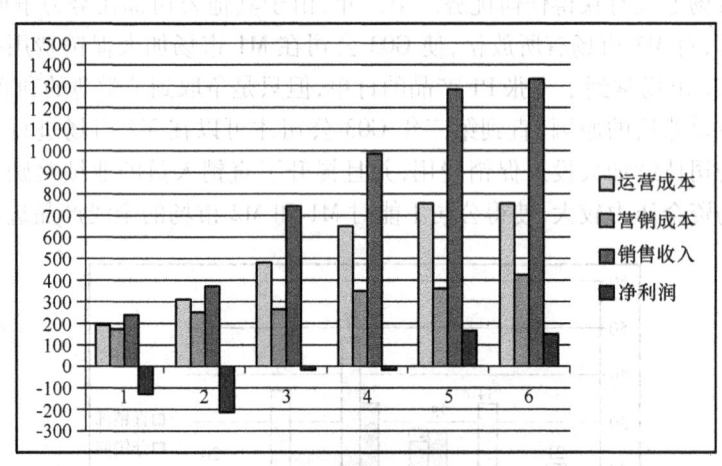

图 7-13 G04 公司运营成本、营销成本、销售收入、净利润的变化

结合已有的资料,对 G04 公司的渠道建设、产品销售和产品定价策略进行分析,旨在从该公司的经营过程中获得经验。

7.4.4.1 渠道建设

G04 公司是这次比赛中的后起之秀,在直销部建设方面相对来讲比较有策略性,采取了逐步推进而不是激进的方式进行建设。公司在第一年和第二年完成了 M1 和 M2 市场直销部的建设,也参与了市场竞争。在第二年,公司放慢了直销部建设的步伐,认真考虑了资金问题,没有激进地进行 M3 市场的建设。因为第一年和第二年公司的销售业绩不是很理想,所以公司在前三年只参与了 M1 和 M2 市场的竞争,虽然三年期间都有亏损,但亏损额逐年减少,在第三年开始 M3 市场直销部的建设,使 M3 直销部在第四年建设完成,开始参与 M3 市场的竞争。

从运营情况来看,该公司建设分销商都是在为直销部服务,帮助直销部消化每年第二周期竞争之后剩余的产品。另外,建设经销商也要承担经销商流失的风险。

7.4.4.2 产品销售

G04 公司对促销策略的运用比较得当。虽然在第一年促销投入过于拘谨,但也拿到了一张 M1 市场的 P1 产品订单。第二年,该公司调整了产品竞争的重心,对直销部也进行了调整,这是一个比较明智的选择。虽然第二年的经营业绩不太理想,但为后续的战略实施奠定了基础。在第三年,其他公司在争抢 M3 市场的竞标时,该公司加大了对 M1 和 M2 市场 P2 与 P3 产品的促销投入以及对直销员的业绩奖励,使得公司在第三年打了个漂亮的翻身仗,拿到了满意的订单,弥补了第二年的亏损。虽然公司在第三年没有大盈利,但由于第三年良好的发展势头,使公司改变了以前的策略,在第四年时放弃了 M3 市场的竞争,将全部精力投入 M1 和 M2 市场的 P2 与 P3 产品上,使其获利进一步弥补了前几年的亏损。在第五年时,公司进行了战略调整,这个时候 M3 市场已经成熟,对 M1 市场,其他公司已经放弃,此时,该公司参与了 M1 市场 P1 产品、M2 市场 P2 产品、M3 市场 P4 产品的竞争,虽然这样做比较冒险,但是取得了较好的效果,使公司第五年扭亏为盈,第六年资金充裕,加大了对其他产品的竞争投入,也获得了较好的效果,使公司进入了持续盈利的状态,如图 7-14 所示。

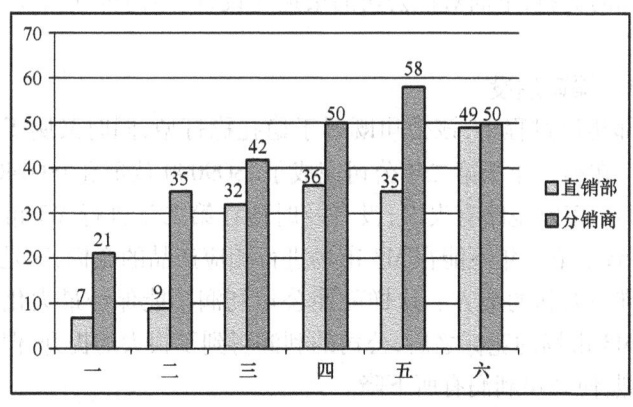

图 7-14 G04 公司 6 年产品销售量

7.4.4.3 产品定价

G04 公司直销部的产品定价一直处于高价位,公司把更多的资金投入到产品促销以及直销员的业绩奖励中,使公司能够在较好的价格上通过促销和人员的影响进行市场竞标,实施相应的品牌战略,促进产品销售,提升品牌价值。

G04 公司的分销商渠道全部为代销商,所以分销渠道的定位策略也不必太多考虑,这也是该公司在分销渠道没有获得可观利润的主要原因。

7.4.5 G05 公司经营分析

G05 公司是本次比赛的冠军,公司在运营过程中属于稳扎稳打型,该公司前期的苦心经营,使其从第四年开始一直处于盈利状态,如图 7 - 15 所示。

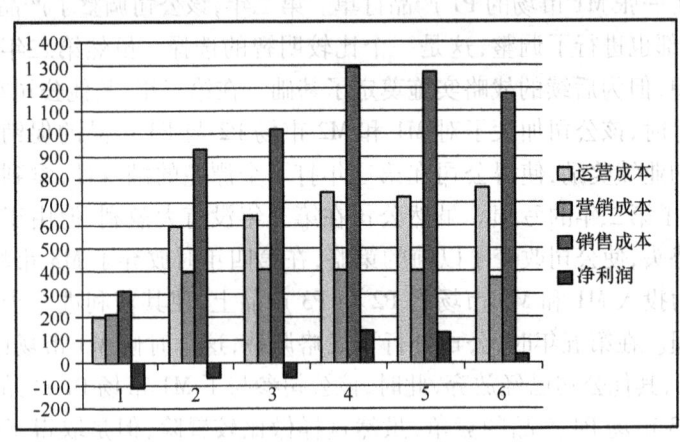

图 7 - 15 G05 公司运营成本、营销成本、销售收入、净利润的变化

根据已知的资料,下面对该公司的渠道建设、产品销售、产品定价策略进行分析。

7.4.5.1 渠道建设

在直销部建设过程中,该公司既属于稳扎稳打型,同时又属于紧跟市场步伐型的公司。在第一年至第二年公司完成了 ISO9000 认证和 ISO14000 认证,但渠道建设方面的策略也略有失误,没有及时地在第二年进行 M3 市场的直销部建设,从而导致了第三年不能在 M3 市场进行相应产品的竞标,这是该公司直销部渠道建设唯一失利的地方。这样就使公司利润不能保证最大化。从第四年起公司参与 M3 市场的竞标之后,公司的利润得到了很大的提升,但第六年由于竞争过于激烈,使公司利润有所下降。

在分销商建设方面,该公司采用了比较保守的方法。在第一年经销商流失之后,就快速地在各市场进行代销商的建设。因为该公司发现,如果建设相应的经销商,相对代销商来讲市场的稳定性并不是很好,虽然有时经销商能够为公司带来比较可观的利润,但公司也必须承担经销商流失的风险。该公司最后的决策是宁可减少自己的利润,也要保持自己在市场渠道上的占有率,所以,从第二年开始,公司对分销商都是以代销的合作模式进行建设。

7.4.5.2 产品销售

G05 公司在直销部的销售过程中,在促销方面比较灵活,虽然都在各市场选择了最佳的促销组合,但在促销组合中选择了效果指数较高的促销方式,投入了较多的经费。虽然其他公司也使用同样的促销组合,但该公司在效果指数较高的促销方式中投入较多,使其和其他公司使用相同的经费却获得了不同的效果。这样,使该公司在直销人员的业务激励上尽可能地减少支出,也使公司各年在各市场的直销部竞争中都拿到了比较满意的订单。

在分销商产品销售方面,由于采用了代销商合作模式,不用太多考虑建设经销商时存在的问题,虽然经销商一开始的订金能为公司带来一定的流动资金,但公司也需考虑经销商的订货数量、订货价格、利润以及流失的问题,这些问题如果处理不好,很可能对公司造成更大的损失。相对而言,代销商的合作模式就简单很多,只要在年末根据代销商的星级所能达到的销售能力进行产品的生产并交货就可以了。这样,虽然公司从中获得的利润微薄,但能够保证公司销售点的占有率以及产品的销售量,从第三年开始,分销商的产品销售量一直很大,这可以从图 7-16 中看出。

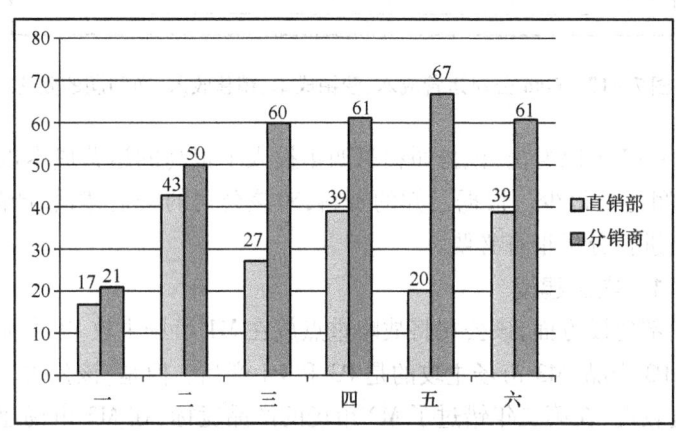

图 7-16　G05 公司 6 年产品销售量

7.4.5.3 产品定价

直销部的产品定价一直是根据最高限价制定的,该公司通过较好的促销策略来弥补偏高的价格。通过公司的促销得到客户认可,使公司在直销部的竞争中脱颖而出,拿到了满意的订单,并获得了可观的利润。

分销商的产品定价,由于第一年产品定价策略失当,导致了经销商的流失,还为公司造成了一定的损失。因为害怕冒同样的风险让自己的销售点不稳定,这之后公司选择了代销商的建设。这样虽然减少了公司的利润,减少了自己的定价权,但是保证了销售点的稳定性。

7.4.6　G06公司经营分析

G06公司理应得到冠军,但由于主要产品定价策略的问题,最后屈居于季军。从经营策略上看,该公司的经营过于保守,虽然没有大的亏损,但利润也不是很理想,如图7-17所示。

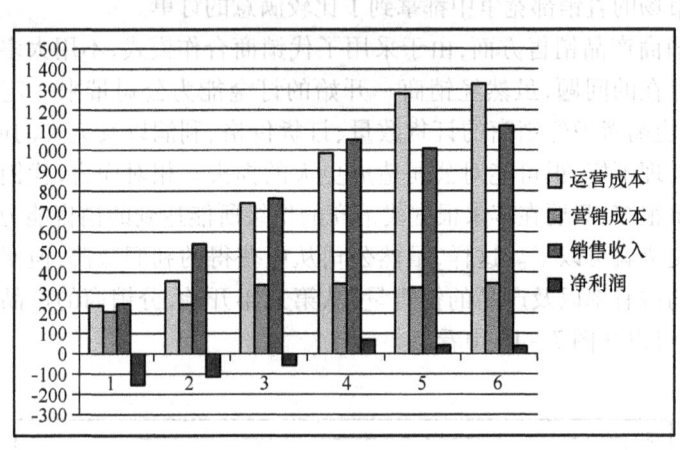

图7-17　G06公司运营成本、营销成本、销售收入、净利润的变化

从图7-17可以看出,该公司在第四年投入了很高的运营成本以及营销成本,但净利润还是很少。根据已知的资料,对该公司的渠道建设、产品销售、产品定价策略进行分析很有必要。

7.4.6.1　渠道建设

在直销部建设方面,该公司将战略重点放在M1市场主攻P1产品,M2市场主攻P2和P3产品,M3市场主攻的是P3和P4产品。但是,该公司的直销部渠道建设速度较慢,在第二年错过了M2市场的产品竞标,在M3市场建设的同时也是没有找准相应的时机而错过了一次产品竞标的机会。因为错过了两次竞标的机会,但同时也要进行相应的直销部建设,所以会投入额外的维护费用。

在分销商建设方面,G06公司详细地分析了市场环境,制定了相应的分销商建设策略,但在运营过程中由于产品定价问题导致分销商流失,但到后期由于该公司的坚持,分销商还是为公司带来了比较可观的利润。

7.4.6.2 产品销售

G06 公司在直销部建设方面虽然有所失误,但由于这样的失误也为公司带来了好运,使其更有目标地开拓自己的市场;在分销商方面,其销售数量是相当可观的,如图 7-18 所示。

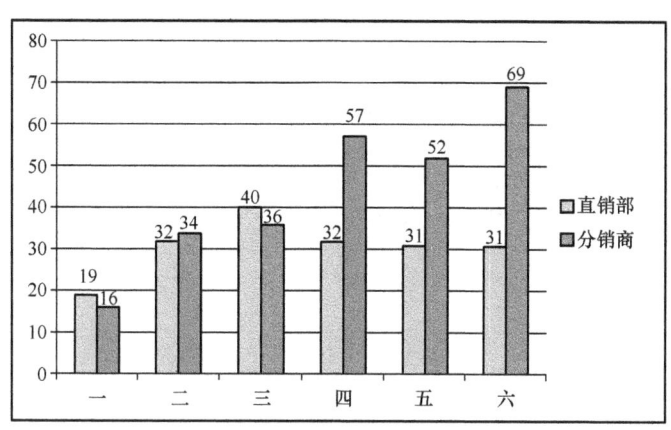

图 7-18　G06 公司 6 年产品销售量

直销部销售,第一年把重点放在 M1 市场的 P1 产品上,为其招聘了两名直销人员,取得了很好的业绩,使其在 P1 的产品竞标上争得很大优势。在人员优势上,在 M1 市场的 P1 和 P2 产品的广告促销也投入了比较多的费用,使自己的优势更加明显,第一年就拿到了满意的订单。第二年,虽然由于建设的原因被迫放弃了 M2 市场的产品竞标,但在 M1 市场仍然保持着优势,在第二年的竞标中,M1 市场的 P1 产品拿到了两张订单,P2 产品拿到了一张订单,使第二年直销部的销售量相当可观。由于第二年错过了 M2 市场的竞标使其利润受到了影响,但在第三年时抓住了 M2 市场的竞标机会,并且依然保持着 M1 市场的优势。其后的几年中,公司进行了相应的人员调整和产品竞标的重心调整并获得了很好的效果,从第四年起该公司一直是处于盈利状态。

在分销商建设方面,公司一直认为经销商能为公司带来可观的利润,但是由于该公司对市场环境的分析还不够清晰,使得对经销商产品的定价过低,使公司自身所获取的利润并不高,反而使经销商的利润高于公司利润,这是该公司最失策的地方。

7.4.6.3 产品定价

产品定价是该公司的失败之处。由于公司定价过于保守,直销部在竞标时的定价都没有达到与最高限价持平,而在广告促销方面又投入了较多的费用,虽然拿到了满意的订单,但是为公司创造的利润并不高。分销商在产品定价方面,由于对市场环境的分析不够准确,使其公司产品给分销商的价格远远低于市场的销售价格,这样,最后使得经销商的利润反而高于公司的利润。产品定价策略的失误,使该公司失去了获得比赛第一名的位置。

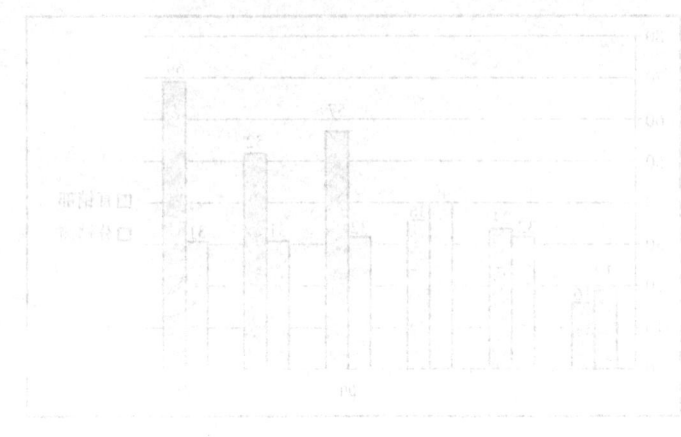

8

市场营销沙盘模拟技巧

市场营销学是关于企业如何发现、创造和交付产品价值以满足一定目标市场的需求,同时获取利润的学科。市场营销学用来辨识未被满足的需要,定义、度量目标市场的规模和利润潜力,找到最适合企业进入的市场细分和适合该细分市场的供给品。营销的最终目的是什么? 就是在有限的时间内、用最佳的营销方案进行产品推广,扩大销售范围,促进产品销售,提升企业品牌价值,从而实现企业价值的最大化。

多年以前,惠普公司的创始人之一大卫·派卡德说过:"营销的重要性远不止于仅仅将其单独留给营销部门去做。"有着世界上最好的营销部门的公司一样可能出现营销失败。原因在于:生产部门可能会提供次品,送货部门可能会送货晚点,会计部门可能会开出数额不准的发票,这些都会导致客户的丧失。只有企业全体成员都致力于为客户提供承诺的价值,满足和取悦于客户,营销才会是有效的。

企业市场营销的成败,很大程度上与企业的战略规划密切相关。在制定一流的营销战略规划之前,首先要对市场环境有正确、深入的了解;其后就是使自己的营销团队知道我们要做什么,我们可以做什么,我们能做什么,我们应当怎么做。

8.1 竞争前的准备

8.1.1 市场分析

市场分析是根据已获得的市场调研资料,运用统计原理,分析市场及其销售变化。从市场营销角度看,它是市场调查的组成部分和必然结果,又是市场预测的前提和准备过程。

市场分析是一门综合性科学,它涉及经济学、统计学、经济计量学、运筹学、心理学、社会学和语言学等学科。市场分析已经成为现代企业管理人员不可缺少的分析技术。

狭义的市场分析就是市场调查研究。它是以科学方法收集消费者购买和使用商品的事实、意见和动机等有关材料,并予以研究分析的手段;广义的市场分析就是对从生产者到消费者或用户这一过程中全部商业活动的资料、情报和数据进行系统的收集、记录、整理和分析,以了解商品的现实市场和潜在市场。因此,广义的市场分析不仅是单纯研究购买者或用户的心理和行为,而且还需对各种类型的市场营销活动的所有阶段进行研究。

市场分析的研究对象是整个市场,这个对象可以从纵向和横向两个角度考察。从纵向角度看,市场分析要研究从生产者到消费者的所有商业活动,揭示生产者和消费者各自在从事市场活动中的行为和遵循的规律。无论是生产者还是消费者,在其从事市场活动时都必须在了解自己的同时认识对方。生产与消费是一对矛盾,它们在整个市场活动中达到对立的统一。生产者和消费者只有按照其客观规律行事,才能成为把生产和消费有机统一起来的桥梁。从横向角度看,在现代市场经济体制中,市场活动是一项全方位的活动。一方面,不同的国家和地区由于受其政治、文化等方面的影响,市场活动是有差异的,因此,市场分析必须揭示这些市场活动的特点和规律;另一方面,即便是同一市场活动的主体,由于各种不同市场的交互作用,它们活动的内容是极为广泛的。也就是说,市场的类型有多种多样,各种不同类型的市场有各自的特点和运行规律,市场差异性就成为市场分析的又一重要的研究对象。

总之,市场分析的研究对象是极为广泛和复杂的,其广泛性和复杂性是市场分析研究对象的重要特点。

在市场营销沙盘模拟系统中,公司在开始运营前可以选择当年市场的销售部订单采购需求及分销商采购需求,对市场进行相应的调研,进行调研后将得到相应的市场趋势图。其中,订单采购需求包括各类产品需求量以及相应的订单总数;客户消费需求包括各类产品的需求量及相应的市场销售参考价格。各公司可以根据调研结果制定公司的战略规划,如图8-1和图8-2所示。

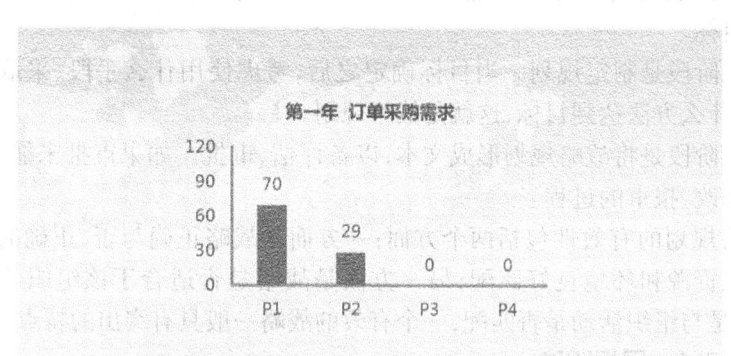

图8-1 直销部订单需求趋势

据权威市场调研机构的调研获悉,P类产品投入市场后,通过公司的各种营销活动,赢得了市场客户对P类产品的认可,绝大部分市场客户倾向于P1产品,有一小部分客户倾向于技术含量较高的P2产品。然而该市场客户更加关心的是产品的市场销售定价。这部分客户当年都集中在M1市场,具体的需求量与需求价格如图所示。

M1市场,P1产品客户需求量占总市场的100%,产品需求参考价为12K;P2产品客户需求量占总市场的100%,产品需求参考价为13K。

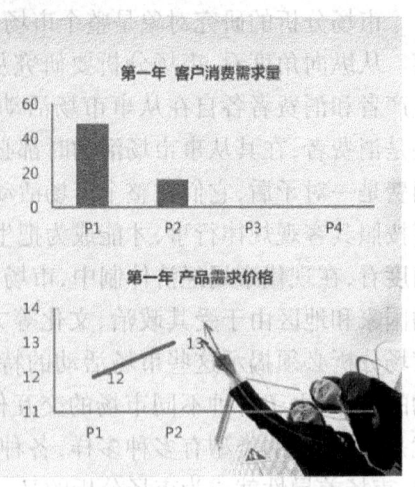

图8-2 分销商市场需求趋势

8.1.2 战略规划及其特点

所谓战略规划,就是制定组织的长期目标并将其付诸实施,它是一个正式的过程和仪式。一些大企业都有意识地对大约10年内的事情做出规划。

制定战略规划分为三个阶段。

第一阶段是确定目标,即企业在未来的发展过程中,要应对各种变化所要达到的目标。

第二阶段是制定规划。当目标确定之后,考虑使用什么手段、采取哪些措施、运用什么方法达到目标,这就是战略规划。

第三阶段是将战略规划形成文本,以备评估、审批。如果审批未能通过,还需多次修改、报审的过程。

战略规划的有效性包括两个方面:一方面是战略正确与否,正确的战略应当使组织资源和环境良好匹配;另一方面是战略是否适合于该组织的管理过程,也就是与组织活动是否匹配,一个有效的战略一般具有突出的特点。

8.1.2.1 目标明确

战略规划的目标应当是明确的,其内容应当使人精神振奋和受到鼓舞。目标要先进,但经过努力可以达到,其语言应当是简练的。

8.1.2.2 可执行性好

好的战略规划的说明应当是通俗的、明确的和可执行的,它应当是各级领导工作的准则,使各级领导能确切地了解、执行。

8.1.2.3 有利于组织落实

制定战略规划的人往往也是执行战略规划的人,一个好的战略规划需要各方人员共同执行才能实现。因而,战略规划要求层层落实,直到个人。高层领导制定的战略规划一般应以方向性的形式指导下级,下级接受任务,并以同样的方式再指导其下级,如此一级级地细化,使规划深入人心。个人的战略计划明确了每一个人的责任,可以充分调动每一个人的积极性。这样,一方面激发群策群力,另一方面增强组织的生命力和创造性。

8.1.2.4 灵活性好

一个组织的目标可能不会随时间而变,但它的功能范围和组织落实的形式无时无刻不在发生变化。目前执行中的战略计划只适用于现在,应当进行周期性的评审和调整、补充,较强的灵活性使其易于适应变革的需要。

8.1.3 财务预算

财务预算的内容不仅是资金使用的预测,还涉及有计划、巧妙处理所有变量,这些变量决定着公司未来的发展。财务预算(或利润计划)可以说是控制范围最广的资金管理,因为它关系到整个组织机构的运行。

一项预算就是一种定量计划,用来协调和控制既定时期资源的获得、配置和使用。编制预算是将组织机构的各种利益整合为有利于各方的计划,并在实现目标的过程中,成为组织机构预算计划与控制工作的责任中心。

在市场营销沙盘模拟中,财务预算对企业的发展起着关键性的作用,但有很多公司往往忽视对公司经费和营销经费使用的预算,从而导致公司在运营中资金流出现问题,这时必须使用紧急回款、紧急申请或贴现的方法解决公司营销经费的问题,这将对公司造成经费损失。因此,财务预算需要准确到每项费用的支出,明确经营过程中每一步骤的资金流入与流出,避免紧急调用资金造成的损失。

总经费的财务预算支出主要用于市场开拓费用(ISO 认证)、运营经费和营销经费;收入部分主要来自直销部的竞标订单收入、分销商的销售收入、经销商的订货收入、代销商的销售收入以及库存处理收入,如图 8-3 所示。

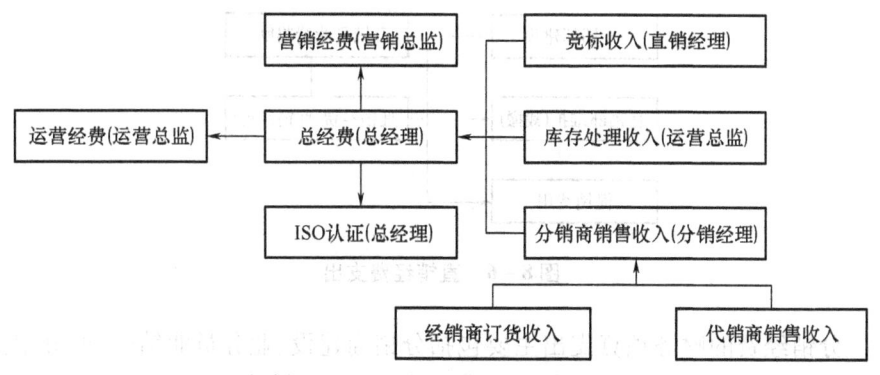

图 8-3 总经费支出和收入

运营经费的财务预算支出主要包括产品生产、产品运输、产品仓储和产品调货,如图 8-4 所示。

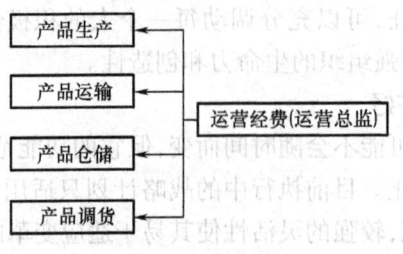

图 8-4　运营经费支出

营销经费的财务预算支出主要包括营销人员招聘、人员薪酬、市场调研、直销经费、营销经费、分销商经费和服务经费,如图 8-5 所示。

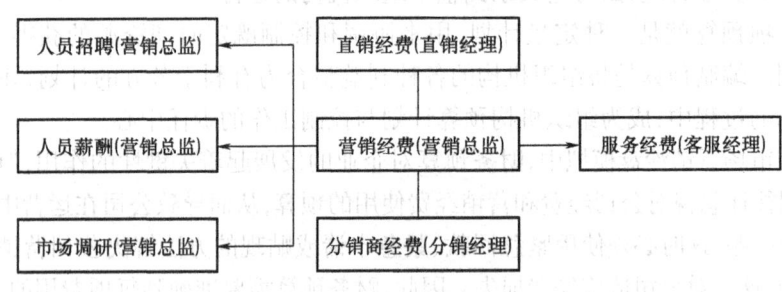

图 8-5　营销经费支出

直销经费的财务预算支出主要包括各市场直销部建设、直销部维护(裁撤)、促销费用和直销员业绩奖励,如图 8-6 所示。

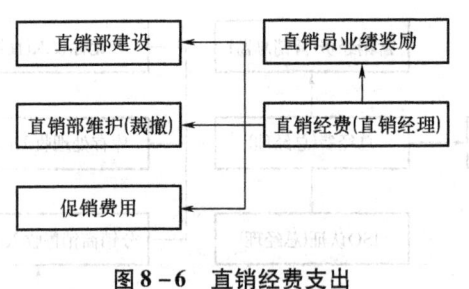

图 8-6　直销经费支出

分销经费的财务预算支出主要包括分销商建设、业务员业绩奖励、分销商维护(解除)、让利额、销售损失和违约金,如图 8-7 所示。

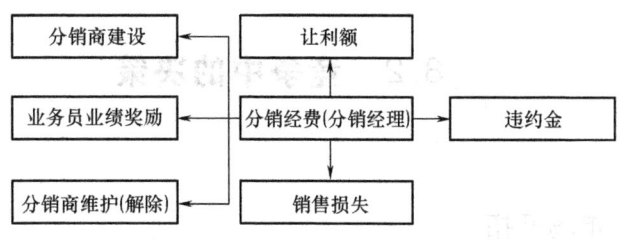

图8-7 分销经费支出

服务经费的财务预算支出主要包括产品的售后服务费、客服员业绩奖励和产品的退换货损失,如图8-8所示。

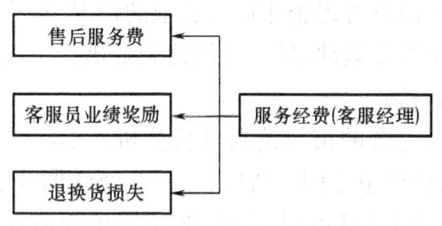

图8-8 服务经费支出

从以上各项预算来看,人们可能会认为各项费用的预算相对独立,其实不然,各项费用预算之间有着密不可分的关联,如图8-9所示。

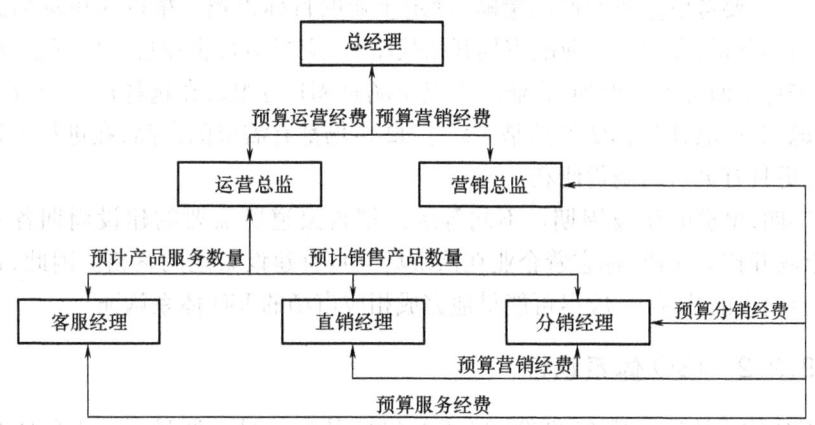

图8-9 各项费用预算的关联关系

8.2 竞争中的决策

8.2.1 市场开拓

众所周知,如果公司所生产的产品只在一个市场内进行销售,这样产品的销售数量会非常有限。当市场中所有的企业都将相同的产品放在同一个市场进行销售时,由于市场需求有限,就会导致产品价格下降,这时市场的竞争就会非常激烈。所以,在企业运营的过程中,必然需要进行多渠道、多产品和多元化销售模式。当然,若在没有考虑企业运营资金的情况下,盲目地开拓市场、建立销售渠道,会导致企业资金紧缺,最后可能使企业破产。所以,在市场开拓时需注意以下四个方面的问题。

第一,企业需要对综合的市场信息进行分析。不同的市场在不同的时期,其产品需求量和需求价格也不同。所以,在每个经营期开始前需要仔细研究每一个市场不同产品的需求量和需求价格,制定市场开拓计划,确定不同时期需要进入的目标市场,合理地安排与建设所需的销售渠道。

第二,认真分析同一环境中竞争对手的情况。从竞争对手的市场活动中分析对手可能重点开发的目标市场,在市场渠道建设上尽可能地抢占先机,以便在市场信息分析充分的情况下,尽可能地避开竞争激烈的市场。

第三,要考虑企业的产品策略,确定企业的目标市场。根据对市场信息调研情报的分析,在制定企业的市场开拓战略时,应当结合企业现有的资金、产品战略进行全面考虑。例如,企业的重点市场是 M1 与 M2,在选择产品组合时应当考虑 P2 产品,因为 P2 产品是 M1 与 M2 市场都有需求的产品,在进行销售安排时,更具有灵活的调货便利。

第四,渠道的建设周期。不同等级的销售渠道所需要的建设周期各有不同,市场开拓的完成,标志着企业在该市场上具有建设渠道的资格。因此,企业在资金允许的情况下,应尽可能早地完成相应市场的 ISO 体系认证。

8.2.2 ISO 体系认证

ISO 体系认证包括 ISO9000 和 ISO14000 认证。只有通过开发 ISO 体系认证,企业才有获取渠道建设的资格,但并不是所有的市场都有 ISO 体系认证的要求。例如,M1 市场的定位属于低端市场,M1 市场中的客户关注的并不是相应的 ISO 体系认证,更可能关注的是产品的价格;M2 市场中的客户对产品是否通过 ISO 体系认证和产品的定价均给予关注,即在关注产品是否通过 ISO9000 认证的同时,也比较关注产品的价格;M3 市场的客户则更倾向于产品的 ISO 体系的认证,其次才是产品价格。

企业在资金允许的情况下,应根据市场调研信息的分析及渠道建设的情况,尽可能早地完成 ISO9000 与 ISO14000 的认证。因为 ISO 体系认证有延续性,在资金短缺时可以考虑中止对 ISO 体系的认证,待资金充足时再继续进行。

8.2.3 渠道建设

渠道建设会直接影响企业在市场上的销售竞争,渠道的产品销售可以为企业带来直接利益。市场营销沙盘模拟中的销售渠道主要包括直销和分销。

8.2.3.1 直销部

直销部是隶属于公司直销经理管辖的营销部门,主要是以订单方式进行产品的销售。产品订单的获取是需要直销经理对目标产品制定相应的促销方案,制定相应的竞标价格,通过参加竞标的方式获得。

不同市场的直销部所需要的建设周期不同,根据直销部的竞标规则,直销部的竞标时间为每年的第二周期,未完成直销部的建设,无法参加该市场的产品竞标,因此,需结合 ISO 体系的认证时间与相应的市场直销部的建设周期对直销部进行建设,避免错失抢先进入市场进行竞标的机会。

8.2.3.2 分销商

分销商主要包括经销商和代销商,二者的主要区别在于获取利润方式的不同。

(1)经销商。经销商分为不同的等级,不同等级的经销商所需建设周期也不相同。为了保证经销商的利益,公司制定了同一个目标市场不能建设销售相同产品的分销商的规则。无论处于哪个市场,企业所拥有的经销商的订货时间都在每年的第一周期,交货时间在每年的第四周期。如果目标市场经销商在每年第一周期订货前不能完成建设,就失去了本年度产品订货的机会,该经销商在当年不能进行产品销售。从这一规定可以看出,经销商向企业订货,然后进行相应产品的销售,经销商通过订货价格与市场售价之间的差价来获利,而企业则是获得经销商的订货费作为收益。在经销商模式中,当经销商的利益得不到保证的时候,该经销商就会流失。经销商流失有三种情况:一是企业交货数量少于经销商订货数量;二是产品的订货价格高于市场售价;三是在第一周期订货时故意不给予订货。

其中,经销商流失最多的原因是订货价格高于市场售价。若企业与该经销商保持长期的合作关系,在制定经销商订货价格时,需要仔细分析市场信息。

(2)代销商。代销商是企业为其直接提供产品,经由代销商进行产品的销售。代销商也分为不同的等级,根据等级的不同其建设周期也不一样。同时,为了保证代销商的利益,在同一个目标市场也不能建设多个销售相同产品的代销商。代销商只需要在第四周期产品交货前完成建设,就能接受企业的供货,进行产品的销售。对于代销商而言,本身不存在任何风险,只需根据市场售价进行销售,获取企业所给予的销售额提成。

8.2.4 产品生产

在市场营销沙盘模拟中,对产品的生产设置了一定的规模效应。任何生产都是有成本的,一般包括固定成本和可变成本。企业或产品要实现盈利,必须使收入大于生产成本,而这其中的固定成本是不变的,所以,生产的产品越多,分摊到单个产品的固定成本就越少,盈利也就越多。不过,需要注意的是,企业产品的生产能力与企业现在所拥有销售点的数量有关,产品的生产数量不能超过企业当前的生产能力。

在市场营销沙盘模拟中,企业要对本期没有销售的产品进行仓储。每一周期产品的最大生产量与当期销售点的建成数量有关,当一周期的生产量能够满足当期竞标目标或产品交货之用时,就尽量避免在前一期生产,减少不必要的仓储成本。若需要提前生产,一味地追求规模效应,生产的产品过多,将可能导致大量产品剩余,不得不做库存处理;一味地追求零库存也将可能导致生产的产品过少,无法满足市场需求,产品市场占有率过低,不利于企业发展。因此,在进行产品生产时应当充分结合市场分析、规模效应和仓储情况等,尽可能准确地做出规划,力求企业的利润最大化。

8.2.5 促销竞标

促销方案的制订,主要是解决企业在目标市场投入相应的促销费,解决在目标产品上投入促销费和投入多少的问题。制定科学合理的促销方案可以使企业拿到满意的订单而不造成资金的浪费,提高促销回报率。相反,不合理的促销方案不仅会造成资金的浪费,还会影响企业当年的收入,不利于企业的发展。因此,企业在制订促销方案时,需要理性、科学地对待,避免侥幸心理,更不应投机取巧。要在认真分析市场信息的情况下,有目的地为产品选择相应的促销方式,避免由于盲目选择促销方式而造成资金的浪费,特别是在资金充裕的情况下,更加需要理性地对待。

在制订促销方案时,企业应当根据所制定的产品组合,对目标市场的目标产品有针对性地进行促销。正确的促销方案的执行是保证企业获得订单的前提。在制定促销方案前除了分析目标市场上产品订单的需求外,还需分析同一个市场中竞争对手的产品组合策略、促销费用投入情况,还需要避免恶性竞争的发生。

  根据市场的不同,竞标价、有效促销额和薪酬激励在市场竞标额中所占的权重也各有不同。不同市场受不同因素的影响程度有所不同,高端市场的客户将更多是促销以及直销员的推动,而低端市场的客户将更多的注意力放在产品的价格上。所以,在进行竞标价、促销方案制定以及直销员薪酬激励的设定时,需要根据市场的不同特点分别进行。

附 录

附录1 总经理表

表1 总经费使用表

年初与上年度剩余总经费				经费申请额		
项目＼周期		第一周期	第二周期	第三周期	第四周期	合计
期初总经费						
ISO体系认证费						
贴现额						
贴现费						
周期回款						
生产成本						
运输费						
调货费						
销售收入	直销收入					
	经销收入					
	代销收入					
	库存处理收入					
让利额						
销售损失						
违约金						
仓储费						
经费紧急申请额						
经费回账额						
公司管理费						
期末总经费支出合计						
期末剩余总经费						
年度公司运营成本						
年末剩余总经费						

表2 ISO体系认证表

周期 项目	第一周期	第二周期	第三周期	第四周期
ISO900认证费				
ISO14000认证费				
合计				

表3 应收款与贴现表

周期 项目	第一周期	第二周期	第三周期	第四周期
应收款				
申请贴现额				
贴现息		14%		
贴现净额				
周期回款				
实收款				

表4 利润表

项目	金额
一、公司总销售收入	
ISO体系认证费	
贴现费	
生产成本	
运输费	
调货费	
销售损失	
仓储费	
公司管理费	
年度市场营销成本	
二、营业利润	-
三、营业外支出	
违约金	
让利额	
四、净利润	-

表5 评分数据统计表

统计大类	细分类别	详细数据
市场占有率	公司总销售量	
	市场总销售量	
市场规模占有率	公司总销售点	
	市场总销售点	

表6 公司品牌价值评定表

项目	数值
本年度产品销售收入	
本年度市场平均产品销售收入	
本年度销售点数量	
本年度市场平均销售点数量	
上年度公司品牌价值	
本年度公司品牌价值	

表7 总评分表

项目	数值
企业品牌价值加成	
市场占有率	
市场规模占有率	
促销有效率	
净利润	
总评分	

附录2 营销总监表

表8 市场营销经费使用表

年初与上年度剩余市场营销经费 \ 周期 \ 项目	市场营销经费申请额				合计
	第一周期	第二周期	第三周期	第四周期	
期初市场营销经费					
市场信息调研费					
招聘培训费－紧急招聘培训费					

续表

项目	年初与上年度剩余市场营销经费 / 周期	市场营销经费申请额				合计
		第一周期	第二周期	第三周期	第四周期	
分销商市场（产品）调整费						
销售点建设费	直销部建设费					
	分销商建设费					
促销费						
销售点维护费	直销部维护费					
	分销商维护费					
裁撤费						
产品售后服务费						
退换货损失额						
合作关系解除费						
员工薪酬						
辞退费						
经费紧急申请额						
紧急经费损失额						
经费回账额						
回账经费损失额						
期末市场营销经费支出合计						
期末剩余市场营销经费						
超额经费损失额						
年度市场营销成本						
年末剩余市场营销经费						

表9 市场信息调研表

信息种类	费用	总计
订单采购需求		
客户消费需求		

表10 薪酬明细表

市场 人员/产品 项目	M1						M2						M3					
	直销员		业务员		客服员		直销员		业务员			客服员	直销员		业务员		客服员
	P1	P2	P1	P2			P1	P2	P1	P2	P3			P3	P4	P3	P4	
人数																		
人均基本工资																		
业绩奖励																		
薪酬小计																		
市场薪酬小计																		
合计																		

表11 各市场人员招聘培训表

周期	市场 人员/产品 项目	M1					M2					M3					小计	招聘培训费合计
		直销员		业务员		客服员	直销员		业务员		客服员	直销员		业务员		客服员		
		P1	P2	P1	P2		P1	P2	P1	P2	P3		P3	P4	P3	P4			
第一周期	人数																	
	单位招聘培训费																	
	紧急招聘人数																	
	紧急招聘培训费																	
	小计																	
第二周期	紧急招聘人数																	
	紧急招聘培训费																	
	小计																	
第三周期	紧急招聘人数																	
	紧急招聘培训费																	
	小计																	
第四周期	紧急招聘人数																	
	紧急招聘培训费																	
	小计																	

表12 人员变动表

项目 \ 人员/产品 \ 市场	M1					M2						M3				
	直销员		业务员		客服员	直销员		业务员			客服员	直销员		业务员		客服员
	P1	P2	P1	P2		P1	P2	P1	P2	P3		P3	P4	P3	P4	
年初人数																
调整人数																
人员调整(市场)																
人员调整(产品)																
调整后人数																
新招人数																
紧急招聘人数																
在职人数																
辞退人数																
单位辞退费用																
辞退费用小计																
年末人数																

附录3 运营总监表

表13 生产表

周期	项目 \ 产品	P1	P2	P3	P4	合计
第一周期	生产数					
	单位成本					
	生产成本					
第二周期	生产数					
	单位成本					
	生产成本					
第三周期	生产数					
	单位成本					
	生产成本					
第四周期	生产数					
	单位成本					
	生产成本					
年末剩余存量						

表 14 产品运输表

周期	产品类型	运输方式	运输总数			运输费	合计
			M1	M2	M3		
第一周期	P1	水路运输					
	P2	铁路运输					
	P3	公路运输					
	P4	航空运输					
第二周期	P1	水路运输					
	P2	铁路运输					
	P3	公路运输					
	P4	航空运输					
第三周期	P1	水路运输					
	P2	铁路运输					
	P3	公路运输					
	P4	航空运输					
第四周期	P1	水路运输					
	P2	铁路运输					
	P3	公路运输					
	P4	航空运输					

表 15 产品调货表

周期	调货起始地	调货目的地	产品类型	调货数量	调货费

表 16 产品库存表

周期	项目	市场/产品	M1		M2			M3	
			P1	P2	P1	P2	P3	P3	P4
第一周期	期初盘点								
	产品生产运输(+)								
	产品调货(-/+)								
	交货(-)								
	期末盘点								
	仓储费								
第二周期	期初盘点								
	产品生产运输(+)								
	产品调货(-/+)								
	交货(-)								
	期末盘点								
	仓储费								
第三周期	期初盘点								
	产品生产运输(+)								
	产品调货(-/+)								
	交货(-)								
	期末盘点								
	仓储费								
第四周期	期初盘点								
	产品生产运输(+)								
	产品调货(-/+)								
	交货(-)								
	期末盘点								
	仓储费								

表 17 产品库存处理表

项目 \ 产品	P1	P2	P3	P4
产品库存量				
产品处理单价				
产品处理收入				
产品处理总收入				

附录4 直销经理表

表18 直销员业绩奖励表

市场/产品 项目	M1		M2			M3	
	P1	P2	P1	P2	P3	P3	P4
业绩奖励							
确认发放"√"							

表19 直销部建设维护表

市场	建设费				年末维护费	裁撤费
	第一周期	第二周期	第三周期	第四周期		
M1						
M2						
M3						
小计						
合计						

表20 促销方案表

市场/产品	M1		M2			M3	
	P1	P2	P1	P2	P3	P3	P4
促销方式	促销费 / 效果指数		促销费 / 效果指数			促销费 / 效果指数	
广告促销							
营业推广							
公共关系							
人员推广							
有效促销额							
促销成本小计							
总促销成本							

表 21　竞标单

市场/产品 项目	M1		M2			M3	
	P1	P2	P1	P2	P3	P3	P4
竞标价							
有效促销额							
薪酬激励							
企业品牌价值加成							
市场竞标额							
竞标成功订单号							
订单账期							

表 22　直销收入统计表

市场/产品 项目	M1		M2			M3		全年总销售量
	P1	P2	P1	P2	P3	P3	P4	
订单编号								
订单需求数量								
销售数量								
竞标价								
应收账款								
应收账款合计								违约金合计
违约金								

附录5　分销经理表

表 23　分销商调整表

分销商编号	产品调整			市场调整			调整费合计
	现售产品	目标产品	调整费	现处市场	目标市场	调整费	

表24　分销商建设维护表

市场	合作模式	产品类型	星级	编号	建设费				年末维护费
					第一周期	第二周期	第三周期	第四周期	
		小计							
		合计							

表25　三星和四星分销商招募表

公司品牌价值	招募分销商星级		上年度分销商销售收入	上年度公司排名	招募是否成功
	三星	四星			

表26　经销商订货表

编号	市场	产品订货				经销商状态			业务员业绩奖励	实际交货情况	
		产品类型	订货数量	订货单价	订货费	产品售价	总利润	销售损失		交货数量	违约金
全年总订货量			订货费合计								

表27 代销商交货单

项目＼市场/产品	M1		M2			M3		全年代销商交货数量总计
	P1	P2	P1	P2	P3	P3	P4	
代销商编号								
交货数量								
产品售价								全年代销商销售收入总计
销售收入								
让利额								
业务员业绩奖励								

表28 分销商星级评定表

分销商编号	上年度分销商星级				本年度该市场的同类产品的销售收入排名	本年度分销商星级
	一星	二星	三星	四星		

表29 经销商流失与分销商合作关系解除表

经销商编号	需求是否满足	当年利润率	是否流失	解除合作关系	合作关系解除费
					合计

附录6　客户经理表

表30　销售点统计表

周期	直销部	经销商	代销商	小计
第一周期				
第二周期				
第三周期				
第四周期				
分销商关系解除				
经销商流失				
年末销售点总计				

表31　产品维护表

市场		M1		M2			M3		小计
	产品	P1	P2	P1	P2	P3	P3	P4	
第二周期	产品维护数量								
	售后服务费								
	所需客服员								
	多服务数量								
	客服维护提成								
第四周期	产品维护数量								
	售后服务费								
	所需客服员								
	多服务数量								
	客服维护提成								
库存产品处理								合计	
库存处理产品数量									
库存处理售后服务费									

表32 退(换)货损失额统计表

部门	产品	销售额	部门	产品	销售额	部门	产品	销售额
直销部	P1		分销部	P1		运营部	P1	
	P2			P2			P2	
	P3			P3			P3	
	P4			P4			P4	
总销售额			总销售额			总销售额		
退换货损失额			退换货损失额			退换货损失额		
退换货损失额总计								

附录7 流程表

表33 流程表

市场营销沙盘模拟课程运行流程(每一项操作执行完毕,营销总监请在相应的栏内打钩或作其他相应标记)

		操作流程	角色分工	填写表格	资金归口	记录(四个周期)			
						一	二	三	四
年初	1	年初与上年度剩余总经费	总经理	1-1					
	2	年初与上年度剩余市场营销经费	营销总监	2-1					
	3	市场信息与商业情报调研	营销总监	2-2/2-1					
	4	公司市场营销战略规划	总经理/营销总监	★					
	5	申请市场营销经费	营销总监/总经理	2-1/1-1					
	6	年初人员盘点	营销总监	2-5					
	7	期初总经费盘点	总经理	1-1					
	8	期初市场营销经费盘点	营销总监	2-1					
	9	制定与调整人均基本工资	营销总监	2-3					
	10	制定直销员业绩奖励	直销经理	4-1					
	11	ISO体系认证	总经理	1-2/1-1	总经费				
	12	期初产品库存量盘点	运营总监	3-1					
	13	人员调整	营销总监	2-5					
	14	人员招聘培训-紧急招聘培训(随时)	营销总监	2-4/2-5/2-1	营销经费				

续表

市场营销沙盘模拟课程运行流程(每一项操作执行完毕,营销总监请在相应的栏内打钩或作其他相应标记)								
	操作流程	角色分工	填写表格	资金归口	记录(四个周期)			
					一	二	三	四
15	分销商市场(产品)调整费	分销经理/营销总监	5-1/2-1	营销经费				
16	三星和四星级分销商招募	分销经理/裁判	5-3/7-1					
17	直销部与分销商建设	直销经理/分销经理/营销总监	4-2/5-2/2-1	营销经费				
18	经销商订货	分销经理/总经理	5-4/1-1	总经费				
19	更新应收款与应收款收现	总经理	1-3/1-1	总经费				
20	销售点统计	客服经理	6-1					
21	产品生产-支付生产成本	运营总监/总经理	3-1/1-1					
22	制定促销方案及促销	直销经理/营销总监	4-3/2-1	营销经费				
23	竞标单填写	直销经理	4-4					
24	市场竞标-开标	直销经理/裁判	★/7-2					
25	产品运输	运营总监/总经理	3-2/1-1	总经费				
26	产品市场间调货(随时)	运营总监/总经理	3-3/1-1	总经费				
27	直销部交货-结算-进入应收款	直销经理/总经理	4-5/1-3					
28	分销商交货-结算-进入总经费	分销经理/总经理	5-4/5-5/1-1	总经费				
29	支付让利额与销售损失	分销经理/总经理	5-4/5-5/1-1	总经费				
30	支付违约金	直销经理/分销经理/总经理	4-5/4/1-1	总经费				
31	库存统计与产品仓储	运营总监/总经理	3-4/1-1	总经费				
32	直销部与分销商维护	直销经理/分销经理/营销总监	4-2/5-2/2-1	营销经费				
33	产品库存处理	运营总监/总经理	3-5/1-1	总经费				
34	产品售后服务	客服经理/营销总监	6-2/2-1	营销经费				
35	退换货损失	客服经理/营销总监	6-3/2-1	营销经费				
36	经销商流失/降星与分销商合作关系解除	分销经理/营销总监	5-7/2-1	营销经费				
37	直销部裁撤	直销经理/营销总监	4-2/2-1	营销经费				
38	支付薪酬-人员辞退	营销总监	2-3/2-5	营销经费				

续表

市场营销沙盘模拟课程运行流程(每一项操作执行完毕,营销总监请在相应的栏内打钩或作其他相应标记)

	操作流程	角色分工	填写表格	资金归口	记录(四个周期)			
					一	二	三	四
39	应收款贴现(随时)	总经理	1-3/1-1	总经费				
40	贴现费	总经理	1-3/1-1	总经费				
41	市场营销经费紧急申请(随时)	营销总监/总经理	2-1/1-1	总经费				
42	紧急经费损失额	营销总监	2-1	营销经费				
43	市场营销经费回账额(随时)	营销总监/总经理	2-1/1-1	营销经费				
44	回账经费损失额	营销总监	2-1	营销经费				
45	公司管理费	总经理	1-1	总经费				
46	期末市场营销经费支出合计	营销总监	2-1					
47	期末剩余市场营销经费	营销总监	2-1					
48	期末总经费支出合计	总经理	1-1					
49	期末剩余总经费	总经理	1-1					
年末	50 超额经费损失额	营销总监	2-1	营销经费				
	51 年度市场营销成本	营销总监	2-1					
	52 填写各类报表	总经理/营销总监	1-4/1-5					
	53 分销商星级评定	分销经理/裁判	5-6/7-3					
	54 公司品牌价值评定	总经理/裁判	1-6/7-4					
	55 总评比	总经理/裁判	1-7/7-5					

附录8 交互表

表34 分销商交互表

项目 \ 市场/产品	M1		M2			M3	
	P1	P2	P1	P2	P3	P3	P4
经销商							
代销商							
订货价							
交货量							

填表说明:对应产品(P1、P2、P3、P4)单元格根据其分销商合作模式分别在经销商与代销商处打"√";对应交货量单元格根据其交货量第四周期输入数量,如合作模式为经销商,则需在订货价中填入数字。

表35 直销部交互表

市场/产品 项目	M1		M2			M3	
	P1	P2	P1	P2	P3	P3	P4
市场竞标额							

填表说明:根据公司不同市场的直销部,参与竞争的输入市场竞标额。

表36 运营指标交互表

项目	指标
单位产品服务费	
公司运营成本	
市场营销成本	
公司总销售量	
总销售点	
促销有效率	
净利润	
销售收入	

填表说明:根据公司的不同运营指标,填入相应的数字。

参考文献

[1] 菲利普·科特勒. 营销管理[M]. 王永贵,译. 北京:中国人民大学出版社,2012.

[2] Nelson P. Information and consumer Behavior[J]. Journal of political Economy. 1970,(78).

[3] 宝利嘉顾问组. 细分:从客户区隔中谋取利益[M]. 北京:中国社会科学出版社,2003.

[4] 罗纳德 S 史威福特. 客户关系管理[M]. 杨东龙,译. 北京:中国经济出版社,2001.

[5] 查尔斯 W 小兰姆,等. 营销学精要[M]. 杨洁,等,译. 大连:东北财经大学出版社,2001.

[6] Elliott Ettenberg. The Next Economy:Will YoulKnow – Where Your CustomerAre[M], McGraw – Hill Education,2001.

[7] 李德海,聂绍群. 顾客效用层次模型研究与分析[J]. 赣南师范学院学报,2001(2).

[8] 屈云波,高媛. 市场细分[M]. 北京:企业管理出版社,1999.

[9] 罗杰·卡特怀特. 掌握客户关系[M]. 徐欣,等,译. 桂林:广西师范大学出版社,2001.

[10] Smith, Wendell. Product Differentiation and Aarke Segmentation as Alternative:Marketing Strategies[J]. Journal of Marketing,1956(21).

[11] 罗纪宁. 市场细分研究综述:回顾与展望[J]. 山东大学学报,2003(6).

[12] 安德鲁·埃贝尔. 核心能力战略[M]. 大连:东北财经大学出版社,1999.

[13] Philip Kotle. The Concept of Megamarketing[J]. Journal of Marketing Education,Summer. 1984.

[14] 菲利普·科特勒. 科特勒谈营销[M]. 宁波:浙江人民出版社,2002.

[15] Theodore Levitt. alarketing Success Through ifferentiation of Anything[J]. Harvard Business Review, Jan – Feb,1980.

[16] 菲利普·科特勒. 科特勒营销新论[M]. 北京:中信出版社,2002.

[17] 陈静宇. 价值细分 – 价值驱动的细分模型[J]. 中国流通经济,2003(6).

[18] 龙海莉. 市场细分与目标市场问题研究[D]. 西北工业大学硕士论文,2005.

[19] 吴海莉,嵇仙峰. 从营销组合策略的理论演进看市场营销的发展趋势[J]. 科技创业月刊,2010(11).

[20] 孙依文. 市场营销的文化性演进[J]. 科技创业月刊,2007(5).

[21] 晏国祥,方征. 营销组合理论演变的内在逻辑[J]. 郑州经济管理干部学院学报,2005(1).

[22] 艾略特·艾伯格.4R 营销[M]. 文武,译. 北京:企业管理出版社,2003.

[23] 阿德里安·佩恩. 关系营销[M]. 梁卿,译. 北京:中信出版社,2002.

[24] 熊洋. 企业营销危机管理沟通研究[D]. 贵阳财经学院硕士论文,2010.

[25] 张玉波. 危机管理智囊[M]. 北京:机械工业出版社,2003.

[26] 单业才. 企业危机管理与媒体应对[M]. 北京:清华大学出版社,2007.

[27] 杨力,朱小平. 沙盘模拟环境下的高职经管类专业实践教学体系的构建研究[J]. 漯河职业技术学院学报,2012(4).